高等学校学前教育专业系列教材

学前儿童家庭教育与指导

主　编　季　燕
副主编　许铁梅

南京大学出版社

图书在版编目(CIP)数据

学前儿童家庭教育与指导 / 季燕主编. —南京：
南京大学出版社，2021.4(2024.1重印)
 ISBN 978-7-305-24301-1

Ⅰ. ①学… Ⅱ. ①季… Ⅲ. ①学前儿童－家庭教育
Ⅳ. ①G781

中国版本图书馆CIP数据核字(2021)第051143号

出版发行	南京大学出版社
社　　址	南京市汉口路22号　　邮　编　210093

书　　名 **学前儿童家庭教育与指导**
　　　　　XUEQIANERTONG JIATINGJIAOYU YU ZHIDAO

主　　编	季　燕
责任编辑	丁　群　　编辑热线　025-83597482
照　　排	南京南琳图文制作有限公司
印　　刷	南京人民印刷厂有限责任公司
开　　本	787×1092　1/16　印张 14.75　字 332 千
版　　次	2021年4月第1版　2024年1月第4次印刷
ISBN	978-7-305-24301-1
定　　价	39.80元

网址：http://www.njupco.com
官方微博：http://weibo.com/njupco
微信服务号：njuyuexue
销售咨询热线：(025) 83594756

* 版权所有，侵权必究
* 凡购买南大版图书，如有印装质量问题，请与所购
　图书销售部门联系调换

编写说明

《幼儿园教师专业标准(试行)》中"专业能力"的"沟通合作"包括"与家长进行有效沟通合作,共同促进幼儿发展"。《幼儿园工作规程》第九章"幼儿园、家庭、社区"特别强调:"幼儿园应当主动与幼儿家庭沟通合作,为家长提供科学育儿宣传指导,帮助家长创设良好的家庭教育环境,共同担负教育幼儿的任务。"学前儿童家庭教育指导是幼儿园教育的重要组成部分,受到了高校研究者和一线实践者的高度重视,各高等院校人才培养方案中都有"学前儿童家庭教育"这门课程,只是名称有所不同。本书从编写体例到内容的安排,一方面借鉴了国内外近年来家庭教育的教材和著作,另一方面源于我们在本科生和研究生"家庭与社区教育"课程教学工作中积累的经验。

学前阶段的家庭教育,我们都经历过,或多或少都有些感性的经验,要把生活中的感性经验上升到系统的理论,做到有理有据,确实需要投入大量的时间和精力。我们将自己的研究融入教材编写中,教学与科研相长。本书主要面向高等院校学前教育专业的本科学生,也可以供没有系统学习过本课程的研究生使用。

本书的创新与特色:

1. 基于调研而编写。我们通过多种科学调研的方法了解学前儿童家庭教育的现状、当前幼儿教师家园社区合作共育的困惑和学前教育专业学生的学习情况,多角度寻找问题,使我们发现的问题更加全面、具体,也使教材更具针对性。

2. 突出实用性、可操作性。教材的内容力图契合家庭教育、幼儿园教育工作的实际需要,以提高学生实际操作水平、工作能力为宗旨,以必要且适度的理论知识为支撑,指导实践,强化实践练习。在章节安排上,有较严谨的逻辑知识体系,有典型案例的展现及分析,并配有相关材料便于练习。

3. 凸显可持续发展的理念。为拓展学生视野,每一章的最后都有"拓展阅读"版块,学习者可以根据自己的实际需要自由选取。除课堂教学使用外,还可以在以后的学习工作中查阅参考,继续拓展学生的综合应用能力。

本书在编写中,借鉴了国内外许多专家学者的研究资料和研究成果,在此我们表示深深的谢意。在收集、整理相关资料的过程中,我们力求在书中真实地展现,并标注准确的出处。由于能力和精力有限,有些我们使用的资料可能没有标注,在此表示真诚的歉意。

特别感谢陈叶梓博士在百忙之中为本书撰写最精华的部分"第八章 新时代背景下学前儿童家庭教育研究";感谢我的两位研究生朱梦圆、周昕同学为本书各章做资料的统整工作;感谢我的八位本科生景鹏程、王瑶、居晨露、周妍、张海蝶、杨萌萌、韩萌萌、顾小天为本书做校对工作。

本书不足之处,恳请大家提出批评和建议,我们会继续提高和完善,为大家提供更优质、更全面的学习资料。

季 燕

2020 年 9 月

目 录

第一章　学前儿童家庭教育概述······1
- 第一节　家庭及家庭教育······1
- 第二节　学前儿童家庭教育的特点与影响因素······9
- 第三节　学前儿童家庭教育的目的与任务······15
- 第四节　学前儿童家庭教育的原则与方法······18

第二章　学前儿童家庭教育的内容······31
- 第一节　学前儿童家庭道德教育······31
- 第二节　学前儿童家庭智能教育······38
- 第三节　学前儿童家庭健康教育······43
- 第四节　学前儿童家庭审美教育······50

第三章　不同年龄阶段学前儿童的家庭教育······54
- 第一节　优生与胎教······54
- 第二节　0—1岁学前儿童的家庭教育······61
- 第三节　1—3岁学前儿童的家庭教育······68
- 第四节　3—6岁学前儿童的家庭教育······74

第四章　不同家庭背景下的学前儿童家庭教育······85
- 第一节　"全面二孩"背景下的学前儿童家庭教育······85
- 第二节　独生子女的学前儿童家庭教育······90
- 第三节　留守学前儿童的家庭教育······93
- 第四节　流动学前儿童的家庭教育······99
- 第五节　单亲家庭的学前儿童家庭教育······104
- 第六节　重组家庭的学前儿童家庭教育······108

第五章　学前儿童家庭亲子活动指导······116
- 第一节　学前儿童家庭亲子游戏指导······116
- 第二节　学前儿童家庭亲子阅读指导······127

第六章　学前教育机构家庭教育指导　153
第一节　学前教育机构家庭教育指导的任务与内容　153
第二节　学前教育机构家庭教育指导的原则与艺术　163
第三节　家庭参与幼儿园教育　169

第七章　儿童发展取向的社区教育　180
第一节　社区教育概述　180
第二节　社区儿童教育服务机制　183
第三节　学前教育机构对社区教育资源的开发与利用　194

第八章　新时代背景下学前儿童家庭教育研究　207
第一节　当代学前儿童家庭教育新形势　207
第二节　当前学前儿童家庭教育的问题与变革　211
第三节　学前儿童家庭教育的发展趋势和未来展望　221

主要参考文献　225

第一章　学前儿童家庭教育概述

【章节导入】

　　家庭是孩子接触的第一个环境,父母是孩子的第一任老师,家庭环境的构建以及父母的教育对于孩子来说至关重要,甚至可以影响他们的一生。《国家中长期教育改革和发展规划纲要(2010—2020年)》指出:"充分发挥家庭教育在儿童少年成长过程中的重要作用。家长要树立正确的教育观念,掌握科学的教育方法,尊重子女的健康情趣,培养子女的良好习惯,加强与学校的沟通配合,共同减轻学生课业负担。"可见,家长科学地掌握并运用家庭教育理论、方法已日益成为时代的迫切需求。

【学习要点】

了解:家庭的概念、特点、功能和演化过程以及家庭教育的概念和性质。
理解:家庭教育的地位与作用以及学前儿童家庭教育的影响因素。
掌握:学前儿童家庭教育的概念、特点、目的及任务。
应用:运用学前儿童家庭教育的原则和方法解决实际问题。

第一节　家庭及家庭教育

一、家庭概述

(一) 家庭的概念

　　世界知名的心理治疗师维琴尼亚·萨提尔曾说:"我相信家庭与外界是决然不同的,它可以充满爱、关怀及了解,成为一个人养精蓄锐的场所。"什么是家庭?尽管这世界上的绝大多数人都有属于自己的家,过着正常的家庭生活,但是如果想给家庭下一个广泛而又具有适用性的定义却十分困难。家庭的复杂性远远超过了大众的想象,甚至地道的家庭问题专家都对此犯难。[①]

　　在汉语中,对"家庭"的含义有很多解释。《康熙字典》所录"说文"对"家"的解释

---

① W. 古德. 家庭[M]. 北京:社会科学文献出版社,1986:11.

为:"豕居之圈曰家,故从宀从豕,后人借为室家之意。"而"庭"则指"厅堂",为"正房前的空地"。在古代西方,"家庭"一词甚至包含了"奴隶"的意思。Familial(家庭)一词是从拉丁文 *Famulus*(意为"仆人")派生来的,现在指 family。《现代汉语词典》对家庭解释为:"以婚姻和血统关系为基础的社会单位,包括父母、子女和其他共同生活的亲属在内。"《中国大百科全书·社会学卷》对家庭的定义是:"由婚姻、血缘或收养关系所组成的社会组织的基本单位。"

家庭有狭义和广义之分,狭义的家庭是指一夫一妻制构成的单元;广义的家庭则泛指在人类进化的不同阶段上出现的各种家庭利益集团,即家族。家庭从不同的维度来看具有不同的解释。从社会组织说,家庭是最基本的社会组织之一,是人类最基本、最重要的一种制度和组织形式。从功能说,家庭是人类亲密关系的基本单位,如儿童社会化、赡养老人、性满足、经济合作。从关系说,家庭是由具有婚姻、血缘和收养关系的人们长期居住形成的共同群体。

近代人们才开始对家庭含义的本质进行探讨。众多的研究者也对家庭的含义有自己的界定。比如,马克思、恩格斯认为:"每日都在重新生产自己生命的人们开始生产另外一些人,即增殖。这就是夫妻之间的关系,父母和子女之间的关系,也就是家庭。"心理学家弗洛伊德认为,家庭是"肉体生活同社会机体生活之间的联系环节"。美国社会学家 E.W.伯吉斯和 H.J.洛克在《家庭》(1953)一书中提出:"家庭是被婚姻、血缘或收养的纽带联合起来的人的群体,各人以其作为父母、夫妻或兄弟姐妹的社会身份相互作用和交往,创造一个共同的文化。"社会学家孙本文认为,家庭是夫妇子女等亲属所结合的团体。社会学家费孝通认为,家庭是父母子女形成的团体。

尽管古今中外对家庭概念的理解各不相同,但都揭示了构成一个真正家庭所必须同时具备的几个条件:第一,家庭是一个群体的概念。它不是指向个体,也就是说,家庭中至少应该有两个成员。第二,婚姻是家庭的基础和根据。婚姻构成最初的家庭关系,这意味着由婚姻而结成的夫妻构成了家庭的核心,夫妻关系是组成家庭的第一种基本关系,是判断家庭的第一标准。第三,由血缘关系或领养关系而构成的父母子女关系和兄弟姐妹关系同样构成了家庭的主要组成成分,这是组成家庭的第二种基本关系,是判断家庭的第二标准。第四,家庭成员之间应当有共同的生活,有一定的经济联系和特殊的情感交往。由此出发,我们对家庭尝试性地给出这样一个界定:家庭是由具有婚姻关系、血缘关系或领养关系的人们组成的长期共同生活的社会群体,是人类生活中最基本、最重要的一种群体形式。

(二) 家庭的演化

著名人类学家摩尔根曾指出,家庭是一个能动的因素,它从来不是静止不动的,而是随着社会从低级阶段向较高级阶段的发展而发展。家庭是人类姻缘和血缘关系长期演化的产物,随着社会的逐渐发展而不断地发展变化。人类家庭演化史极其复杂,本书以家庭的起源和历史发展为脉络选取最有代表性的优化家庭形态进行介绍,大致经历了血缘家庭、亲族家庭、对偶家庭、一夫一妻制家庭四个发展阶段。

1. 血缘家庭

大约170万年前，人类由原始群向氏族公社过渡的时期出现了血缘家庭，它是人类社会上出现的第一种家庭形态，也是群婚制的初级形式。血缘家庭一般由嫡亲的和旁系的兄弟姊妹集体互相婚配而建立起来，而且两性关系出现了简单的、不严格的禁例，即不准许父母与子女发生两性关系。在这种家庭形式内，一对配偶的子女中每一代都互为兄弟姊妹，并互为夫妻。血缘家庭出现的原因首先是自然选择的推动，由于血亲杂交生育的后代体力和智力都不健康，不利于群团的发展和壮大，因此出现了不许父母与子女发生两性关系的禁例。其次是社会生产的推动，在生产中不仅出现按性别的男女分工，还出现按辈分的长幼分工，人们开始出现长幼有别意识，排除了杂乱性交的行为。

2. 亲族家庭

亲族家庭又称为普那路亚①家庭、伙伴制家庭，亲族家庭是群婚制的高级形式，出现于血缘家庭后期，是人类的第二种家庭形式。亲族家庭是氏族之间通婚，两性关系建立在两个氏族之间，即兄弟共妻或姐妹共夫。这种家庭对应的是新的禁例，即不准兄弟姊妹之间发生婚姻关系，比血缘家庭又进了一步。其产生的原因主要是自然选择的结果和生产的发展，人们经过长期的实践慢慢意识到血缘家庭的后代体力和智力仍存在严重问题，生产的发展要求人们具有更强的征服自然的能力，这就要求群团氏族之间发生一定的联系。

3. 对偶家庭

对偶家庭又称为偶婚制家庭，是人类最早的完整家庭，对偶家庭是一个男子与一个女子相对稳定的互为性伴侣的婚姻形态，属于个体婚制。对偶家庭虽然具有相对稳定的性质，但并不是男女双方的牢固结合，很容易为男女双方或一方所破坏。对偶家庭以女子或男子为中心，不仅限于和固定的配偶同居。这种婚姻关系不是以感情为基础，而是以方便和需要为基础，婚姻关系是两相情愿的，只要任何一方意愿改变，婚姻关系就中止。对偶家庭形成的原因，一方面是氏族制度的推动作用，氏族本身有禁止血亲通婚的倾向，随着氏族在发展中不断分化，群婚范围不断缩小，最后必然造成一男一女的配偶同居；另一方面是氏族经济的发展，由于原始农业和畜牧业的发展，人们过着稳定的定居生活，社会产品日益丰富，剩余产品的出现是对偶家庭产生的必要条件。

4. 一夫一妻制家庭

一夫一妻制家庭又叫专偶家庭，是一男一女结为夫妻的婚姻形式。原始社会后期，随着私有财产的出现和男子经济地位的增强，男子掌握了私有财产权，男子已经不满足于传统的母系继承制，他要让自己的子女能够继承自己的财产，这最终导致了

---

① "普那路亚"一词源于夏威夷群岛的土著语。丈夫把妻子的姊妹亦作为妻子，并称其妻子姊妹的丈夫为"普那路亚"，意为亲密的伙伴。

父权制的确立、氏族公社的解体和一夫一妻制家庭的出现。一夫一妻制家庭有着比以往家庭更坚固、更稳定的婚姻关系，能够确保财产沿着父系传递和继承。一夫一妻制家庭的出现是家庭发展史上的一次质变，恩格斯曾说其是"文明时代开始的标志之一"。在历史上，以一夫一妻为代表的个体婚大致存在过掠夺婚、买卖婚、聘娶婚、交换婚、服役婚等几种结合形式。

（三）家庭的特点

家庭作为一种特殊的社会组织形式，以婚姻和血缘关系为基础，具有与其他社会群体不同的特点，概括起来主要有以下几点：

1. 普遍性

从数量上看，家庭具有一定的普遍性。从古至今，世界各国各地都存在着不同形式、不同性质的家庭。每一个个体与家庭都有割舍不了的血脉关系，每个人的出生及其一生都会与家庭有着千丝万缕的关系。所以，家庭是社会上所有社会群体中最普遍的群体。

2. 微小性

从规模上看，家庭与其他社会团体相比，具有微小性的特点。虽然有些大家庭由三代人或四代人组成，家庭成员可达几十人，但与学校、工厂等其他社会团体比，仍是小规模社会组织团体。特别是在我国实行独生子女政策以来，家庭的规模有越来越小的趋势。

3. 关系性

从社会关系来看，家庭成员间拥有共同的过去和多种关系，如夫妻关系、父子关系、母子关系、兄妹关系等。它包括了至少整整三代人的情感关系，代与代之间由血缘、法律或是历史机缘的纽带联系在一起。家庭是个体和社会力量的双重产物，它最主要的价值是关系，关系是无法被替代的，家庭关系是最重要的情感关系。

4. 亲密性

从家庭的性质看，成员之间的关系主要以爱情、亲情为基础和纽带，由具有血缘关系、亲属关系的成员组成。由于家庭成员在经济、情感方面利益一致，虽然有时家庭成员间也会有矛盾，但当面临有损家庭利益的外力时通常会一致对外。家庭成员间带有强烈的感情色彩，受道德的制约胜于法律的制约。

5. 更替性

从发展的角度看，家庭是一个随着时间不断变化的系统。从纵向看，家庭是长久的；但从横向看，每一代人的家庭又是短暂的，最长不过几十年，然后就被下一代的家庭所替代。

（四）家庭的功能

家庭的功能是指家庭对个人生活和社会发展方面的作用和效能。一般来说，家庭的基本功能主要包括生育、经济、教育、抚养与赡养、精神生活。

1. 生育功能

生育功能是家庭最重要的功能之一,满足人类子孙繁衍的需要。社会的存在和发展,必须不断补充人口,而家庭作为主流的繁育后代的形式,理所当然地承担着人口繁衍的功能。家庭生育功能是家庭最基本的功能,但其功能性质与以前迥然不同了,因人的生产已被纳入社会发展的整体规划之中,生育子女不再是个人的事,而变成了一种社会责任。随着时代的变化,人们的生育观念也发生了转变——从早生、多生转向晚生、少生甚至不生。生育子女的目的也有变化,主要是为了增强夫妻感情,享受天伦之乐,而不纯粹为了传宗接代、养儿防老。但由此导致人口出生率迅速下降,这极大地削弱了家庭的生育功能。① 所以,国家在计划生育政策之后又转向鼓励生育的政策。

2. 经济功能

家庭在历史上曾经承担过全部经济职能,在自然经济时代,家庭曾经是生产、分配、交换、消费的经济单位。家庭首先负担着生产的职能,通过家庭形式的生产,包括农耕和家庭手工业等,为家庭成员提供生活资料,满足家庭成员基本的生活需要,它是家庭发挥其他功能的物质基础。到了现代社会,社会分工逐步细化,家庭的生产功能正逐步转移,但家庭的生产功能并未消失,尤其是在经济落后的国家和地区。有研究表明,家庭生产功能逐渐复归且扩大化。例如,在城市,由于高速发展的网络信息技术以一种核心科技的形式向各个传统行业渗透,只要购买了电脑,在家里也能够营造出与办公室不相上下的工作环境,这样很多的从业者或自由职业者选择了在家里工作。城市家庭的生产功能开始复归且扩大到很多行业。② 可见,家庭的经济职能在扩大。

3. 教育功能

家庭的教育功能既包括父母教育子女,也包括家庭成员之间的相互教育,其中父母教育子女在家庭教育中占有重要的地位。传统家庭教育主要依靠家庭和家族的力量来完成未成年人的教育任务,教育内容主要与谋生的技术有关,如婴儿从出生起就开始学习吃饭、走路、说话、交往,直到成长为一个独立、合格的社会成员。同时,家庭教育也是双向的,也存在晚辈对家庭中长辈的影响甚至是教育,比如在使用现代化家用电器、现代化设备以及学习外语和新技能方面,在变革陈旧落后的各种观念方面,年长者可能都得向晚辈甚至是向儿童学习。③ 家庭的教育内容包括教导孩子基本的生活技能、培养社会行为规范、指导生活目标、培养社会角色、形成个人性格等。这些都表明了家庭教育功能的提高已是不争的事实。

---

① 孙丽燕.20世纪末中国家庭结构及其社会功能的变迁[J].西北人口,2004(5):13-16.
② 高清.改革开放以来我国家庭的变迁与发展[J].攀登(双月刊),2005(6):139-143.
③ 王乃正,王冬兰,张小永.学前儿童家庭教育[M].北京:北京师范大学出版社,2013:15.

4. 抚养与赡养功能

抚养和赡养功能具体表现为家庭代际关系中双向义务与责任，抚养是上一代对下一代的抚育培养，赡养是下一代对上一代的供养和照顾。"由于人类个体的成长发育有着较长的依赖期，在此期间内生活不能独立，必须由双亲抚养，同时，生理上、感情上也需要双亲的照顾。因此，抚养子女就是家庭的一个重要功能。"①在现代社会中，由于家庭结构和家庭规模的变化、社会福利制度的发展和完善，家庭的赡养功能出现弱化趋势。但作为社会福利机构的养老院在精神上对老人的慰藉功能永远无法跟家庭等同，所以，家庭的赡养功能是其他社会机构不能取代的。

5. 精神生活功能

娱乐、休闲、感情交流等家庭精神生活也是长久发挥作用的家庭功能之一。人一生大部分的闲暇时间是在家庭中度过的，家庭是个人精神生活的重要场所。家庭成员之间的亲密交往和情感联系，是建立在亲缘关系的基石上，具有较为牢固的基础。在家庭中，成员的思想和感情能得到最充分的交流，能充分享受家庭生活所带来的乐趣，得到家庭以外无法得到的精神安慰与寄托。随着社会的发展，越来越多的文化娱乐和健康休息的设施社会化了，许多精神生活可以从社会上得到满足。尽管如此，家庭生活中的天伦之乐、特殊的感情交流却是任何设施和群体所不能替代的，而只有在家庭中才能够得以实现。特别是随着生产力的发展，人的闲暇时间增多，家庭中的精神生活显得更为重要，搞好家庭精神生活，能够促进家庭和睦，有利于新一代的成长，同时也可以激发人们对人生的种种依恋以及工作上的进取精神。

二、家庭教育概述

教育是人类特有的一种培养人的社会现象，从广泛的意义上说，凡是有意识地以影响人的身心发展为直接目标的社会活动都是教育，家庭教育是教育的主要形式之一，担负着为社会培养新人的伟大使命。我们要研究和探讨学前儿童家庭教育的规律，就必须首先了解家庭教育是一种什么样的教育，它与其他形式的教育相比较具有哪些独特的根本属性。

（一）家庭教育的概念

对家庭教育的界定有许多种，概括起来主要包括广义和狭义两种解释。广义的家庭教育是指在家庭生活中家庭成员之间相互施与的一种教育和影响，既包括父母对子女、长者对幼者实施的教育，也包括子女对父母、幼者对长者的影响，甚至包括父母长者之间、未成年子女之间的相互影响。狭义的家庭教育是指在家庭生活中，父母或其他年长者自觉地、有意识地对子女和其他年幼者进行的教育和施加的影响。虽然家庭教育是一个亲子互动的过程，是父母与子女相互影响的过程，但在这个互动过

---

① 丁连信.学前儿童家庭教育(第四版)[M].北京:科学出版社,2019:7.

程中起主导作用的是父母。因此,父母对子女的教育才是家庭教育的主要形式,尤其是在子女走上社会、独立营生之前的这一段时期中。所以,我们在一般意义上所说的家庭教育,指的主要就是家长对子女尤其是未成年子女的教育,其中对学前儿童的教育是重点。本教材使用狭义上家庭教育的概念,家庭教育是指在家庭生活中,父母及其他年长者有意识或无意识对子女实施的教育和影响,是学校教育与社会教育的基础。

(二) 家庭教育的性质

家庭教育的性质就是家庭教育区别于其他形式教育的根本属性,主要是与学校教育、社会教育等比较而得出。

1. 家庭教育是一种私人教育

私人教育指教育者和受教育者之间有血缘、收养或隶属关系,受教育者的发展由教育者个人意愿决定。从施教人员来看,家庭教育的实施者主要是家长及长辈,他们无须获得上岗资格证书,孩子从孕育到呱呱坠地,父母的工作就已经开始。施教者和受教育者之间有血缘关系或收养关系,属于私人关系的范畴。从管理体制来看,家庭是私人空间,社会和他人不能或不容易对家庭教育进行直接的行政干预,更多通过多种方式进行宣传、渗透和引导来施加影响,使之适应社会需要。

强调家庭教育是私人教育并不是说家庭教育孤立于社会之外,跟社会生活相隔绝。恰恰相反,家庭是社会的细胞,是社会的缩影,社会政治经济的变革肯定要通过种种渠道渗透到家庭生活中,影响家庭教育的实施。

2. 家庭教育是非正规教育

从教育活动实施的组织形态看,教育有两大类,一类是有严密组织的正规教育,一类是没有严密组织的非正规教育。家庭不是专门的教育机构,家庭教育不是有组织、有领导、有严密计划的教育;家长一般未经过教育方面的专业训练,也不是专职的教育者,只要生育了孩子,家长自然就成了教育者;家庭教育的目的和内容没有统一的要求;政府和其他社会组织只能进行指导而无权进行直接的干预;家庭教育没有固定的模式、固定的时间和地点,随时随地实施。"特别对学前儿童而言,他们主要是通过模仿进行学习的,家庭教育更多的是通过家长在家庭生活中的言行和表率作用来实现的,即使父母本身并没有意识到,那种潜移默化的影响也是客观存在的,而且这种影响是深刻的、广泛的、全方位的。"[①]

3. 家庭教育是终身教育

家庭教育是一种稳定的持久性教育,与阶段性的学校教育有所不同。系统的学校教育虽然连续实施多年,但学校教育仍是个体整个人生中的一个阶段,幼儿园、小学、初中、高中和大学都是短暂的教育阶段。即使在当今的学习型社会,人们所谓"终

---

① 丁连信.学前儿童家庭教育(第四版)[M].北京:科学出版社,2019:9-10.

身教育"也是阶段性地陆续进行学习。家庭教育则大不相同,它开始于孩子出生之日,甚至可上溯到胎儿期,直到孩子长大成人,可以说人们在一生中始终都是在直接或间接地接受着家长,特别是父母的教育和影响。在我国,即使子女已经成家立业,父母仍对孩子进行着教育。父母亲临终留下的遗嘱,也是家庭教育。因此,家庭教育是一种终身教育,在人的一生中起着不可替代的作用。

(三) 家庭教育的地位和作用

家庭教育是教育人的起点和基点,在人一生的发展中都会打上深深的烙印,而且在社会发展进程中起着重要作用。

1. 家庭教育对儿童社会化起着奠基作用

社会化就是指个人从不知不识的婴儿,通过学习知识技能和社会规范,获得社会生活技能和正式社会成员的资格,形成、发展和逐步完善自己的社会性的过程。新生儿呱呱坠地时,只是一个具有生物特性的生命个体,对自己降临的这个世界一无所知。若要生存下去,并融入社会,成为合格的社会成员,进而实现人的价值,就必须完成社会化。家庭是儿童的诞生地,是实现其社会化的摇篮,学前儿童最初的社会化就是在家庭中实现的。家庭为儿童提供了第一次人际交往、第一种人际关系、第一项社会规范、第一个社会角色。在与其他家庭成员的共同生活中,通过向长者尤其是父母的模仿和学习,儿童获得了最初的生活经验、生存技能,获得了对社会的最初认识,逐步懂得了一些最基本的社会规范。所以说,家庭教育为儿童的社会化奠定了最初的,也是最重要的基础。社会化是一个相当长的过程,它贯穿于人的一生,家庭对人社会化的影响也是持续终生的。

2. 家庭教育是一切教育的起点和基础

在我国社会主义教育体系中,家庭教育、学校教育、社会教育是一个有机联系的整体。家庭教育是整个教育体系中不可缺少的一部分,是一切教育的基础。因为不论是哪种形式的教育,它的教育对象都来自家庭,首先接受的是家庭教育。从这个意义上说,家庭教育是学校教育的基础,社会教育又是家庭教育的延续。良好的家庭教育不仅为学校提供优质的生源,为学校教育的顺利实施奠定基础,而且还可以在很大程度上弥补学校教育的不足。

3. 家庭教育是推动社会文明进步的重要力量

家庭教育是最具广泛性和群众性的教育,家庭教育质量的高低直接影响到民族素质的高低与国家综合实力的强弱,影响到社会的稳定与发展。中国自古以来重视家庭和家庭教育对社会的影响。儒家经典《大学》就提出了"家齐而后国治,国治而后天下平"的思想,明确把齐家作为治国的前提条件。这种思想影响深远,并由此形成了中国自古以来重视家庭教育的悠久传统。从一定意义上说,中国古代文化之所以能够成为世界上唯一的延续数千年不断的文化,以儒家思想、宗法观念为主要内容的家庭教育功不可没。现代社会各国都十分重视家庭教育的社会作用,联合国于1994年推行"国际家庭年",强调家庭在现代文明社会中要发挥提供资源和承担责任的特殊功能,强调家庭对于养育、教育下一代的重要作用。国际家庭年的指导思想和活动主题得到了各国的普遍认同。世界各国都认识到家庭与社会发展的相互联系,并把家庭文明作为社会文明建设的基础,重视家庭教育。

第二节　学前儿童家庭教育的特点与影响因素

一、学前儿童家庭教育的特点

(一) 学前儿童家庭教育的优势

1. 早期性与奠基性

学前儿童家庭教育具有天然的早期优势。它开始于孩子出生之日(甚至可上溯至胎儿期),是最早的教育,对儿童的智力发展、价值观形成、性格培养有重要的启蒙作用。学前期是儿童身心发展最迅速的时期,家庭的早期教育常常对孩子以后的成长产生持久而深刻的影响。陈鹤琴先生说过:"幼稚期(0—7岁)是人生最重要的时期,什么习惯、言语、技能、思想、态度、情绪都在此阶段打下一个基础。若基础打得不稳固,那么健全的人格就不容易建造了。"

2. 全面性与广泛性

学前儿童家庭教育是一种全方位的教育。从一个层面来说,其融于家庭的日常生活中,内容极其广泛丰富,凡是与人有关的一切知识,人们都可以从家庭教育中学习,包括从学吃奶、吃饭、穿衣,到学习社会知识、文明习惯、生存技能等。可以说,家庭教育远远超出幼儿园和社会教育所涉及的范围。从另一层面来说,家庭教育十分普遍,是一种全员参与的教育。只要有家庭,有孩子,就必然有家庭教育,每个孩子自出生开始就必然接受家庭教育,每个人的成长都离不开家庭教育的影响。

3. 自然性与随机性

家庭是儿童天然的学校,家长是儿童天然的老师。家庭教育中,儿童自觉或不自觉地、潜移默化地受到家长们自然表现出的性格、为人处世、生活方式等的影响,这就体现了家庭教育的自然性。家庭教育的自然性导致了它的随机性。家庭教育往往在不经意的情况下进行,它一般没有明确的目标、教育计划和教材,也没有专职教师等,不受时间地点等限制,可以根据儿童的实际情况和发展水平随时调整教育内容和方法,利用一切可利用的机会与条件对孩子进行教育,方法灵活多变。

4. 亲情性与权威性

家长与儿童之间是有血缘关系的,家长身上有着教养子女的责任与义务,而家长对子女的深厚情感使得家长为了把子女培养成人可以无条件地倾尽全部心血,从而取得理想的教育效果。子女对家长有着信赖感和依恋感,在儿童的心目中,家长具有崇高的地位,因而家长对子女具有权威性。家长是家庭生活的组织者,儿童十分敬重家长,能自觉地服从家长的管教,使得家长的教育往往具有强大的感染力和号召力。

5. 持久性与连续性

与幼儿园的教育相比,家庭教育是稳定的,不管年级、班级、老师、课程怎样变化,家长的教育方式与风格、家庭的生活环境总是相对稳定的,这种持续稳定的教育影响,对于孩子良好习惯与性格的培养是十分有利的。而且,家长与子女相处时间持久,有利于家长全面、细致、系统地了解孩子,根据孩子发展的实际,循序渐进地进行教育。

这一特点还表现在家庭早期教育的效果是长期起作用的。家庭早期教育给孩子带来的影响不会随着孩子入学和离开家庭而失效,而是在人的一生中持续地发挥作用。

6. 差异性与继承性

每个家庭都是不同的,尤其是在家长素质、家庭生活氛围、儿童的发展特点等方面,不同的家庭差别很大,这决定了每个家庭对子女的教育也是有差异的。

差异性还表现在家传家风的继承性上,正如每个人都有自己的个性特征一样,每个家庭也有自己的家庭个性特征,这就是家传与家风。人们在家庭里接受了父祖辈对自己的教育,在自己长大成家立业后,也用同样的教育内容和方式方法去教育自己的后代,用从父祖辈那里接受影响和教育所形成的思想观点、行为习惯和家庭传统去影响教育自己的后代,从而实现了家传家风代代相传。

(二) 学前儿童家庭教育的局限性

1. 家庭教育的条件具有不平衡性

首先,由于家长素质参差不齐,并不是所有的家长都能胜任家庭教育。有的家长重视子女教育,也有教育的能力,有的家长素质不高,对子女不负责任,没有教育子女的能力。从总体上看,家长所掌握的知识经验、技能总是有限的,尤其是家长大多不是从事教育的专业人士,其教育水平与教育能力有着很大的局限性。其次,由于家庭生活条件差别很大,并不是所有的家庭都具有适应儿童健康成长的良好环境。不同儿童所处的家庭环境是复杂的。

2. 家庭教育的非理性

由于家庭教育一般缺乏科学理论的指导,家长容易感情用事,因此,家庭教育的盲目性大、随意性强。首先,教育内容具有片面性。家长的知识面再宽广,能力再强,也不可能教给儿童发展所需要的全部知识和技能,只是把自己的智慧和才能教给孩子,这就使家庭教育在内容上不可避免地产生片面性。由于父母的儿童观、教育观偏差,家庭教育也会出现片面性。

其次,教育方法往往缺乏理性。缺乏理智、感情用事是家庭教育的通病,家庭教育是以亲子关系为基础的,但是,这种亲情关系常常导致家长缺乏应有的理智,遇事感情用事,容易产生种种非理性的教育行为,对孩子时而严格要求,时而娇宠溺爱,如果父母不能控制自己的感情,亲情关系就会成为教育子女的不利因素。

3. 家庭教育的封闭性

家庭是一个较为封闭的社会组织形式,所以家庭教育有一定的封闭性。首先,家庭教育是在家庭内部进行的,教育的内容、途径、方法和目标主要由家长主观决定。一般的家长都希望子女听从自己的教育,接受自己的影响,按照自己的意志行事,朝着自己所期望的方向发展。其次,随着城市化建设步伐的加快,越来越多的家庭居室走向了独门独户,这在某种程度上也使家庭教育的天地越来越小。

二、学前儿童家庭教育的影响因素

影响学前儿童家庭教育的因素是多方面、多层次的,既包括家长自身的条件,又包括家庭结构、家庭生活方式以及家庭内部的关系。同时,家庭教育还受社会政治经济因素、本国文化传统和家庭所处的时代特征的影响。

(一) 家长的自身素质

家长的自身素质包括家长的教育素养、文化素养、道德素养以及心理素养。

1. 家长的教育素养

家长的教育素养包括家长的教育观念、教育能力、教育知识等。在家长的各种教育素质中,家长的教育观念是决定家庭教育质量的核心问题。作为一名家长,不仅要有科学的家庭教育观念和期望达到的目标,还需要有丰富的教育知识和良好的教育能力,只有这样才能完成家庭教育的任务。

学前儿童家长的教育能力主要包括学习家庭教育知识的能力、了解和认识学前儿童的能力、分析和处理家庭教育问题的能力、指导和发展学前儿童的能力、把握教育分寸的能力、协调亲子关系的能力。

家长应该掌握基本的教育知识,包括基本的优生知识、学前儿童心理学、学前儿童教育学、学前儿童生理卫生学以及各种科学文化知识。另外,家长需要不断地学习,更新自己的教育知识。社会在变化,科学在发展,我们在教育孩子上,昨日不明白的知识,也许今天的科学发现已经有了更进一步的解释。

2. 家长的文化素养

家长的文化素养指家长所拥有的知识、技术、气质以及文化背景的总和。孔子说:"正人先正己。"家庭教育从其现象上看是家庭中长辈对子女的教育,实质上则首先是对长辈们的教育。要教育孩子成才,首先要使家长受到良好的教育。

儿童的好奇心、求知欲极强,他们经常向家长提出各种各样的问题,如果家长没有丰富的科学文化知识就难以应对孩子提出的各种问题,而如果对孩子提出的问题家长经常回答不出,就会失去传授某一知识的最佳时机。父母的文化素养还直接影响家庭的心理环境和学前儿童的发展。比如,因为许多家长的知识结构不完善,家长过分注重孩子的智力开发,反而使孩子的心理发育严重滞后。

3. 家长的道德素养

家长的道德素质、家庭的德育水平是奠定子女品德的基础。人的品德是在社会交往实践中形成和发展的,一个孩子从出生到步入社会,有三分之二的时间是在家庭中度过的。家长作为与孩子接触最多的教育者,其道德人格对孩子的影响更为重要。在学前儿童道德社会化过程中家长起到认同、示范、导向作用。

4. 家长的心理素养

家长的心理素养对儿童的心理健康具有深远的影响。首先,孩子的性格、情感等很大程度上是靠体验、模仿家长的内在和外在的形象逐步发展起来的。其次,家长的心理素养往往决定着家长养育子女的方式和家庭的生活氛围,直接影响家庭教育的质量,对子女的身心健康影响很大。

(二) 家长的教养方式

家庭教育方式是由家庭成员之间的权利分配和沟通方式决定的,是家庭教育思想观念的真切反映。家庭教养方式指在对孩子的教育中,家长的态度和采取的具体教育方法,是一种相对稳定的行为风格。

美国学者鲍姆林德提出的学前儿童父母的教养风格主要有以下几种。

1. 权威型

这是一种理性且民主的教养方式。权威型的父母认为自己在孩子心目中应该有权威,但这种权威来自父母对孩子的理解与尊重,来自他们与孩子的经常交流及对子女的帮助。父母以积极肯定的态度对待孩子,及时热情地对孩子的需要、行为做出反应,尊重并鼓励孩子表达自己的意见和观点。同时,他们对孩子有较高的要求,对孩子不同的行为表现奖惩分明。

这种高控制且在情感上偏于接纳和温暖的教育方式,对儿童的心理发展有许多积极的影响。这种教养方式下的儿童独立性强,善于自我控制和解决问题,自尊心和自信心较强,喜欢与人交往,对人友好。

2. 专断型

专断型父母则要求孩子绝对地服从自己,希望子女按照他们为其设计的发展蓝图去成长,希望对孩子的所有行为都加以保护监督。这一类也属于高控制型教养方式,但在情感方面与权威型父母有显著的差异。这类父母常以冷漠、忽视的态度对待孩子,他们很少考虑孩子自身的要求与意愿。对孩子违反规则的行为表示愤怒,甚至采用严厉的惩罚措施。

这种教养方式下的学前期儿童常常表现出焦虑、退缩和不快乐。他们在与同伴交往中遇到挫折时,易产生敌对反应。在青少年时期,在专断型教养方式下成长的儿童与权威型教养方式下的儿童相比,自我调节能力和适应性都比较差。但有时他们在校的学习表现比放纵型和忽视型教养方式下的学生好,而且在校期间的反社会行为也较少。

3. 放纵型

这类父母和权威型父母一样对孩子抱以积极肯定的情感,但缺乏控制。父母放任孩子自己做决定,即使他们还不具有这种能力,例如,任由孩子自己安排饮食起居,纵容孩子贪玩、看电视。父母很少向孩子提出要求,如不要求他们做家务事,也不要求他们学习良好的行为举止;对孩子违反规则的行为采取忽视或接受的态度,很少发怒或者训斥孩子。

这种教养方式下的儿童大多很不成熟,他们往往随意发挥自己,具有较强的冲动性和攻击性,而且缺乏责任感,合作性差,很少为别人考虑,自信心不足。

4. 忽视型

这类父母对孩子既缺乏爱的情感和积极反应,又缺少行为方面的要求和控制,因此亲子间的互动很少。他们对孩子缺乏最基本的关注,对孩子的行为缺乏反馈,且容易流露厌烦、不愿搭理的态度。如果孩子提出诸如物质等方面易于满足的要求,父母可能会对此做出应答;然而对于那些耗费时间和精力的长期目标,如培养孩子良好的学习习惯、恰当的社会性行为等,这些父母很少去完成。

这种教养方式下的儿童与放纵型教养方式下的儿童一样,具有较强的攻击性,很少替别人考虑,对人缺乏热情与关心,这类儿童在青少年时期更有可能出现不良行为问题。

(三) 家庭的生活环境和生活方式

1. 家庭结构

家庭结构就是家庭成员不同的层次和序列的结合。当今社会较有影响的家庭结构类型主要有以下几种:

(1) 主干家庭

主干家庭也叫直系家庭,指父母和一对已婚子女组成的家庭。在主干家庭中,为数较多的是祖父母外祖父母、父母和其未婚子女三代组成的家庭。三代人生活在一起,人口较多,规模较大,层次比较复杂,家庭生活的内容比较丰富。

儿童在这类家庭中扮演子女、孙子女等不同的社会角色,通过观察祖辈和父辈,处理各种关系,学习与锻炼适应社会生活的能力和交往能力。祖父母可以协助父母照顾、管理、教育孙子女,儿童可以得到更多的爱和更充分的教育。但是,在这类家庭中经常出现隔辈疼爱的现象,由于生活经历不同,也往往会导致父辈与祖辈不同的家庭教育观念,容易使儿童对一些问题形成错误的观点,严重的会使儿童形成双重性格。

(2) 核心家庭

核心家庭指由已婚夫妇和未婚子女两代组成的家庭。核心家庭的特点是人数少、结构简单,家庭成员之间容易相处和沟通。教育者之间思想容易协调,教育观念容易达成一致。子女与父母关系密切,家长对孩子身心健康与学业十分关注,教育工作能做到全力以赴,有教育的自觉性和责任感。但是这类家庭也有不利的一面,父母不在家时,就需要孩子自己独立处理学习和生活中遇到的问题,尤其是在寒暑假里,父母根本没有足够的时间照顾孩子。

(3) 单亲家庭

单亲家庭指夫妻双方因离婚、丧偶而仅有一方同未婚子女生活在一起的家庭。父母缺少一方,现存的一方因丧偶或离异,往往精神上受到极大的打击,严重的还会出现变态心理,情绪不正常。这样的家庭可能会直接给孩子带来伤害,从而造成学前儿童成长过程中严重的负面影响。

(4) 隔代家庭

隔代家庭是主干家庭的一种特殊形式,是由祖父母或外祖父母中的一方与孙子女组成的家庭。在生活节奏越来越快的今天,不管是在城市还是在农村,由祖父母代替父母承担家庭教育任务的家庭越来越多。这种家庭的学前儿童虽然有父母双亲,但是由于长时间得不到父母的疼爱,也很容易受到心理伤害,不能与父母建立良好的亲子依恋关系,不利于学前儿童的良好发展。

2. 家庭经济生活状况

家庭经济生活状况是指家庭经济收入的多寡、生活水平的高低、家庭收入的来源和支配情况。家庭经济生活状况与家长的社会地位有直接的关系。

教育是人力资本投资,对教育的投资越多,未来收入也越多。教育经济学家认为,教育首先是一种消费,能否进行这种消费,接受什么质量、等级、类型的消费和家庭的经济收入成正相关。父母拥有较好的经济生活状况,就意味着他们有较为雄厚的经济支付能力,能够为子女的教育投入更多的资金,从而能够为其子女提供优质的教育。另外,经济收入的高低会影响父母的自尊、抱负、价值观,并间接地影响他们对子女的期望,从而潜移默化地影响子女的发展。家庭收入多虽然不是家庭生活幸福的唯一条件,但是这种家庭里的子女会有一个更加舒适的生活环境,会有良好的营养保障,会有更多的玩具图书,会得到更多的智力投资。

3. 家庭成员之间的关系

在家庭中存在着很多的关系,比如说主干家庭的婆媳关系、父子关系,核心家庭内部的夫妻关系和亲子关系等。家庭成员之间的关系在家庭教育中的作用不可忽略,未成年的子女缺乏独立生活的能力,不能脱离家庭、父母而独立存在,家庭成员之间的关系好坏影响到他们能否感受到安全、温暖、快乐。

4. 家庭生活方式

家庭生活方式是人们在家庭中的各种生活活动的典型形式,它是家庭成员在长期的共同生活中逐步形成的较为稳定的生活模式,包括家庭生活观念、家庭生活活动和家庭生活条件三个基本要素,三者相互联系、相互影响。家庭生活方式中对子女身心发展产生直接影响的因素有家庭饮食营养习惯、生活起居习惯、消费方式、闲暇利用方式、家庭人际交往方式等。

家庭生活方式对学前儿童的健康状况有影响。世界各国都非常关注家庭生活方式对学前儿童的影响,世界卫生组织(WHO)向全世界宣称:"生活方式病将成为全世界的头号杀手。"与以往相比,儿童肥胖、近视、过敏等发生率日益增加,这些疾病与家庭的不良生活方式有直接的关系。家庭生活方式还对学前儿童社会交往有影响,经常带儿童外出玩耍,让儿童与邻居、同伴多接触,儿童接触社会多、见识广,社会能力也相对较强。

(四)家庭教育的社会历史背景

作为社会的一个组成部分,家庭总是与社会存在着千丝万缕的联系,家庭教育受到社会政治经济、文化传统以及时代特征的影响。

家庭教育受国家、社会的影响,我国政府十分重视儿童的家庭教育,推动全国的家庭教育工作,全国各地普遍加大家庭教育工作力度。家庭教育与文化存在着必然的联系,在相对稳定的社会中,社会的文化传统与学前儿童教育保持相对适应的状态。一方面,社会特有的文化传统渗透在人们生活的各个方面;另一方面,这种特定的教育内容与方式使传统文化在下一代身上得以再生。我们所处的时代是一个飞速发展的时代,各种科技层出不穷,学前儿童不仅可以从家长、教师那获得知识,还可以通过多种媒体获得,而科技也是一把双刃剑,对学前儿童有利有弊,这就需要家长与教师对儿童进行正确的引导。

第三节 学前儿童家庭教育的目的与任务

一、学前儿童家庭教育的目的

不管学前儿童的家长是否意识到自己对孩子的教育目的,家庭教育的目的是客观存在的。学前儿童家庭教育目的的确定依据是多方面的,但主要是社会的发展和人的发展需要。首先,教育目的是从社会的角度提出的,反映了社会对学前儿童的要求;其次,家庭教育由家长具体实施,家长根据自身的经验对教育价值做出选择。因此,家长的文化素养、职业、性格等都会影响学前儿童家庭教育的目的。

综合各种对教育目的的要求,家庭教育目的可以表述为:"家长充分利用家庭优势和社区资源,创设良好的家庭环境,对学前儿童施以多种影响,培养学前儿童良好的生活习惯和自理能力,增强体质,激发认知兴趣,提高认知能力,掌握社会规范,塑造良好个性品质,发展审美能力,促进学前儿童身心全面、和谐、健康地发展。"[1]

---

[1] 丁连信.学前儿童家庭教育(第四版)[M].北京:科学出版社,2019:47.

二、学前儿童家庭教育的任务

参照目前幼儿园教育的任务,并结合我国学前儿童家庭教育的具体情况,学前儿童家庭教育的任务主要包括:学前儿童家庭道德教育、学前儿童家庭智能教育、学前儿童家庭健康教育、学前儿童家庭审美教育。

(一) 学前儿童家庭道德教育

1. 帮助儿童理解并遵守日常生活中的基本社会行为规则

呱呱坠地之时,只是一个"生理的我"诞生,要走向"心理的我""社会的我",儿童必须要了解并遵守基本的社会行为规则,养成良好的行为习惯,掌握文明礼仪规范,建立良好的道德品质。

2. 培养儿童的责任感和负责任的能力

每个人都有自己的社会角色,都要承担自己应该承担的家庭责任和社会责任,这是作为一个合格的社会公民必须具备的基本素质。在家庭教育中,要让孩子承担力所能及的家务,逐步培养儿童对自己负责、对家庭负责、对集体负责、对社会负责的态度。

3. 引导儿童学会并乐于与人交往,在交往中学会互助、合作、分享,并建立自尊和自信

每个孩子都是喜欢交往的,作为家长,要创设机会,引导儿童从小乐于与人交往,与成人交往,与同伴交往,在交往中形成必要的社会交往技能,乐于助人,愿意合作分享。家长对于儿童表现出的良好品质,要给予鼓励和表扬,用正面眼光看待孩子,多看孩子的优点,积极暗示,帮助孩子树立自尊和自信。

4. 教育儿童爱自己、爱父母、爱老师、爱同伴、爱周围的人、事、物,培养感恩之心

感恩是一种生活态度,是一种美德,感受爱和给予爱都是一种能力。儿童首先要从爱自己开始,学会悦纳自己,然后学会理解父母的养育之爱、师长的教诲之爱、朋友的关切之爱,再逐渐培养对整个自然和社会的大爱,以及对家乡和祖国的认同感。

(二) 学前儿童家庭智能教育

1. 激发儿童的学习兴趣和求知欲望

每个孩子天生对外界事物有好奇心,兴趣是推动学前儿童探索、认知的原动力,家长在日常生活中要特别注意保护儿童的好奇心,并激发他们的学习兴趣和求知欲。带领孩子在生活中学习,在大自然大社会中学习,以直观的、游戏的方式让孩子在玩中学,玩中有收获,把学习变成快乐的体验。家长还要善于发现孩子在认知活动中的优势领域和兴趣,这是推动孩子理智感发展的重要保证。

2. 培养儿童良好的感知能力和动手操作能力

感知觉是儿童接触世界的窗口,善于观察,做生活中的有心人,头脑中有足够的表象,才会有丰富的想象和灵活的思维。家长要善于利用各种机会培养孩子有序观察的能力,同时鼓励孩子多动手,因为手部动作的发展与人脑的发育密切相关,儿童的智慧在他的指尖上,积极创造各种环境让孩子参与体验,让孩子去摸、触、舔、闻、嗅,在做做玩玩中,促进孩子手部小肌肉的发展及动作的灵敏性、准确性,还可以培养孩子的耐心、专注力和自信心。

3. 帮助儿童习得各领域粗浅的经验和知识

学前阶段的儿童求知欲望强烈,以直觉行动思维和形象思维为主,家长主要向孩子传授周围生活中粗浅的自然和社会知识,引导孩子习得各领域的感性知识,并以孩子的直接经验为基础,遇物则诲,相机而教,生活之中处处皆教育,例如,有关自然界和社会的常识、有关数的初步知识等。同时培养孩子的阅读兴趣,发展语言理解和表达能力。语言是思维的工具,能够实现思维、巩固和传达思维成果,能说会道、喜欢阅读的孩子,思维也是活跃的、深刻的。

4. 养成儿童良好的学习品质

学习品质是激发儿童学习意识和调节学习过程的动力监控系统,也是影响早期学业的成败的主要因素。家长应培养孩子端正的学习态度,学习主动勤奋,愿意刻苦努力;培养孩子认真倾听、做事专心致志的学习习惯;鼓励孩子大胆提问,自由讨论,有解释和反思的能力;发展孩子模仿基础上的想象力和创造力,能够用想象等拓展知识,进行新的学习;引导孩子遇到困难自己解决,锻炼环境适应能力。

(三)学前儿童家庭健康教育

1. 激发儿童体育活动的兴趣,增强体质

运动对于学前儿童的身心健康有着重要的意义,使得儿童的骨骼变得坚硬富有弹性,关节灵活,肌肉发达,平衡和协调能力大大提高。家长要多带孩子进行户外体育锻炼,接受"三浴"——日光浴、空气浴和水浴,增强孩子的抵抗力和免疫力。家长要结合孩子的年龄特点,提供运动材料,组织活动,并将锻炼持之以恒。

2. 培养儿童良好的生活习惯,锻炼生活自理能力

良好的生活习惯包括饮食习惯、睡眠习惯、卫生习惯、劳动习惯、学习习惯等,生活自理能力是指儿童在一定的年龄阶段独立照顾与管理自己生活各方面的能力,具体包括五个类别——饮食、如厕、起居、睡眠、整理。家长要为孩子建立和创造良好的培养环境,主动放手让孩子去尝试锻炼,同时对孩子进行适当的引导、支持和鼓励,让孩子从小动手练习为自己服务,自己的事情自己做。

3. 引导儿童掌握日常安全知识,具有初步的自我保护意识与能力

学前儿童是柔弱的,容易受到外界的伤害,所以家长要帮助孩子掌握基本的安全知识和技能,包括交通安全、消防安全、食品卫生安全、人身安全等,还可以通过角色扮演或者情境教育帮助孩子形成一些安全行为。

4. 重视儿童的心理健康,塑造儿童活泼开朗的性格

幼儿期的心理健康是孩子一生健康的基础,在满足孩子身体发展需要的同时,还应该创设温馨的人际环境,让孩子充分感受到亲情和关爱,这就需要家长营造和谐的家庭氛围,家人之间互相爱护、互相尊重、互相信任,家庭教育民主化,亲子沟通良好,同时鼓励孩子多参加群体性活动,在多元化活动和互动中培养孩子活泼开朗的个性,形成积极稳定的情绪情感。

(四) 学前儿童家庭审美教育

1. 引导儿童欣赏各种形式的美,建立正确的审美观

学前阶段的儿童审美观正在建立中,所以,作为家长要引导孩子欣赏日常生活中各种各样的美,例如,环境和服饰,自然、天真、整洁就是美;欣赏丰富多彩的自然景色,从色彩、形态、声响等变化中领略大自然的美;多带孩子去欣赏艺术之美,游览名胜古迹,参观博物馆,品经典,触心灵;引导孩子感知体会人性之美,通过文学作品、影视作品,使孩子从小趋向真善美。

2. 开展多种形式的艺术活动,激发儿童参与艺术活动的兴趣

家长要创造条件,让孩子接触各种艺术形式和作品,并通过音乐、美术、语言等涉及艺术的活动,激发孩子的审美情趣,尊重他们的兴趣和独特感受;支持孩子自发的艺术表现和创造,领会并尊重孩子的艺术创作,不简单用"像不像""好不好"等成人标准来评价;尽量用积极鼓励的态度,肯定孩子的点滴进步,维持孩子的艺术兴趣。

3. 适当指导儿童的审美活动,支持儿童富有个性和创造性的表达

在感受美、体验美的基础上,家长要鼓励孩子大胆地表达美、表现美,鼓励孩子在生活中细心观察、体验,为审美活动积累经验与素材;给孩子提供丰富的材料,如图书、照片、绘画或音乐作品等,让他们自主选择,用自己喜欢的方式去模仿或创作;鼓励孩子大胆进行艺术创造,比如,自由作画、即兴舞蹈、故事表演等。

第四节 学前儿童家庭教育的原则与方法

一、学前儿童家庭教育的原则

学前儿童家庭教育的原则是指学前儿童的家长在实施家庭教育时必须遵循的基本要求和基本准则。它是根据我国社会主义教育目的的要求和我国学前儿童身心发展特点和个性、品德形成的规律,以及儿童家庭教育的任务、家庭教育过程的规律制定的,是学前儿童家庭教育经验的总结和概括。正确理解、掌握和贯彻学前儿童家庭教育原则,是提高学前儿童家庭教育质量,顺利完成教育任务的重要保证。

（一）理智性原则

理智性原则是指学前儿童家长在教育孩子时，在感性地对孩子关心和热爱的同时，需要理智地对孩子进行严格要求。只有把二者结合起来，才能更好地促进孩子的健康发展。爱孩子是教育孩子的前提，父母只有爱孩子，才有教育孩子的积极性和主动性。孩子也只有切身体验到父母的爱，才会从感情上和行动上接受父母的教育，朝着父母所期望的方向发展。但是，并非所有的爱都能促进孩子的发展，父母必须理智地爱孩子，才能使孩子健康成长。理智性原则的要求是爱严结合，即施爱有度和要求适度相结合。每位家长都深爱自己的孩子，但有一些家长对孩子爱得过度，出现了娇纵、溺爱的现象，应该说，过分的爱和严都不利于孩子的身心健康发展。民间有句俗语说："宠狗，狗上灶；宠儿，儿不肖。"反对对孩子太娇惯，这是对的。但主张"棍棒之下出孝子"，则有失偏颇。过分的严厉会使孩子变得胆小自卑。这里所说的严并不是指板起面孔严厉对待孩子，而是指在教育孩子时要坚持原则。严要出于爱，爱要寓于严，严要合理，爱要适当，该严则严，该爱则爱。

（二）主体性原则

主体性原则是指在学前儿童家庭教育过程中，要尊重孩子的主体地位，发挥孩子的主体作用，调动孩子的主动性、积极性。学前儿童家长应认识到孩子是社会的人，是独立的个体，有着做人的尊严和价值，有着自己的想法和特点，渴望得到家长的尊重和理解。因此，家长要尊重孩子的人格，把孩子当朋友，尊重孩子的选择，使孩子真正成为自我发展的主体。主体性原则要求成人做到：

首先，尊重并平等地对待学前儿童。在家庭中，父母应尊重孩子的意见、兴趣和自尊心，不能忽视孩子的地位，不能轻视、压制孩子的正确意见，应该把孩子作为家庭中的一员，使孩子乐于发表自己的见解。只有保持家庭成员的人格平等，彼此之间才不会产生心理隔阂。只有尊重孩子，以理服人，才能使孩子形成健康的心理。

其次，尊重学前儿童的人格。父母应把孩子看作一个独立的、有生命的个体。父母的威信应建立在对子女的尊重上，教育应建立在相互平等的地位上，因为孩子有孩子的意志，只有尊重孩子的人格，他们才会尊重你，才会接受你的教育。尊重孩子，把孩子看成一个独立的个体，而不是自己的附属品或玩具。

再次，尊重学前儿童的生存和发展。学前儿童是社会的人，生来就具有人的尊严和价值，他们享有人的各种权利。但是，对儿童的尊重并不等于不约束他们，相反，合理的约束、正确的批评是对他们健康发展的尊重，我们不能从一个极端走向另一个极端。我们这里说的"尊重孩子"的含义非常简单明确，就是要把孩子看成一个独立的个体。

最后，使学前儿童成为发展的主体。学前阶段是一个有其独特需求的人生阶段。他们好动，他们爱玩，他们喜欢畅想，他们需要快乐，他们更需要成人的陪伴。但是，相比之下，目前我们满足儿童物质的需要远远超出了他们精神上的需要。对儿童精神需求的忽视，使他们逐渐失去了主体性，孩子学会的只是盲目的"听话"与"服从"，长此以往，儿童的天性会渐渐淡化，兴趣会越来越少，生活也将变得十分枯燥。家长应帮助学前儿童生活、自立和做人，给他以关心和爱护，帮助他做事，而不是代替他做事。

（三）一致性原则

一致性原则是指学前儿童家庭教育应当有目的、有计划地把对孩子的各方面教育要求加以统一，使其互相配合、协调一致，以促进孩子的全面发展。学前儿童家长要认识到，影响孩子的因素是多方面的，只有各方面的教育力量协调一致，才能形成一种合力，取得最佳的教育效果。一致性原则要求成人做到：

首先，家长对待孩子的态度和要求应一致。家长对待孩子的态度一致是指在某一时、某一事的教育上，所有家长要互相配合、协调一致，使孩子的品德和行为按照统一的要求发展。一方面，父母双方在教育子女的态度上要协调一致，并相互配合，该宽则宽，该严则严，在孩子面前树立起一个慈祥而威严的形象，使孩子容易接受父母的教育。另一方面，在三代同堂的大家庭中，老人之间、老人与孩子的父母之间对待孩子的态度要一致。

其次，家、园对待孩子的态度和要求应一致。家庭教育与幼儿园教育应该是结合在一起相互促进的。家长要了解幼儿园的日常教育活动，如果对幼儿园的教育方法有疑惑，应该与园方沟通，以免幼儿园的日常教育活动与家庭教育相冲突，使得孩子无所适从。家庭和幼儿园应该加强联系和合作。

再次，家长对学前儿童的要求一以贯之。学前儿童家庭教育中，有时候家长对孩子的要求还会出现前后不一致。对孩子来说，会无所适从，不知道家长的哪种要求是要听从的。带孩子是一项很重要也很难的工作，只要要求是正确的，适合孩子的发展，则必须坚持。

（四）从实际出发原则

从实际出发原则也叫因材施教原则，是指家长对学前儿童进行教育时，要从实际出发，根据他们的年龄特征和个性差异进行教育，采用适当的教育形式和方法。由于先天的遗传素质、后天的生活环境和教育影响的不同，每个孩子在身心发展的可能性、方向和水平上都存在着差异，所以家长要从孩子实际出发，因材施教。从实际出发原则要求成人做到：

首先，根据孩子的年龄特征和个性特点进行教育。作为家长，要教育好孩子，必须在掌握一定科学育儿知识的同时，读懂孩子，即了解孩子的年龄特征、个性特点与发展水平，了解孩子所思所想及他的兴趣与潜能，在此基础上进行教育。家长根据孩子的实际情况进行有针对性的教育，才会取得较好的效果。

其次，抓住时机，适时教育。家长教育孩子不但需要知识，更需要智慧，要抓住教育的有利时机，适时地进行教育，激发孩子的好奇心、求知欲，使孩子最大程度地发挥自己的潜能。

再次,因势利导,发展特长。有的家长为了使孩子赢在起跑线上,在孩子很小的时候就给孩子定下了发展方向;有的家长为了实现自己的追求与梦想,完全凭自己的主观愿望和意志,把自己的兴趣和爱好强加给孩子,拼命让孩子学这学那。家长应让孩子的生活充满快乐,尊重孩子的选择,对孩子的兴趣加以引导,根据孩子自身的实际,发展特长。

(五)正面教育原则

我国幼儿教育家陈鹤琴先生根据儿童喜欢称赞、嘉许、奖励,而不喜欢禁止、抑阻的心理特征提出了"正面教育"的原则。正面教育原则是指在学前儿童家庭教育中,家长要以正面的事实、道理、榜样等对孩子进行启发、引导,正面疏导和说理教育,调动孩子自我教育的积极性。正面教育原则要求成人做到:

首先,家长讲清道理,正面疏导。对年龄小的孩子来说,通常是以成人的评价来认识自己的,成人说他怎么样,他就认为自己是怎样的。而家长的数落很容易伤害孩子的自尊心和自信心,不利于孩子的身心发展。对于这一情况,一方面,家长应通过讲故事、讲道理等方式耐心教育孩子;另一方面,当孩子在家长的教育下有了进步时,要多进行肯定、鼓励、表扬,促进孩子的行为朝着家长所期望的、良好的方向发展。

其次,通过正面榜样和实例激励孩子。孩子的年龄越小,榜样的感染力就越大。孩子出生后,首先接触的是父母和家庭成员,在孩子还没有掌握语言工具的时候,他们受教育和影响的方式,主要是借助于具体形象。孩子们最初形成的行为习惯,几乎都从模仿家长而来。不论好的或不好的行为习惯,孩子都不加选择地一概模仿。这就要求家长必须注意自己的行为习惯,全面提高自身素质,从各个方面给孩子树立正面的榜样。另外,家长可以用生活中的实例,对孩子进行正面引导和教育。

(六)言传身教原则

言传身教原则是指在学前儿童家庭教育中,不仅要善于说理,同时也要以自己的行为给孩子做出榜样。既要注意言传,又要注意身教,把二者统一起来。家长是孩子最早的接触者,他们的思想品德和行为习惯,对孩子起着潜移默化的影响,在家庭教育中,孩子往往是听父母所言,观父母所行。因此,学前儿童家长不仅要重视对孩子的说理教育,更要重视以身作则,真正把二者结合起来。言传身教原则要求成人做到:

首先,家长要善于说理。由于学前儿童缺乏生活经验和社会知识,生活中常会出现问题,时刻需要父母的指点。家长给孩子讲道理,不要无休止地"唠叨",更不能大声呵斥,要注意方式方法,应追求"随风潜入夜,润物细无声"的境界。

其次,家长要以身作则。父母对孩子进行说理教育是一时的,而他们从早到晚看到的却是父母活生生的形象,两者相比,后者比前者更有影响力。另外,每一个孩子都具有模仿的天性,父母是子女最直接的模仿对象,父母的一言一行、一举一动,他们都会不加取舍地效仿。因此,家长以身作则是最重要的事情,要求孩子做到的,家长应首先做好。

再次,身教和言教要相结合。父母在实施家庭教育过程中,要根据学前儿童年龄特点和接受程度,将身教和言教相结合,循循善诱,从而让孩子由无意识模仿到有意识模仿。家长应该规范自己的行为,用爱心来培育孩子,用细心去照顾孩子。父母只有不断加强自身修养,将言传与身教相结合,才能帮助孩子养成良好的习惯。

二、学前儿童家庭教育的方法

学前儿童家庭教育的方法是指学前儿童的家长在对孩子实施教育时所选择和运用的具体方式和手段。能否恰当地选择并创造性地运用科学的教育方法,直接关系到家庭教育能否顺利进行,直接影响着教育的效果,决定着家庭教育目的和任务的实现。影响家庭教育的因素是多种多样的,家庭教育过程中所遇到的问题是错综复杂的,这就要求家长要理解、掌握多种教育孩子的科学方法,学会选择并运用家庭教育方法。

(一) 环境熏陶法

1. 含义

环境熏陶法是指在学前儿童家庭教育中,家长有意识地通过创设良好的家庭氛围,对孩子进行熏染陶冶的方法。目的是让孩子养成良好的行为习惯和高尚的道德情操,从而使孩子的身心得到和谐发展。

2. 要求

(1) 重视家庭环境的影响

家庭的生活环境每时每刻都在影响着孩子。家庭环境不同,对孩子的影响作用也不同。有的家长给孩子的是积极的影响,而有的家长给孩子的却是消极的影响。苏联教育家马卡连柯曾说过:"家庭集体的完整和团结一致是良好教育的一个基本条件。教育的过程是一个不断的过程,它的各个细节由家庭的风气来解决,而家庭风气不是想出来的,也不能用人工来保持。亲爱的父母们,家庭风气是由你们自己的生活和你们自己的操行创造出来的。如果你们生活上的一般作风不好,即使最正确、最合理,并且是精心研究出来的教育方法,也将是没有用的。相反的,只有正当的家庭作风,才能给你们提供对待孩子的正确方法。"可见,创设良好的家庭环境是多么重要!

(2) 创造和谐的家庭生活氛围

首先,要美化家庭生活环境。学前儿童的生存离不开家庭,家长应为孩子创造一个良好的家庭生活环境。与儿童的生理、心理特点相适应的物质环境有助于他们的健康成长,应该让孩子生活在一个环境舒适、宁静、温暖的家庭中。布置房间最好也让孩子动手,发表意见和看法。其次,父母与孩子之间的血缘关系和亲缘关系的天然性和密切性,使父母的喜怒哀乐对孩子有强烈的感染作用。这就要求家长要有良好的个性品质,具备诚实守信、正直勇敢、乐于助人、礼貌待人、坚韧不拔等品德,并有开朗、热情、自信、乐观等性格特征。家庭成员之间,特别是父母之间,要互相尊重、互相信任、和睦相处,共同关注孩子的成长。

(3) 提高文化素养，追求高尚的精神情趣

学前儿童家长的文化素养会决定其精神情趣。平时的生活既严肃又活泼，人人讲究文明礼貌，精神生活丰富，情趣高雅，在这样的家庭里生活的孩子，肯定会受到良好的影响。但需要注意的是，每一个学前儿童、每一个家庭都有其自身的特点，要根据儿童及家庭的特点，不断探索创设良好家庭教育环境的方法和途径，在实践中不断总结，不断完善，不断提高。

（二）实际锻炼法

1. 含义

实际锻炼法是指在学前儿童家庭教育中，根据孩子的发展和社会的需要，让孩子参加各种力所能及的实践活动，从中受到锻炼，以便学会某种技能技巧，发展能力，培养良好的行为习惯和思想品德的方法。孩子是社会的人，从出生就开始了他的社会化进程。从社会发展的趋势看，未来的社会生活特别需要人具有独立生活的能力、适应社会环境的能力、工作劳动的能力和社会交往的能力。缺乏这些基本能力，孩子将无法适应未来的社会生活。因此，必须让孩子从小参加实践锻炼。

2. 要求

(1) 重视实际锻炼

实际锻炼是让孩子身体力行、亲自去做。学前儿童的技能技巧、能力以及良好习惯和品德，不是先天就有的，也不是自然而然形成的。家长要积极引导、支持并放手让孩子进行各方面的实际锻炼。比如，对于学前儿童，有些社会交往技能是必须"教给"他们的，如怎样参与别人的游戏活动，怎样对同伴的友善行为做出回报，怎样与同伴分享食物、玩具，怎样给予同伴关心、帮助和同情，在某些时候应该说什么话，做出什么样的表情和动作，家长应经常向孩子讲述并引导孩子付诸行动。

(2) 舍得让孩子吃苦

对学前儿童来说，养成某种习惯和品质，吃点苦是难免的。有的家长心疼孩子，孩子刚一叫苦喊累，就做出让步，半途而废，使孩子养成怕苦怕累，做事虎头蛇尾的坏毛病。作为父母应该懂得，要舍得让孩子吃苦，正是这种"狠心"培养了孩子的坚强性格和自信，也锻炼了他们的强健体魄。

(3) 提供针对性指导

指导学前儿童进行实际锻炼，要考虑孩子的年龄特征，难易程度应当是经过孩子的努力可以胜任的。在实际锻炼之前，家长要根据孩子的年龄特征，提出要求，进行具体指导。养成习惯贵在躬行实践，由爱护一棵小草到敬重所有的生命，由善待一只蚂蚁到关爱他人，习惯终会成自然。习惯的养成还有赖于反复实践。所以，在要求孩子达到某一项行为习惯时，一定要让他反复练习、巩固，并经常表扬、鼓励，促进孩子自觉地巩固。

(三)说理教育法

1. 含义

说理教育法是指学前儿童家长通过摆事实、讲道理,提高孩子的认识,培养良好的道德品质,形成正确的行为规范的方法。说理教育的具体方式有两种,即谈话和讨论。谈话的内容可以是多种多样的,但内容的深浅程度要适合孩子的理解接受能力。每次谈话的内容可以是广泛的,也可以集中谈某一个方面的问题。谈话要有灵活性,要看孩子理解接受的情况,不可强制灌输;要有启发性,引导孩子自己去思考;要有具体形象性,与孩子谈较为深奥的道理,要尽可能做到深入浅出、通俗易懂,联系孩子身边的实际,多摆事实。讨论的题目可以由家长提出,也可以由孩子提出,但一般来说,应该是家长和孩子共同关心的问题。

2. 要求

(1) 谈话时情理交融

在家长运用谈话这一具体方式时,要结合孩子的思想实际,有针对性地说理,进行分析,使孩子掌握某种行为标准,形成正确的观念。说理不等于说教,给孩子讲道理,正确的做法是把理与情有机地结合起来,引起孩子在情感上的共鸣,在认识上对某一问题产生共识。在说理中做到情理交融,首先,要进行心理换位,即角色心理位置的互换。其次,要有真情实感,家长要以关心孩子为出发点,注意措辞,用文明、尊重、协商、关心的语言,使孩子感到亲切,并感受到父母的关爱。再次,和孩子谈话,家长一定要有正确的思想观点,通过谈话,使孩子明辨是非,如果家长的思想观点是错误的,那么教育注定是要失败的。

(2) 讨论时民主平等

在家长运用讨论这一具体方式时,要和孩子以民主、平等的态度共同研究讨论问题,使孩子提高认识,掌握正确的行为规范。讨论问题时,家长要放下架子,以真诚、民主、平等的态度,让孩子充分发表意见。孩子讲话时,家长要认真地倾听。孩子不同意家长的观点,可以反驳,可以批评,如果不能说服家长,允许孩子保留自己的看法。讨论的过程可以使孩子认识自身的价值,增强自信心,培养其追求民主的精神。这样能使孩子更好地适应社会生活,并在社会生活中充分发挥主人翁的责任感。

(四)榜样示范法

1. 含义

榜样示范法是指学前儿童家长以自己和他人的好思想、好品质、好行为来教育和影响孩子,使其形成优良品德的方法。学前儿童的思维特点是具体形象性,也就是说,具体的形象对其有巨大的吸引力、感染力和说服力,易于为学前儿童所理解和模仿。因此,榜样示范法是家长对学前儿童进行家庭教育的有效方法。

2. 要求

（1）重视榜样示范

榜样的力量是无穷的。因为学前儿童模仿性强，生动形象的典型易于感染他们，激发他们向榜样学习的热情。可以说，孩子的年龄越小，榜样的感染力就越大。年幼时受到榜样的影响，印象极为深刻，甚至终生不忘。在进行榜样示范教育时，要善于选择既有教育意义又切合孩子实际的典型人物和事例。

（2）引导孩子向榜样学习

首先，家长要亲自给孩子树立榜样。在学前儿童家庭教育中，家长要做到以身作则，因为年幼的孩子对家长讲的道理并不能完全理解，但成人的一举一动，他们都看在眼里，家长要给孩子做出好榜样，这是最好的、最有说服力的教育。古人说过"其身正，不令而行，其身不正，虽令不从"，家长只有严格要求自己，才能掌握教育的主动权，才能有效果。家长应加强自身的修养，追求高尚的、美好的，抵制丑陋的、庸俗的，用自己的人格去感染孩子，为孩子树立良好的榜样。

其次，懂得借助英雄模范人物的感召力量。家长要通过各种形式影响孩子，结合孩子的思想实际和接受能力，引导他们学习英雄模范的优秀品质和高尚情操。要使孩子从中受到深刻的教育，家长必须首先对这些人物的思想境界有深刻的理解，有深厚的感情，并以此去影响、感化和引导孩子。

再次，引导孩子向幼儿园的老师和同伴学习。幼儿园的老师要做到以身作则，用高尚的人格和正确的行为去影响孩子。同伴，对孩子来说比较熟悉，他们的好品德、好作风，孩子容易理解和接受，更能激起孩子学习的热情，具有直接的教育作用，家长应充分利用这些学习榜样。这里需要家长注意的是，不要横向比较，不能只拿同伴的优点、长处和孩子的缺点、短处比较。正确的做法是循循善诱，从正面激励孩子学习榜样，增强他们的自尊心、自信心和上进心。

（五）兴趣诱导法

1. 含义

兴趣诱导法是指在学前儿童家庭教育中，家长通过各种机会了解孩子的特点，发现孩子的需要，捕捉孩子的兴趣，诱导孩子充分发展自己的个性特点的方法。学前儿童的家长要做有心人，仔细观察孩子，善于发现孩子的兴趣并进行诱导，激发孩子的好奇心和求知欲。

2. 要求

（1）重视孩子的兴趣

兴趣是学前儿童学习的动力，我们必须珍视他们的兴趣，引导他们的兴趣，培养他们的兴趣，避免以成人的愿望代替儿童的兴趣，更要防止拔苗助长。我们必须清醒地认识到，保护孩子的兴趣就是保护他们可持续发展的后劲。忽视儿童的兴趣和需要，一味追求"学有所成"，甚至从小定向培养，以牺牲孩子童年快乐为代价获取某些特长，必然会造成儿童心理负担过重，影响他们健康发展。

(2) 发现兴趣，引导孩子发展其个性特点

孩子的爱好是多种多样的，家长要注意观察，善于发现孩子的兴趣，发展孩子的特长。无论孩子朝什么方向发展，先要看孩子是否喜欢，不能全凭家长的主观愿望。19世纪英国著名的数学家、物理学家麦克斯韦之所以能成为科学家，和他父母的细心观察是分不开的。有一次，父亲让他画菊花，结果他把菊花画成了几何图形，不是三角形就是圆圈，或者是梯形。父亲又进一步观察发现他对数学很感兴趣，于是就引导他在数学方面发展，最终成为和牛顿齐名的大科学家。如果家长不顾孩子的兴趣，只按自己的愿望去培养孩子，往往达不到教育效果，甚至事与愿违。

(3) 创设问题情境，诱发孩子的兴趣

为孩子创造问题情境，孩子有了疑问，积极思考，这对孩子思维的发展极其重要。要让孩子有问题意识，一个重要的做法是安排一个情境，以激发孩子的思考。首先，要让孩子感到好奇。比如故事讲一半，孩子很想知道结果，于是对故事产生了浓厚的兴趣。其次，鼓励孩子积极思考，主动提出问题。在孩子的天性中，有一种求知的欲望，想了解这个奇妙世界的本来面目。因此，父母如果能够有意识地引导孩子的兴趣，保护好孩子的好奇心，鼓励孩子积极思考，对孩子的提问努力表现出自己的关注，与孩子一起去寻求未知的答案，孩子提出问题的欲望和探求的兴趣就会不断增强。

(六) 暗示提醒法

1. 含义

暗示提醒法是指在学前儿童家庭教育中，家长用间接、含蓄的方式对孩子的心理施加影响，从言语上提示、从感情上感染、从行为上引导孩子的方法。家长希望孩子做什么、如何做，则根据需要，用言语、动作、表情等使孩子不自觉地接受某种意见或做某件事。

2. 要求

(1) 重视暗示提醒

社会心理学家沃士德等人的实验表明，当对象觉察到外界要说服自己时，往往会产生一定的心理准备，从而警觉起来，并对引导进行挑剔；而当对象没有感到外界是有意说服自己时，就容易接受意见。所以，当"三令五申"不起作用时，家长不妨使用暗示提醒，可能会收到事半功倍的效果。家长运用暗示提醒法教育孩子，充分体现了家长对孩子的了解、信任和尊重，有利于调动、发挥孩子的主动性、积极性和自觉性，进一步拉近家长和孩子之间的关系。

(2) 掌握暗示的基本方法

暗示可以由人直接施受，也可以由情境施受。暗示主要分为言语暗示、行为暗示、表情暗示和情境暗示。

① 言语暗示

言语暗示就是不直接对孩子提出教育要求，而是通过讲故事、打比方、做比较等方式把自己的观点巧妙地表达出来。父母要针对孩子的性格特征，考虑到具体情境，

用合适的语言间接地向孩子传递意愿,表达感情。

② 行为暗示

行为暗示就是用体态语言把自己的想法表露出来,从而达到教育目的。行为是直观的,很容易引起孩子的注意。所以,利用行为来暗示孩子也会起到好的教育作用。

③ 表情暗示

表情暗示是指通过表情传达多种信息,形成刺激,使暗示对象做出反应。例如,孩子表现非常出色,家长可以对他会心地微笑,这对孩子来说是一种激励。相反,如果孩子表现不好,不按正确的行为规范去做,家长可以给他一个非常严肃的表情,这时,孩子会意识到家长不喜欢自己当前的行为,并自觉地加以纠正。

④ 情境暗示

情境暗示是指家长利用良好的情境对孩子进行潜移默化的熏陶和感染,使其受到感化和教育。整洁舒适的家庭环境、融洽亲密的家庭关系、民主和睦的家庭氛围会使孩子受到良好的陶冶,对孩子的健康成长非常有利。

(七) 活动探索法

1. 含义

活动探索法是指在学前儿童家庭教育中,家长让孩子通过丰富多彩的活动,不断探索,尝试错误,从而掌握多种技能,发展能力,培养孩子良好品质的方法。学前儿童年龄小,对生活中的一切都需要学习,孩子有很强的好奇心和动手操作的愿望,因此家长让孩子参加活动,探索奥秘,这是取得良好教育效果的重要途径。

2. 要求

(1) 重视活动探索

年龄稍大一些的学前儿童已积累了一些知识,学习了一些简单的技能,注意力较集中,活动起来较有目的。同时,他们的观察能力、思维能力和想象能力也已有了一定的发展,能够较清楚地看到物体的形状、颜色、结构,理解简单事物之间的联系。他们能较全面真实地反映周围的事物和现象,手、脑也更加灵活,此时,如果引导孩子参加丰富多彩的活动,能够使孩子的观察力、注意力、想象力更好地发展,在努力探索中,培养孩子的创造精神,锻炼孩子的坚强意志。所以,我们要重视学前儿童的探索活动。

(2) 具体指导探索活动

家长具体指导孩子的探索活动时,首先要考虑孩子的年龄特点,要从孩子的实际能力出发,探索活动的内容和任务不要过难,当然,也不能过易。过难,孩子容易产生畏难情绪;过易,不能激发孩子的兴趣。家长可以安排一些难度适中的、适应孩子实际的活动,并在活动中加以指导。其次,在探索活动中,要培养孩子勤俭节约的意识,充分利用废旧物品,自制玩具和手工作品。再次,要正确对待孩子在探索活动中出现的失误。当孩子在活动中出现失误时,家长不要责怪孩子,更不能因噎废食,不让孩子再做。正确的做法是帮助孩子分析失误的原因,从错误中学习,总结经验,吸取教训,鼓励孩子继续探索,只有这样,才能更好地培养孩子坚韧不拔、不怕挫折的精神,锻炼孩子的能力,发挥孩子的创造性。

(八) 奖惩激励法

1. 含义

奖惩激励法是指在学前儿童家庭教育中,家长激励孩子发挥其积极性,使孩子明确并发扬自己的优点、长处,认识并克服自己的缺点和不足,从而主动地按正确的行为准则去行动的方法。其方式包括表扬、奖励和批评、惩罚。

2. 要求

(1) 正确进行表扬和奖励

首先,家长要懂得表扬孩子的点滴进步。在生活中,肯定孩子的点滴进步是巩固孩子的好行为,使其形成良好习惯的重要手段。其实,对于年龄小的孩子,做好一些"简单"的事已经很不容易了。因此,只要有助于培养孩子良好的习惯,增强其自信心,父母就要慷慨地给予表扬,年龄愈小表扬愈多,随着孩子年龄的增长逐渐提高表扬的标准。

其次,表扬要及时、具体。对应表扬的行为,父母要及时表扬,这样会收到良好的教育效果。因为在孩子的心目中,事情的因果关系是紧密联系在一起的,年龄越小,越是如此。家长应特别注意强调孩子令人满意的具体行为,表扬得越具体,孩子对哪些是好的行为就越清楚。

此外,要以精神奖励为主,物质奖励为辅。孩子年龄小,物质生活条件要靠家庭提供,给予物质奖励也是满足孩子物质生活的一个途径。但是,家长在给予孩子物质奖励时,要结合说服教育。对孩子不论是进行精神奖励还是物质奖励,实质上都是对孩子积极动机的一种肯定,要想让孩子树立自觉的持久的良好动机,精神奖励是最根本、最有效的方法。所以,家长在奖励孩子时应坚持精神奖励为主、物质奖励为辅的原则。

(2) 慎用批评和惩罚

首先,家长要做到冷静理智。端正批评惩罚的态度,批评惩罚是为了纠正错误,让孩子知错改错,而不是发泄。家长在批评、惩罚孩子时,一定要保持头脑冷静,要理智对待孩子的缺点和错误,必要时进行冷处理。对一些好胜或者倔强的孩子,可以采用"故意忽视"的教育方法,可避免家长由于无意中所给予的注意,而加深孩子的印象,间接地助长孩子的不良行为。

其次,要注意时间和场合。批评惩罚孩子不要在自己和孩子都很生气的时候,应该在双方都心平气和的时候进行。当孩子大发脾气时,对于父母的批评惩罚往往会产生逆反心理。父母在气头上教育孩子,也难免会过火。所以,家长必须注意时间和场合。还要尽量避免在众人面前批评孩子,因为这种做法会大大伤害孩子的自尊心。

此外，要就事论事。家长批评惩罚孩子要客观，坚持就事论事，点到为止。就孩子所做的这件事本身讲道理，提出要求。孩子被数落得一无是处，会使他们产生自卑感，这样的孩子长大后做事往往没有自信心。所以，家长批评惩罚孩子，要针对孩子所做的事情进行，让孩子清楚地知道他做错了什么，并告诉他正确的行为，以便于孩子改正缺点和错误，对于这样的批评，孩子会牢记终生。

本章小结

本章主要介绍了家庭和家庭教育的含义、学前儿童家庭教育的特点及影响因素、目的及任务、原则与方法。家庭教育是人类教育的主要形式之一，只要有家庭、有孩子，就必然有家庭教育，而家庭教育又有其特点，存在着优势与不足，影响学前儿童家庭教育的因素也是多方面的。通过本章的学习，我们应该要知道家庭教育的概念和性质、良好的家庭教育应具备的条件。相比于有组织、有计划的幼儿园教育，学前儿童家庭教育具有随机性，但是，不可否认的是，学前儿童家庭教育也有一定的教育目的和任务，学前儿童家庭教育的目的是家庭教育活动的起点和依据，也是家庭教育实践活动的归宿。学完本章，应该要把握好学前儿童家庭教育的目的、任务、原则与方法，并且能够灵活地运用这些知识。

思考练习

1. 什么是家庭？什么是家庭教育？
2. 学前儿童家庭教育的特点是什么？
3. 你认为影响家庭教育的最主要因素是什么？说明理由。
4. 有许多生活在父母文化水平不高的家庭中的孩子，顺利考上了大学，而许多生活在父母文化水平很高的家庭里的孩子，却与大学无缘，如何解释这种现象？
5. 结合自身实际，谈谈学前儿童家庭教育的目的。
6. 结合社会现状，谈谈学前儿童家庭教育的几大任务。
7. 学前儿童家庭教育的原则有哪些？
8. 学前儿童家庭教育的方法有哪些？家长如何运用这些方法教育孩子？
9. 阅读下面的材料，试用学前儿童家庭教育的原则与方法进行分析。

一天下午，妈妈在接孩子回家的路上，孩子高兴地告诉妈妈："老师今天表扬我了！"妈妈问："老师为什么表扬你呢？"孩子说："因为吃苹果时，我挑了一个最小的。"妈妈听后很生气地说："你真傻，我们家交的钱和别人家一样多，下次吃苹果时，你一定要挑一个最大的，把我们家今天的损失弥补回来。"

拓展阅读

1. 李燕.学前儿童家庭与社区教育[M].北京:高等教育出版社,2017.

主要内容:本书的核心内容是探讨儿童所处的社会生态环境与儿童发展的关系,以及儿童如何受这些环境和这些环境之间关系的影响,儿童又如何影响这些环境。本书从理论和实践两个方面探讨家庭环境、社区环境对儿童发展的影响,探讨如何实现三方合作共育,为儿童发展提供良性的社会生态环境。本书共分为十四章,带领学习者走进学前儿童的家庭和他们生活的社区,理解家庭教育的理念、功能、结构及氛围,探讨幼儿园如何和家庭合作,促进儿童的发展;理解社区的运作及社区中各种硬软件对儿童发展的影响,讨论幼儿园如何与社区建立支持关系,互动共赢。

2. 叶强.论家庭教育的政府责任及其立法规范[J].湖南师范大学教育科学学报,2020(1):32-38.

主要内容:随着家庭教育立法不断推进,政府责任越来越成为发展家庭教育事业的关键议题。立法原则方面,应确立"家庭承担主体责任,政府承担补充责任"的原则;责任形态上,运用体系化的思维,可以将其归结为尊重家庭教育的选择权、防止学校过度干预、完善组织和程序、提供家庭教育指导服务、培育和监管家庭教育服务市场、改善经济条件、代为行使国家亲权等七个方面。为此,中央层面在对家庭教育的政府责任进行立法表达时,应该按照社会治理的要求,通过顶层设计、全盘推进,推动制度性创新,破解制约政府责任如何落实的难题,从而起到保障家庭教育权、提升家庭教育能力和促进儿童社会化顺利进行的功效。

第二章 学前儿童家庭教育的内容

【章节导入】

　　学前儿童家庭教育相对于有组织、有计划的幼儿园教育,具有较强的随机性和随意性。但是,同幼儿园教育一样,学前儿童家庭教育也同样具有一定的教育目的、教育任务和教育内容。家庭作为子女的第一所"学校",其任务也是多方面的。例如中国古代奴隶主阶级家庭教育的内容主要有礼、乐、射、御、书、数等方面;西欧封建贵族家庭教育包括骑马、游泳、投枪、击剑、打猎、下棋和吟诗等训练;我国现代儿童教育家陈鹤琴认为,家庭教育包括健康教育、待人接物教育、智力教育、情绪教育等内容。可见,从古至今家庭教育所承担的任务和具有的内容都是多种多样的,当前学前儿童家庭教育的内容主要包括家庭道德教育、家庭智能教育、家庭健康教育和家庭审美教育。

【学习要点】

　　了解:学前儿童家庭教育的内容。
　　理解:学前儿童家庭道德教育、智能教育、健康教育和审美教育的含义及价值。
　　掌握:学前儿童家庭教育的具体内容和要点。
　　应用:依据学前儿童家庭教育不同内容的要点解决实际问题。

第一节　学前儿童家庭道德教育

　　"以德为先""立德树人"是党的十九大尤其强调的用人和育人原则;"爱国、敬业、诚信、友善"是从个人行为层面对社会主义核心价值观基本理念的凝练,它覆盖社会道德生活的各个领域,是公民必须恪守的基本道德准则,也是评价公民道德行为选择的基本价值标准;在2018年11月中共中央、国务院发布的《关于学前教育深化改革规范发展的若干意见》中指出,学前教育的指导思想是"为培养德智体美劳全面发展的社会主义建设者和接班人奠定坚实基础",明确将"德"排在首位。由此可见,道德教育举足轻重。道德教育要"从娃娃抓起",要密切结合儿童生活进行。

一、学前儿童家庭道德教育的含义和价值

学前儿童家庭道德教育,是指在家庭环境中,由家长对儿童实施一定的道德规范、思想意识、政治观念的教育,塑造儿童良好的道德品质。家庭道德教育是个体道德教育的基础,对儿童道德的发展起着奠基作用,对学前儿童的持续发展有着重要作用。

(一) 有助于启迪儿童的道德认知

儿童的道德认知主要是指儿童对是非、善恶行为准则及执行意义的认识。它包括道德概念的掌握、道德判断能力的发展及道德信念的形成三个方面。[①] 儿童的道德认知,通过家庭、家长的启迪,从无到有,由浅入深,从简单到复杂,由零星到系统。孩子通过在家庭中阅读绘本、故事,观看动画片,慢慢分清"是非善恶"。随着年龄的增长、知识经验的积累和家庭文化的熏陶,儿童才逐步形成一系列抽象的道德认知,比如无私和自私、诚实和虚伪、文明和野蛮、公正和偏袒、勤劳和懒惰等。这些道德认识的形成,家长的言传身教起着有意无意的影响作用,儿童的模仿能力较强,以成人为模仿的榜样。所以,家长要坚持正面引导,使儿童的道德认识沿着无私、诚实、大方、文明的方向前进。

(二) 有利于激发儿童的道德情感

道德情感是人的道德需要是否得到满足所引起的一种内心体验。它渗透在人的道德认知和道德行为之中,"没有情感的道德就变成了干枯、苍白的语句,这语句只能培养伪君子(苏霍姆林斯基)。"[②]儿童的道德情感是伴随着他们的道德认识产生和发展起来的,道德认识的优劣和深浅在儿童道德品质的形成过程中起着重要的作用。丰富儿童美好道德情感,是家庭教育中不容忽视的重要一环。家长在孩子的心目中,是"榜样",家长一定要以身作则,形成健康的家庭情感氛围,实现对孩子的熏陶。孩子做得好的,符合社会道德规范的行为,要恰当地给予鼓励和表扬;做得不好的,不符合情理的"耍赖",要及时提出批评和给予适当的惩罚,使孩子对正确的行为产生愉快、向上、自豪的心理体验,对错误的行为产生厌烦、悔恨、羞耻的心理印象,家长要善于引导孩子对具体的道德行为产生情感上的共鸣。有许多具体的道德情感,常常使孩子终生难忘,成为孩子产生类似道德行为的强大动力,比如孩子尽自己的能力帮助了别人,他就会产生积极的情感,助人为乐也会深入其心。

(三) 有益于培养儿童的道德行为

道德行为是一种习惯,是靠不断练习形成的。良好的道德行为是在良好的道德认知和道德情感的指导和推动下形成的。在家庭教育中,对孩子道德行为的培养,家长要抓好"边练边行",对孩子的道德行为方式要善于指导。对于成年人来说,知行能

---

① 刘金花.儿童发展心理学(第三版)[M].上海:华东师范大学出版社,2013:271.
② 刘金花.儿童发展心理学(第三版)[M].上海:华东师范大学出版社,2013:288.

做到统一,但学前儿童由于缺乏社会生活经验,自控力较弱,往往不善于控制自己的行为,知行不一致,有时还"好心办了坏事",遇到这种情况,家长不要轻易责怪孩子,要善于诱导,耐心启发,多方引导,做到先"扶"后"放"。孩子的道德行为要反复训练,反复启发,持之以恒,坚持不懈,使孩子逐步形成良好的道德行为习惯。

二、学前儿童家庭道德教育的具体内容

(一)爱心教育①

爱是人类美好的情感,是最为崇高的品德。心中充满爱的孩子不仅能够以积极的视角看待生活,善于发现生活的美,而且也乐于奉献,愿意服务社会。父母在教育孩子的过程中,要做到以下几点。

1. 赋予孩子一颗仁爱善良的心

爱心教育是一种无声教育,它是潜移默化、日积月累的过程,它存在于家庭生活的方方面面、点点滴滴。爱心教育包括爱自己、爱父母、爱老师、爱小伙伴、爱周围的人,爱家乡、爱祖国、爱周围一切美好事物。开展爱心教育时,父母可以从以下几方面入手:第一,塑造爱心教育的榜样。学前儿童以具体形象思维为主,对于相关知识的理解无法脱离具体的人和事,道德认知更是如此,并以模仿为主要方式。因此,父母在对孩子进行教育时,一定要做好榜样。第二,关爱自己的孩子。温柔、和善地与孩子进行沟通,时时向孩子传达爱意,让孩子体会到父母对他们的爱。第三,父母之间互敬互爱,相敬如宾。让孩子体会到父母之间的爱意,明白自己是父母爱的结晶,自身的存在本身就是爱的产物。同时,父母要注重营造有爱的家庭氛围,家庭成员间彼此相亲相爱。

2. 启迪孩子的爱心

父母不仅要爱孩子,让孩子体会到来自周围人的关爱,而且要启迪孩子的爱心,以免孩子的爱心枯萎。父母在孩子面前要放低姿态,适时示弱。让孩子明白父母也像他们一样,有喜怒哀乐,需要来自他们的关心和爱护,启发他们学会照顾父母。比如,父母生病了,可以告诉孩子,让孩子学着照顾父母;父母上班劳累,腰酸背痛,可以让孩子学着给父母捶背等。不仅如此,学前儿童本身还具有泛灵论的特征,他们把周围的一切事物都看得像自己一样,是具有生命的,这种特征使得他们比成人更易于对周围事物产生爱心。因而,父母在教育孩子时,应抓住孩子的这种特征。比如,看到孩子把玩偶丢到地上,可以说:"娃娃在地上躺着多凉啊,快把她抱起来,不然一会儿该生病了。"

3. 参与富有爱心教育作用的活动

父母在日常生活中,自身在做有爱的事情时,要让孩子共同参与。例如,当邻居

---

① 张晴晴.学前儿童品德养成教育路径探析:以家庭教育为视角[D].长春:吉林大学,2017:14.

家有事需要帮忙时,可以带着孩子一起,让孩子参与其中,帮助邻里;当看到升国旗时,带领孩子目视国旗;当我国进行阅兵仪式时,带领孩子共同观看,给孩子讲述有关知识等。爱的教育与生活紧密相连,因而父母应时刻怀着一颗爱心生活,同时带领孩子传承爱心。

(二) 感恩教育①

感恩教育主要是为了教育孩子学会感激周围一切给我们提供帮助和便利的人和物,同时在此基础上尽自己所能来报恩。

1. 引导孩子时刻怀有感恩之心

要让孩子认识到自己生活的方方面面都包含着别人的劳动和付出,自己所享受的各种物质资源都是大自然和社会的恩惠,要时刻怀有感恩之心。例如,父母可以和孩子交换角色,让孩子当一天父母,自己当一天孩子,从而让孩子体会做父母的不易;当看到清洁的马路时,可以和孩子一起探讨马路干净的缘由,让孩子了解他所享受的这一份清洁是环卫工人起早贪黑工作的结果,要心存感恩,爱护环境,尊重环卫工人;当孩子浪费食物,不好好吃饭时,可以带领孩子参与农事活动,让孩子了解食物来之不易,应尊重农民的劳动成果,不剩饭剩菜。

2. 家长自身要做感恩的典范

家长也要时刻怀着感恩之心对待周围的人和事,知恩图报。父母在日常生活中,本身应感激大自然的馈赠及所有为自己生活提供便利的人。爱护环境,尊重别人的付出,时刻给别人提供帮助。

3. 引导孩子在实际生活中给予回报

学前儿童的能力有限,但是父母却可以在实际生活中,引导孩子尽自己所能进行回报。比如,教育孩子尊重农民的付出,不浪费粮食;尊重环卫工人的付出,不随手丢垃圾;尊重大自然的馈赠,节约资源,爱护花草树木等。

(三) 诚信教育

诚实守信是中华民族的传统美德,它包含对自己、对他人都要忠诚的双重内涵。古时候就有"曾子杀猪"的故事,可以说,诚信是一个人安身立命之根本,一个人是否诚信,往往取决于儿童时期的家庭教育。

1. 父母要以身作则,说到做到

比如,父母不要图一时的方便或者不经思考,轻易向孩子许下诺言,但事后由于忙于各方面的事情或者其他原因忘记对孩子的承诺,久而久之,不仅让孩子不再信任父母,而且也可能学习父母,为了躲避一时的麻烦而说谎。如果的确兑现承诺有困难,应该及时向孩子解释,向孩子道歉,让孩子从内心理解父母。

---

① 张晴晴.学前儿童品德养成教育路径探析:以家庭教育为视角[D].长春:吉林大学,2017:15.

2. 家长要有长期坚持的耐心,将教育渗透于日常,贯穿于过程

家长应从小就要求孩子说真话,做错了事,勇于承认错误;不随便拿别人的东西,借了别人的东西要主动归还;面对社会上的欺骗行为,家长要旗帜鲜明地进行批判,让孩子有正确的价值观。需要注意的是,孩子在小的时候会无意说谎,主要是由于孩子认知水平低,在思维、记忆、想象、判断等方面出现了与事实不符合的言行,这种说谎与品质毫无关系,因而不能称为真正的说谎,具体可分为三种情况:(1)想象与现实混淆,由于认知水平的限制,造成判断性失误。人的大脑皮层是逐步发展和完善的,而幼儿的大脑皮层发展不够完善造成其判断思维能力不稳定。例如,一群小伙伴在一起,一个小朋友说:"我爸爸是警察,可厉害了!"另一个小朋友马上说:"我爸爸也是警察!"其实,他爸爸根本不是警察,这是幼儿自尊的体现,这个阶段的"自尊"往往表现为"自夸"。(2)表达能力限制引起的说谎。由于幼儿词汇量有限,在用词方面存在困难,常常词不达意,或者抽象概念没有建立,用错概念,被误认为说谎。比如,孩子"前后""左右""你我他"及数量关系分不清,从而用错这些词。某幼儿放学回家,高兴地伸出5个手指比画着说:"妈妈,我今天在幼儿园吃了5碗饭。"事实上是孩子对数量的概念还比较模糊,而且在他心目中一只手张开来的5就是最大的数。(3)理解能力的限制引起的说谎。幼儿由于思维水平的限制,理解能力差,如果家长和教师问孩子问题的时候,没有考虑到孩子的年龄特点,可能造成孩子不理解而被动说谎的情况。比如,孩子在幼儿阶段会出现自我中心的现象,只站在自己的角度考虑问题,当你问他:"你有哥哥吗?"他回答:"有的!"但反过来问:"你哥哥有弟弟吗?"他则会回答:"没有!"这不是故意说谎,而是还没有学会站在他人角度考虑问题。当然,对于孩子的有意说谎,为了逃脱责任,为了取悦成人,为了满足虚荣心,家长要严厉地加以制止,有针对性地教育,培养孩子诚信的品质。

(四)责任教育

责任教育是为了让孩子认识到自己对于自己、他人、社会所应承担的义务,在此基础上,学习履行义务。责任心不是天生就有的,它是后天养成的一种行为习惯,在学前阶段应该重视责任心的培养。埃里克森认为,个体发展的第二个阶段(1—3岁)——自主对羞怯,孩子就开始表现出各种主动尝试的愿望,爱讲"我""我来"之类的话,这是一种责任心的萌芽。

1. 教育孩子对自己负责

首先,自己的事情自己做,自己穿衣吃饭、收拾玩具、整理房间等,不玩火、不玩电,不随便跟陌生人走,保证自身的安全。其次,教育孩子对自己所做的事负责。经过自己的努力,完成任务,获得成就感;做错事时,不推卸责任,勇于认错,并有后悔的情感。

2. 教育孩子对于周围的人和事负责

教育孩子在家承担自己作为家庭成员的责任,协助父母进行家务劳动,关心和爱护家人;在学校承担自己作为学生的责任,遵守学校规则,不迟到,不早退,爱护学校设施,尊重老师,团结同学;在社会上承担自己作为公民的责任,遵守社会上的各种规则,做遵纪守法的小公民。为此,父母自己一定要做个具有高度责任感的人,在家对家庭负责,维护家庭和谐;在工作岗位上对工作负责,爱岗敬业;在社会生活中对社会负责,奉献社会。

(五) 分享教育

分享是一种亲社会行为,是社会交往中的一种重要方式,是个体与他人共同享用某种资源,如分享物品、分享信息、分享理念、分享思想等,分享的过程是主动与他人沟通、协商并最终达成一致的过程。孩子的分享行为主要表现为分享食物、玩具、图书等,分享至少应具备以下三方面特征:"一是主动自愿;二是与他人共享;三是内心产生愉悦的情感体验。从其结果来看,分享行为最终导致资源的双方真正共有,而非把资源的所有权由一方简单地转给另一方。分享意识与行为的养成对幼儿发展具有重要价值。"[1]分享是一种能够给孩子带来积极情感体验的互动方式。在家庭教育中,我们要避免"伪分享"教育,顾名思义,就是违背分享的本质特征,忽视幼儿心理发展特点、权利、意愿和情感,让孩子被迫放弃自身利益,让渡自己的所有权,内心也无法产生真正的愉悦体验,甚至产生怨念。"伪分享"表现为:(1) 将利益互惠和交换误认为分享,比如,"你把小汽车借给弟弟玩,上次弟弟也借机器人给你玩的呀。"(2) 将违背幼儿意愿和牺牲幼儿利益误认为分享,比如,孩子明明很喜欢这本图书,家长一定要他送给其他小朋友。(3) 强加的愉悦情感体验,背离分享的本质,比如,有些家长为了能够让幼儿将食物或者玩具分享给他人,往往会许诺给孩子物质奖励,"你把玩具借给乐乐玩,妈妈就给你买巧克力吃。"所以,真正的适宜的分享教育要做到以下几点:

1. 遵循孩子身心发展规律,建立分享的观念

分享是儿童社会性发展到一定水平的产物。只有当儿童达到一定的生理、心理发展水平,拥有产生分享行为的内部动机与机制时,才有可能做出分享行为。儿童都是先懂得"独占"才会"分享",先懂得"利己"才会"利他"的[2]。家长可以用孩子最容易接受和最喜欢的方式告诉孩子,比如讲故事、看动画片,通过孩子喜闻乐见的形式让孩子意识到分享的含义和重要性。

2. 创设分享的情境和机会,在实践中加强体验

在家庭生活中,家长可以设置一个分享区,让孩子分享自己的食物、图书和玩具,也可以邀请社区里的小朋友一起分享大家的物品,鼓励孩子在有足够物品的情况下分享,并体验分享过程中的乐趣。当孩子主动表现出分享行为时,比如,主动把好吃的给大人,我们应该大方地接受并愉快享用,同时表达谢意,让孩子从心底感受到分享的愉快。

---

[1] 嵇珺,刘晶波. 幼儿分享教育的价值与实践改进[J]. 学前教育研究,2011(12):52.
[2] 嵇珺,刘晶波. 幼儿分享教育的价值与实践改进[J]. 学前教育研究,2011(12):55.

3. 把握有尺度的分享教育,避免"伪分享"

如果我们过分强调分享,反而有可能偏离分享教育的本质,出现"伪分享"行为。"不要自私"的教育对儿童来说,有可能意味着为了让父母或教师等权威满意而放弃自己的愿望,意味着不爱自己。为此,家长可以教给幼儿一些必要的分享技巧。如当自己的东西数量有限时,可以拒绝与他人分享;当别人借用自己的物品时,告诉对方如何使用、怎样保护它;对于不属于自己的东西,不要独占,更不能多次要求分享。①

另外,家长要以身作则,言传身教。要让孩子学会分享、乐于分享,家长首先要做到愿意分享、懂得分享,在孩子面前做出榜样。

(六) 合作教育

合作,是两个或两个以上个体为了达到共同的目的而一同进行某一活动的行为,合作能力是个体融入群体、进入社会必须具备的基本素质之一,是个体在群体中生活必不可少的能力。学前儿童身心不断发展,独立活动能力提高,自主意识逐渐增强,进入幼儿园后,孩子的社会交往内容和范围也逐渐扩大,需要与同伴合作。因而,家长在家庭教育中要提高孩子的合作能力,使孩子更好地融入群体生活之中。

1. 教育孩子尊重别人,接纳别人

父母要多和孩子交流周围人的长处,让孩子明白每个人身上都有闪光点,都值得我们尊重和学习,在此基础上才能有合作的可能。

2. 让孩子多参与需要合作的游戏活动

家长可带孩子玩积木活动、老鹰捉小鸡、跳房子等,让孩子在游戏中体会合作的乐趣,学会寻找合作的伙伴。

3. 创设家庭合作活动机会

家长也可以把家庭中的各种活动游戏化,让孩子参与其中,及时对孩子好的表现给予肯定。例如,周末大扫除比赛活动,把家务劳动细化,每个人负责一部分劳动,看谁做得好;做饭接力活动,从买菜、择菜、洗菜、做菜到洗碗层层分工,每人负责一部分,共同完成一顿饭等。通过家庭的这些日常活动,让孩子学会合作。②

(七) 文明礼仪教育

文明礼仪是作为社会的一员,立足于社会生活必须遵守的基本行为规范,通过外在的言行举止表现出的思想道德水平、文化修养和交际能力等。家长都希望孩子成为讲文明、懂礼貌、有教养的人,为大家所认可和喜爱,这就需要父母在家庭教育中对孩子进行文明礼仪教育。在进行教育的过程中,家长要注意以下几方面:

---

① 嵇珺,刘晶波.幼儿分享教育的价值与实践改进[J].学前教育研究,2011(12):56.
② 张晴晴.学前儿童品德养成教育路径探析:以家庭教育为视角[D].长春:吉林大学,2017:18.

1. 家长是榜样,率先垂范

孩子年龄小,与其反复和他说要讲文明懂礼貌,不如家长做出榜样,比如,孩子刚学会说话时,由于思维和语言发展不同步,不喜欢主动喊人,这时家长主动代替孩子喊人:"爷爷好!""奶奶好!""叔叔阿姨好!"久而久之,孩子也会学着家长主动和小区里的长辈打招呼。

2. 注重细节教育,点滴教育

文明礼仪教育是渗透在生活之中的,从孩子的生活入手,点滴做起。比如,衣着得体,言语文明,主动让座,不随地乱扔垃圾,不闯红灯。

3. 反复练习,养成习惯

文明礼仪教育是一种养成性教育,体现在孩子的言行举止上,孩子的言行举止必须要通过一个不断反复训练的过程,才能够实现行为的习惯化与自动化。因而,父母在教育过程中,一定要时时提醒和教导孩子做出文明礼貌的行为,随时留意孩子的表现,引导孩子反复践行文明礼仪,因为只有根植于心灵,才能形成习惯。

第二节 学前儿童家庭智能教育

大量研究结果表明,儿童期是人类智力发展的黄金时期,尤其是从出生到 5 岁,如美国心理学家布鲁姆(B. S. Bloom, 1913—1999)收集了大量儿童智力发展的追踪材料和测验数据发现,假如以 17 岁时的智力为 100 的话,那么 4 岁时约为 50,8 岁时约为 75,12 岁时约为 90。其他心理学家如皮亚杰和布鲁纳等人也持基本相同的观点,他们也认为,人从出生到 5 岁是智力发展最快的时期,而整个儿童期智力都在不断增长。

一、学前儿童家庭智能教育的含义和价值

智能,是智力和才能的总称,它包括智慧和才能,是包含智力因素和非智力因素的综合性能力。学前儿童家庭智能教育主要是家庭成员运用多种方式,丰富儿童的知识经验,激发其求知欲望,培养其动手、动脑、动口的能力,促进其认知能力发展的教育。学前儿童家庭智能教育对孩子一生的健康成长具有独特的价值。

(一)有助于开发儿童的潜能

智能教育的目的不仅仅在于传授知识,更重要的是借此发展儿童各方面的能力,培养儿童的理解力、判断力、思维能力,尤其是思维能力的发展比知识的掌握更有价值。对于儿童潜能的开发,并不是把另外的新的能力赋予儿童,或者把什么知识教给儿童,而是通过符合儿童自身发展的科学、有效的方法,将蕴藏在儿童身心内部的潜能引导出来。儿童智能的发展受家庭对孩子刺激的数量与性质的影响,根据脑科学的研究,母亲和孩子交往所花的时间总量与 6 个月以内婴儿的智力水平有很大的关

系。早期大脑神经发育过程中发展最为迅速的是突触联系,人的神经突触密度的变化在出生的头 20 年里呈倒 U 型,即刚出生时低,高峰在童年期,而成年后则又降低下来。从婴儿期到儿童期,人的大脑不断发育。学前阶段是动作技能、语言、形象视觉、数概念等发展的关键期。在关键期,大脑会明显改变发育的神经化学,受体对大脑的神经化学因子变得敏感起来,同时,开始迅速构建大脑的神经网络系统,不同功能特点的网络群开始形成。例如,儿童在 3—4 岁时,基于他人行为来猜测他人思想的能力开始发展,逐步建立心理理论。由此可见,儿童的大脑有极强的可塑性,抓住关键期,开发儿童的潜能,对个体一生的发展具有深远的意义。

(二) 有益于儿童养成良好的学习品质

学习品质指的是儿童在学习过程中表现出的学习倾向、态度、习惯、风格等,它也对儿童学习、入学准备和未来的学业成绩有显著预测作用。家庭早期的智能教育,对于儿童从小养成良好的学习品质有着积极的作用:可以培养孩子端正的学习态度,使其愿意刻苦努力;培养孩子认真倾听、专心致志的习惯;培养孩子大胆提问、讨论反思的能力;发展孩子模仿基础上的想象力和创造力;锻炼孩子遇到困难自己解决以及适应环境的能力。纳尔逊通过实证研究发现,儿童在家读书、听故事、唱儿歌、做手工、和父母共同谈论科学、建造物品、运动等,这些活动在儿童的学习品质发展过程中发挥着积极作用。[①]

(三) 有利于儿童社会性的发展

学前儿童家庭智能教育在促进儿童知识启蒙、语言表达、思维锻炼、想象飞扬的同时,也有效促进了学前儿童社会适应能力的发展。比如,发展智力因素的同时,家庭教育中也要注意非智力因素的发展。情商高的孩子,善于通过协商、说服的方式提出请求或者化解矛盾,也更容易被同伴所接纳和喜欢。相反,情商低的孩子,有的不善于表达自己,有的则通过攻击性行为企图引起他人的注意,这样的孩子往往处于被忽视或被排斥的地位,同伴关系也会不良。

二、学前儿童家庭智能教育的具体内容

(一) 认知教育

认知是人们认识外界事物的过程,包括感知觉、记忆、想象、思维、语言等,认知是人类最重要的心理过程。学前儿童认知发展是指学前儿童在感知觉、记忆、想象、思维、语言和智力等方面的成长。家庭是个体认知教育的起点,家长可以从以下几个方面做起:

1. 培养孩子良好的感知能力

出生前,婴儿的各种感觉系统就开始工作了,出生后,感知觉功能继续发展,婴儿

---

① 黄爽,霍力岩.儿童学习品质的主要影响因素:国外研究进展及其启示[J].比较教育研究,2014(5):41.

的感觉和大脑共同完成并创造了一个由图像、声音、味道、气味和身体感觉构成的丰富多彩的世界，家长要善于利用各种机会培养孩子良好的感知能力，发展其观察力。比如，春暖花开，带孩子去欣赏大自然中的花草树木，配合语言的讲解，让孩子心中留住美景；阅读绘本时，引导孩子学习观察画面，能从中发现人物表情、动作，并将之串联起来理解故事情节，分析书中的图片、标记、文字之间的关系。

2. 鼓励孩子多动手操作

儿童的动作是在脑、神经系统和肌肉控制下进行的，动作不断练习、丰富和提高，使儿童对外部世界各种刺激及其变化更加警觉，而手部精细动作的练习对于触觉和视觉的发展有很大的刺激作用，经常性练习有利于手眼协调，促进大脑发育。在动手操作中，实现做与玩的结合、动手与动口的结合、动手与动脑的结合。在生活中锻炼孩子的精细动作，比如，串珠、折纸、剪纸、十字绣、夹夹子、开锁、使用筷子、系带子、学做简单的家务等，都在锻炼小肌肉的灵活性、协调性，帮助孩子积累对周围世界和自己身体的了解和经验。

3. 帮助孩子习得各领域粗浅的经验

0—6岁是人生的启蒙阶段，也是经历各种经验的重要时期，孩子的学习以直接经验为基础，在游戏和日常生活中进行，家庭要最大限度地满足孩子通过直接感知、实际操作和亲身体验获取经验的需要。例如，走进大自然、大社会，引导孩子通过观察、比较、操作、实验等方法，学习发现问题、分析问题和解决问题；在生活中，引导孩子感知和体会生活中很多地方都会用到数，关注周围与自己生活密切相关的数的信息，体会数可以代表不同的意义以及数学的用处；在生活情境和阅读活动中引导孩子自然而然地产生对文字的兴趣，在运用语言进行交流的同时，发展孩子的人际交往能力、理解他人和判断交往情境的能力、组织自己思想的能力，让孩子体会语言是思维和交流的工具。

(二) 专注力教育

专注力是儿童最基本的学习品质，它是感知、记忆、思维、想象的基础和前提。专注力缺失会直接降低儿童学习效率，还容易导致学习障碍和交往困难，长期发展下去，不仅严重影响儿童的学习品质和学业成就，还会对其身心健康和未来发展造成深刻的负面影响。儿童注意力缺失有先天的原因，也有后天的因素。先天原因主要是遗传、孕产期损伤、发育障碍、气质类型；后天因素有家庭、学校、社区的影响。注意力缺失的根源在家庭，比如，孩子早期爬行不够、饮食不均衡、睡眠不足、运动不够、刺激过度、干扰过多、限制过紧、陪伴太多等，针对这些情况，家长在儿童专注力教育方面，要着重做好以下几点：

1. 保证孩子有充足的营养，制定并严格遵守合理的作息制度

营养物质的摄入是儿童正常发育的物质保证。制定合理的作息制度，使孩子有充分的睡眠和休息，晚上不要让孩子看太多电视，节假日不要让孩子外出玩得太久，要使孩子的生活有规律，保证他们有充足的精力从事学习等活动，防止注意分散。

2. 适当控制玩具和图书的数量

这里不是指购买的数量,而是指阶段时间内提供给儿童的数量。玩具过多,孩子一会儿玩玩这个,一会儿玩玩那个,很容易什么活动也开展不起来,什么也玩不长。留下适当数量的活动材料,其余的收起来,不仅常玩常新,也有利于孩子注意力的培养。

3. 不要反复地向孩子提要求

家长向儿童提要求或做嘱咐时,常爱反复地说很多遍,唯恐他们没听见或没记得住。殊不知,这种做法非常不利于培养孩子注意听的习惯。在他看来,这次没注意没有关系,反正家长还会再讲。如果家长没有唠叨的习惯,孩子反而可能会认真注意地听。

4. 尊重、鼓励孩子做事到底,有始有终

当儿童全神贯注于某些活动时,家长切莫轻易打断,应该让孩子尽兴之后自己停止。如果家长经常随心所欲地打断儿童的注意,不仅不利于儿童注意的发展,反而容易使注意分散。家长要尊重儿童,不轻易打扰他喜欢的"工作",这对于儿童形成稳定的注意非常重要。

(三) 创造教育

学前期是创造力的萌芽时期,3—5岁是儿童创造力发展的关键期。"所有儿童在童年早期的发展中都是有创造力的,但在成长的过程中,儿童是否持续表现出创造性并成为自我实现的人,取决于家长、教师和保育员是否支持他们的创造力发展。"① 许多研究都指出,家庭环境(包括家庭教养方式、父母态度等)会对儿童创造力的发展产生重大影响。

1. 激发孩子的好奇心和创造兴趣

每个孩子天生对外界事物有好奇心,兴趣是推动学前儿童探索、认知的原动力,家长在日常生活中要特别注意保护儿童的好奇心,并激发他们的学习兴趣和求知欲,从而萌发孩子的创造热情,培养孩子的创造意识。比如,孩子对蚂蚁很感兴趣,家长可以对孩子提问:"小蚂蚁长什么样?它们是靠什么传递消息的?它们是怎么搬运食物的?"以激起孩子探究的兴趣,像法布尔一样善于观察,勤于思考。

2. 丰富孩子的创造知识和技能

孩子的创造是建立在模仿基础之上的,根据孩子的具体情况,丰富孩子的知识和技能,使孩子在自我创造时能自如地处理信息,比如,让孩子改编或者续编故事,是建立在孩子有一定量的阅读和一定的生活经验基础之上的;孩子自主作画,是建立在有一定的表象积累和一定的绘画技能基础上的。

---

① [美]Rebecca T. Isbeel, Shirley C. Raines. 幼儿创造力与艺术教育[M]. 王懿颖,等编译. 北京:北京师范大学出版社,2012:14.

3. 培养孩子的创造性思维

家长在培养孩子的创造性思维时,要重视发展孩子思维的流畅性、变通性和独特性,使孩子对某个问题能想出多种答案,用不同的方法去解决同一个问题,并对这些答案、方法进行比较,找出最恰当的答案或者方法。① 比如,当和孩子一起逛商场时,可以问孩子:"如果你和妈妈走散了,你该怎么办?"让孩子联系生活经验说出:"找商场里的营业员,借他们的电话打给妈妈。""找商场里的保安叔叔,请他通过广播找妈妈。""不随便跟陌生人走,在原地等妈妈。"又比如,可以让孩子展开丰富的想象,"未来的生活是什么样的?"鼓励孩子说出:"未来的房子可以根据季节调节温度。""未来的交通工具可以根据情况随时变化,自行车、汽车、飞行器、潜水艇等变化自如。"

4. 塑造孩子的创造性人格

鼓励孩子发挥自己的才能和个人的表达方式。有研究者指出,创造性人格是指促进个体创造力发展的人格特征,幼儿创造性人格结构由9个特质组成,即新异性、独立性、成就感、合作性、自信心、敏感性、好奇心、审美性和幽默感。② 基于此,家长要注意培养孩子积极的自我意识,增强孩子的自尊心和自信心,提升合作能力和交往能力。比如,父母要多鼓励孩子参加群体性活动,大胆地展示自己,敢于发表自己的观点,不人云亦云。教育孩子遇到困难,不要退缩,而是要善于开动脑筋,想办法解决。

(四)情商教育

情商是相对于智商提出来的概念,即情绪智力,它主要是指人在情绪认知、情绪管理、挫折耐受、人际交往等方面的能力。"情商"这个概念因哈佛大学心理学教授丹尼尔·戈尔曼所著的《情商》一书得以广泛传播,他将情商表述为更易理解和便于操作的五大部分:一是情绪的自知能力;二是自我控制的能力;三是自我激励的能力;四是通情达理的能力;五是处理人际关系的能力。情商高的人能识别和表达他们的情绪,拥有积极的自我认定,能发挥他们的潜能并且生活幸福,他们能理解别人的情感并能建立和保持相互满意和负责的人际关系,却不依赖别人,他们一般是乐观的、灵活的、现实的,能成功地解决问题和应付压力,并且不会失去控制。儿童期是情商发展的最佳时期,决定孩子一生的成长与幸福。家庭教育中的情商教育要讲究方法策略。

1. 宽松和谐的家庭情感氛围,是帮助孩子初步形成情商的重要保证

如果父母、祖父母之间能够互敬互爱、和睦相处,善于处理好自己的情绪,愉快、幸福、乐观、向上,这不仅能使孩子生活在温馨的家庭氛围中,得到关心爱护,获得爱和尊重的体验,从而心情愉快,产生主动向上的积极情感,也能为孩子处理消极情绪提供良好榜样,对孩子学习调控情绪、理解情绪产生潜移默化的影响。

---

① 李生兰.学前儿童家庭教育与活动指导[M].上海:华东师范大学出版社,2014:37.
② 刘文,齐璐.幼儿的创造性人格结构研究[J].心理研究,2008,1(2):22.

2. 帮助孩子认识、体验、疏导自己的情绪

孩子的情感世界很丰富,又不善于控制,家长要耐心倾听孩子,允许孩子把真实情感表露出来,并和孩子一起讨论情绪感受,给孩子安全感。

3. 家长多用赏识教育,建立孩子的自尊和自信

父母要善于捕捉孩子的闪光点,多用"纵比",少用"横比",善于称赞和肯定孩子,让孩子得到内心的喜悦,这样孩子的自信逐渐建立,各方面都会有向上的表现,更容易获得成功。

4. 引导孩子学会人际管理

孩子的情商很大程度上取决于他是否学会关爱他人,家长只有从小培养孩子关爱他人,心中有他人,善解人意,孩子将来才能成为一个受欢迎的人,也才能更少地受到不良情绪的伤害。引导孩子掌握人际沟通的技巧,学会处理人与人之间的关系,比如,想和别的小朋友一起玩时,自己去表达想法,并能顺利加入团队;和小伙伴发生矛盾时,能自己想办法解决问题。

第三节 学前儿童家庭健康教育

世界卫生组织在其宪章中明确指出,健康是"身体、心理和社会适应的健全状态",其中,学前儿童健康的标志有:(1) 动作发展正常;(2) 认知发展正常;(3) 情绪积极向上;(4) 人际关系融洽;(5) 性格特征良好;(6) 没有严重的心理卫生问题。① 发育良好的身体、愉快的情绪、强健的体质、协调的动作、良好的生活习惯和基本的生活能力是儿童身心健康的重要标志,也是其他领域学习与发展的基础。

一、学前儿童家庭健康教育的含义和价值

学前儿童家庭健康教育是指家庭成员对儿童进行的以保护和增进学前儿童身心健康为主要内容的教育。健康是个体实现生命价值的基本潜能,我国著名的学前教育专家陈鹤琴先生曾经说过:"身心健康是一个人最大的资本。"家庭作为个体成长的起始环境,家庭健康教育重在保护儿童的健康,增强他们的体质,促进他们的发育。

(一) 有助于增强儿童体质

家长要为孩子创设和谐、舒适、丰富的家庭环境,提供营养丰富、健康的饮食,保证孩子充足的睡眠,帮助他们形成正确的体态。借助各种活动方式对孩子进行身体锻炼,发展孩子走、跑、跳、爬、攀登等基本的活动能力,带领孩子进行"三浴"(空气浴、

---

① 郑益乐. 学前儿童家庭教育[M]. 西安:西安交通大学出版社,2016:65 - 66.

阳光浴、水浴)锻炼,促进全身的新陈代谢,加速血液循环,促进骨骼生长,增强孩子的体质。

(二) 促进儿童的动作发展

家长鼓励孩子经常进行跑跳、钻爬、攀登、投掷、拍球、跳绳等活动,玩跳竹竿、滚铁环等传统体育游戏,可以提高孩子的平衡和协调能力;创造条件和机会,促进孩子手的动作灵活协调,比如,提供画笔、剪刀、纸张、泥团等工具和材料,或充分利用各种自然资源、废旧材料和常见物品,让孩子进行画、剪、折、粘等美工活动,让孩子练习自己用筷子吃饭、扣扣子,帮助家人择菜叶、做面食等。在活动中,孩子的大肌肉和小肌肉都得到了发展和锻炼。

(三) 促进儿童良好生活习惯和生活能力的养成

家庭健康教育可以让孩子在积极主动的探究活动中,理解和掌握健康知识,逐渐培养良好的生活习惯,提高生活自理能力。比如,早睡早起、每天午睡、按时进餐、吃好早餐等,养成定点、定时、定量进餐的习惯;勤为孩子洗澡、换衣服、剪指甲,使其养成良好的个人卫生习惯;家长教会孩子穿脱衣服和鞋袜、洗手洗脸、擦鼻涕、擦屁股的正确方法,引导孩子自己收拾整理玩具和图书,结合实际生活进行安全教育,帮助孩子提高自我保护能力。

(四) 促进儿童的心理健康

家庭健康教育在促进孩子身体健康发展的同时,也会促进孩子心理健康发展。温馨、和谐的家庭环境,民主、关爱的教养方式,会让孩子身心放松,快乐生活;家庭成员的榜样作用,会让孩子在日常生活中保持平和、乐观、谦让,乐于助人,与他人和谐相处。

二、学前儿童家庭健康教育的具体内容

(一) 体态和动作教育

体态教育,是为了给孩子一个正确的姿态,有精气神。动作教育,是为了锻炼孩子的粗大动作和精细动作,使之动作协调、灵敏、灵活。家庭之中的锻炼,家长要结合孩子的年龄特点,提供适合的运动材料,组织活动,锻炼要持之以恒。

1. 帮助孩子形成正确的姿态

提醒孩子保持正确的站、坐、走的姿势,发现有八字脚、罗圈腿、驼背等骨骼发育异常的情况,应及时就医矫治,并为孩子提供合适的桌、椅、床。

2. 保证孩子有足够的户外活动时间,提高其适应季节变化的能力

经常带孩子参加户外活动,经历空气浴、阳光浴、水浴,增强体质,比如,夏天的室外游泳就是"三浴"集于一体的最好锻炼方式。

3. 注意孩子粗大动作的发展

利用多种活动,发展孩子的身体平衡和协调能力,比如,走平衡木、走线、跳房子、

踢毽子等;发展孩子动作的协调性和灵活性,比如,让孩子走、跑、跳、跃、攀爬、跳绳、拍球,以及参加传统体育游戏;日常生活中鼓励孩子多走路、少坐车,自己上下楼梯、自己背包;饭后,多带孩子出去散步、慢跑;如果可能,培养孩子体育运动的兴趣,比如,游泳、打乒乓球、打篮球、踢足球等。

4. 锻炼孩子的手部小肌肉

可以通过生活中的做家务、使用筷子、系鞋带,游戏中的串珠、折纸等美工活动,促进孩子手部精细动作的灵活协调。

(二)生活习惯和生活自理教育

良好的生活习惯包括饮食习惯、睡眠习惯、卫生习惯、劳动习惯、学习习惯等,生活自理能力是指儿童在一定的年龄阶段内独立照顾与管理自己生活的能力,具体包括五个类别:饮食、如厕、起居、睡眠、整理等。

1. 帮助孩子建立动力定型,生活有规律

习惯的养成需要反复练习,形成动力定型,即孩子长期生活、劳动、反复重演某种活动,逐渐在大脑皮质高级神经系统中建立的固定的条件反射活动模式,其外在表现即为动作习惯。比如,按时睡眠、定时定量饮食、定时大便等有规律的生活习惯;饭前便后洗手、勤洗澡、勤换衣服、勤剪指甲等清洁卫生习惯;良好的阅读、绘画、唱歌等习惯;保持正确的坐姿、站姿,注意用眼卫生的习惯;保持书籍、玩具整洁的习惯。

2. 主动放手让孩子去尝试锻炼

家长对孩子进行适当的引导、支持和鼓励,让孩子从小动手练习为自己服务,自己的事情自己做,学会自己洗脸、洗手、早晚刷牙、穿脱衣服鞋袜、擦鼻涕、擦屁股,收拾整理玩具、书籍、用具等,不因做不好或做得慢而包办代替。

3. 创造条件,便于孩子生活自理

比如,提供一些纸箱、整理箱,方便孩子收拾和存放自己的玩具、图书或生活用品等;孩子的衣服、鞋子要简便,方便孩子穿脱,也可以创编一些儿歌,帮助孩子掌握要领,比如穿鞋子:"鞋子兄弟在一起呀,头靠头,脚靠脚,相亲相爱不分离。"

(三)安全教育

幼儿家庭安全教育,"是指幼儿家长根据幼儿动作发展、认知发展及生活经验积累等方面的特点,加强幼儿对周围环境中潜在危险的认识,提高其预见性和保护技能,减少意外伤害发生,提高生命质量的教育。"[1]家长作为孩子最亲密、最信任的人,在对孩子进行安全教育上不仅有绝对的优势,而且具有不可替代的作用。如果家庭能够为孩子提供适宜的教育,会在很大程度上促进孩子安全健康地成长。

1. 树立正确的安全教育观

家长要了解孩子的想法,不是简单地制止,而是鼓励孩子在安全的原则下探索环

---

[1] 孟繁容.幼儿家庭安全教育现状及对策研究[D].南京:南京师范大学,2017:14.

境,并用孩子能够理解的语言和孩子说清楚哪些情况会导致危险与伤害。家长不可能将所有威胁到孩子安全的危险因素提前扼杀,所以,家长要从消极的"保"到积极的"教"。比如,父母和孩子说:"有爸爸妈妈在场,你和大人有礼貌地问好、打招呼是可以的。但是,如果你一个人在外面玩时,有陌生人和你说话,让你带路,是不能相信他的,因为一个大人是不会向孩子寻求帮助的,他可能是坏人,你要拒绝他,并且赶紧找熟悉的人求救。"

2. 掌握基于儿童视角的安全教育的方法

由于孩子年龄小,安全意识薄弱,自我保护能力差,因此难以记住家长灌输给他们的全面而笼统的安全要点。当他们由于新奇而去尝试一些事情时,却不料危险已经悄悄来到身边。家长可以采用情绪渲染法,比如,孩子跑得太快摔倒了或者被石头绊倒了,家长除了关心孩子,还要及时引导孩子、教育孩子,让他知道为什么会摔跤,为什么会受伤,以后应该怎么做。这样孩子就能从生活中一点一滴的小事丰富自己的生活经验,及时掌握安全知识。家长可以通过讲故事、聊天、读书、念儿歌、看电视等多种形式对孩子进行潜移默化的安全教育。如 2018 年北方妇女儿童出版社出版了一套很有意义的《幼儿安全教育绘本》,全套10册,共 50 个安全小故事,包括户外安全、交通安全、生活安全、自我保护等十个安全主题,以生动的小动物形象、童话式的场景帮助孩子解决日常生活中遇到的安全问题。也可以采用游戏法,家长将安全知识融入与孩子的互动游戏中,每晚睡前给孩子唱一遍"小兔子乖乖……妈妈没回来,不能把门开",通过游戏"看谁找得对又快",让孩子分辨哪些是危险的物品。

3. 提高孩子的自我保护能力

在对孩子进行安全教育的过程中,家长同样应该重视对孩子安全行为的训练,比如,注意孩子日常行为规范的培养,不可拿剪刀、铅笔等嬉闹,学会正确使用椅子、凳子等,吃鱼学会自己剔鱼刺;可以利用角色扮演、模拟情境、安全演练、游戏等多种方式加强孩子的危险应急能力;平时教会孩子记住一些常用的电话号码及其用途,110 电话可以得到警察帮助,119 是火警电话,120 是急救电话,教会孩子记住家庭成员的名字,尤其是爸爸妈妈的全名、家庭地址与电话号码,学会打电话。

4. 家园合作,把安全教育落到实处

在幼儿安全教育家园共育上,家长必须正视自己的角色,配合幼儿园的安全教育工作,深入了解幼儿园安全教育的内容和方法;在安全主题教育活动开展阶段,家长可以发挥自身特长,为班级提供相关的游戏活动材料,也可以结合自身职业优势,走进主题活动教学情境,拓展孩子的视野,培养孩子进一步探究的兴趣。

(四)心理健康教育

国际知名心理学家丹尼什把孩子的成长生动地比喻为一棵树的生长:心理就像树根一样,虽然看不见,但非常重要。看不见的部分关系着一棵树的高大强壮,关系着一个人的生存发展。丹尼什博士提到这样一个观点:树根的成长期是 5 年到 15 年,15 年后才是树干与树叶的成长;一个孩子心理建设的重要时期也是人生的头 15

年,在生命最初的年头便学会自我约束、推迟欲望、不自私、做好人,孩子的一生将会充满人性的光彩。

1. 了解儿童心理发展规律及相关心理健康知识

学前阶段的儿童身心发展呈现出连续性和阶段性、定向性和顺序性、不平衡性、个体差异性,思维以直觉行动思维和具体形象思维为主,爱模仿、活泼好动、好学好问;心理发展呈现出由具体到抽象、由简单到复杂、由被动到主动、从凌乱到成体系的趋势;情绪容易受外部环境变化的影响,具有易感性、冲动性等特点,言语功能发展尚不完善,不善于用语言来表达自己的情感,往往用行为来表达高兴、悲伤、生气、害怕等情绪,缺乏调节、控制情绪的能力。所以,家长要根据幼儿身心发展的特点和规律对孩子进行合理适宜的引导,特别是情绪的引导。在家庭生活中,家长要以乐观、积极的情绪感染孩子,尤其不能因为自己的情绪波动给孩子带来负面影响。家长要善于接纳和识别孩子的各种情绪,采取有效的方法帮助孩子摆脱不愉快的情绪,引导孩子学会控制情绪,为孩子营造一个宽松和谐的环境。同时,家长还需要了解更多关于幼儿心理健康方面的知识,能够识别常见的心理问题,当发现孩子存在相关心理问题时,家长要摆正心态,及早带孩子接受专业的心理帮助,和孩子一起面对,妥善解决。

2. 创造亲密、和谐温暖的家庭环境,关注自身的心理健康

家庭生活环境,直接关系到孩子身心健康。家庭居室整洁明亮,父母言行庄重得体,家庭成员亲密和谐,家庭氛围团结向上,孩子的个性就会得到良好的发展,人际关系的适应能力就比较强;反之,压抑的、焦虑的家庭环境,会给孩子的心理带来极为不利的影响。父母的心理健康水平和孩子的心理健康水平是相关的。在养育孩子的过程中,当父母处在抑郁或焦虑状态时,一方面,父母大多数时间沉浸在自己的状态之中,没有精力去照顾孩子;另一方面,孩子也会感受到这种状态,从而阻碍孩子的心理健康发展。所以,当父母发现自己有相关心理问题时,应该及时寻求专业心理医生的帮助。

3. 注重培养孩子良好的心理素质

第一,培养孩子的自我价值感。高水平的自我价值感是培养儿童健康个性的关键,家长要利用各种机会帮助孩子获得他们可能掌握的能力,对孩子的言行提出适度的评价,及时地肯定孩子的优点、长处,以积极的、正面的态度去接纳孩子的各种行为。第二,培养孩子的自立意识和自主性。家长要树立正确的儿童观、教养观,减少对孩子的溺爱与迁就,从小培养孩子的独立性,凡事力求自己思考、自己判断并力求自己寻求解决的方法。第三,培养孩子的自信心、自尊心。多鼓励、赞赏孩子,不要对孩子冷漠和厌烦,应该给孩子创造和表现自己的机会,让孩子参与家庭事务,适当采纳孩子的意见,使孩子在平等中建立自尊与自信。第四,培养孩子的抗挫能力。对待挫折的良好心态是从童年时不断受挫和克服困难中学来的,家长适当放手,对孩子进行恰当的挫折教育,锻炼孩子在困难和挫折面前不低头的坚强意志和性格,并通过营造宽松的家庭氛围,使孩子形成客观、宽容、忍耐及和谐的心态。第五,培养孩子平等

竞争的意识和能力。家长尽可能多地创造机会,让孩子参与各种竞争,并在这一过程中,注意引导孩子的心态,让孩子学会争取机会,去表现自己的能力。第六,培养孩子的社交能力及合群、协作的素质。家长多带孩子参加群体性活动,让孩子与成人、同伴积极互动,尤其是在和同伴交往中发展合作、互助、分享等亲社会行为,拥有"好人缘",这也是现代人要具备的心理素质。

4. 在日常生活中维护孩子的心理健康

家长要善于情感投资,为孩子树立模仿的榜样,时时处处以自己乐观向上的情绪去感染孩子,让孩子天天快乐;家长对孩子要以礼相待,让孩子感到父母可亲可敬,家长尊重孩子,认识到孩子是一个独立的个体,有自己的情感和需要,礼待孩子,对孩子讲文明礼貌,不打骂孩子,勇于向孩子认错;家长要循循善诱,聆听孩子,与孩子真诚沟通,让孩子认识自我,敞开心扉,从而走进他们的内心世界,了解他们的所思所想,体察他们真实的内心感受,为他们的健康成长助力。

(五)性教育

北京性健康教育研究会会长、首都师范大学生物系高伟德教授指出,性教育是一种终身教育,它有两个重要阶段,2—3岁是一个重要时期,青春期是另一个关键期。研究界也一致认为,性教育应未雨绸缪,防患于未然,性教育应从学前儿童就开始。有一项关于年轻父母对幼儿进行性教育的调查显示,有的父母否定儿童有性心理问题;有的父母承认儿童有性心理问题,却拒绝对孩子进行性教育,认为孩子长大之后自然而然就知道了;有的父母则不清楚儿童性心理到底包括哪些方面,无法持明确的态度;还有许多父母认为性教育就是性活动方面的教育,无法对幼儿进行教育。总之,对儿童性问题持闭口不谈、听之任之态度的父母占绝大多数。殊不知,对幼儿进行恰当的性教育是必须的,也是可能的,近一点说,它密切关系到儿童的身心健康;远一点说,它关系到家庭和社会的安定。

1. 善于抓住时机,对孩子进行性教育

当孩子提出性问题时,是对孩子进行性教育的最佳时期。父母就应微笑着看着孩子的眼睛,坦然给以回答。孩子们并不需要深入的回答,在回答之前,你可以反问他:"那你说是怎么回事呢?"看看他到底了解多少,以便家长做出适当的回答。一般来说,家长的回答最好简单明了。如果孩子问:"我从哪儿来?"你就可以告诉他:"爸爸身体里有一个特殊的细胞叫精子,同妈妈身体里叫作卵子的细胞结合在一起,爸爸把他的细胞种在妈妈的身体里,就有了宝宝。"如果孩子问的问题,你一时无法回答,就可以告诉他:"让妈妈想想看,回头告诉你。"有些家长随口说,你是妈妈从垃圾箱里捡来的、是爸爸从很远的地方带回来的等,这样的回答会使孩子产生错觉。总之,在回答幼儿性问题时,家长在语言、表情上要恰到好处,自然大方,让孩子感到这些问题很普通,不值得深究。孩子也许会对自己的性器官感到好奇,在帮孩子洗澡时就可以顺便教他认识自己的身体,指出他的生殖器官,并教给他正确的名称,这样孩子看待性器官就会同看待自己的头发一样自然。

2. 善用性教育教材,选择合适的图画书,讲解性知识

有时因孩子语言能力不够,他能表达及理解的部分有限,使用图画书除了有听觉、视觉的学习,最重要的是图画书是爸爸妈妈跟他一起看的,不仅效果更好,亦可增进亲子关系。比如《袋鼠妈妈教我如何长大》,这是一套适合3—6岁孩子阅读的性教育图书,它以生动的图画和文字,解答了孩子最为关心的生命的来源问题;解答了孩子对自己性别的疑惑;帮助孩子了解父母与自己的关系,让孩子学会爱父母和尊重父母,在童话中进行性教育。本书没有把性教育只理解为生殖、生理知识教育,而是把性教育与生命教育、情感教育结合起来,融入人格、情操、责任感等更高层次的培养,以促进孩子身心健康的发展。《小威向前冲》也是一本非常好的性教育图书,用孩子的思维来回应孩子的好奇心,在图与文的互动中,除了讲述一个小精子变成小宝宝的过程,也让孩子在阅读中明白了生命的孕育是一段爱意浓浓的旅程,是一个永不放弃的过程,从而感受生命之美、生命之道!

3. 尽量减少环境中诱发性活动的刺激

孩子的内衣内裤应宽松些,不要让孩子从事有可能刺激性感区的活动,如爬树、抱枕头等。3岁后孩子最好独睡。孩子独睡首先有利于健康。大人呼出的气体中二氧化碳含量较高,不利于孩子大脑发育;成人活动范围大,携带的病菌多,容易把病菌传染给孩子。心理专家认为,3—6岁是孩子的"俄狄浦斯期",孩子会对父母的关系、两性之间的问题比较敏感。孩子3岁之后最好与父母分床,但何时可以分房睡,还要依孩子的实际能力而定。家长可以为孩子布置舒适的环境,准备一些娃娃,让他感受到安静和温暖。当然不必急于求成,没有过渡,反而会使宝宝对独睡产生恐惧。对于年龄较大的儿童,父母可适当地传授一些性的常识,在平时的谈话中要多加引导,可运用比喻、讲故事等方式来说明男女方面的事情。

4. 在日常生活中告诉孩子身体接触的一般原则

比如:(1) 每个人的身体都是属于自己的,应该被尊重;(2) 可以抚摸自己的身体,但抚摸有些部位不宜当众进行;(3) 不能随意接触别人的身体,如果在接触时别人表示反对,应该及时中止;(4) 除了父母、亲近的照看者和医生以外,任何人不能接触自己的隐私部位;(5) 如果任何人的接触让你感到不舒服或"不对",即使是很熟悉的人,孩子都有权要求中止。有的时候孩子喜欢看人洗澡,模仿医院里儿科医生检查身体的步骤观察自己的身体。如果家长发现此类情形,不必表现出过于激烈的反应,可以对孩子说:"你可以检查自己的身体,可不要随便去碰别人的身体。"

5. 不要颠倒孩子的性别角色

有极个别家长给男孩穿裙子,把女孩打扮成男孩。殊不知,孩子会对自己的性别认知产生障碍,甚至造成"易性癖"。年幼时性别角色定向出现偏差,就会使孩子在青春期出现为性角色认同障碍。对此,心理专家建议:家长应淡化对孩子性别的期待,树立"生男生女一样好"的观念。要以孩子的性别,选择对待他的方式,避免孩子形成错误的性别意识。如果孩子出现性别意识偏差,应在幼儿第一反抗期,即三四岁时对其进行纠正、调整。

第四节 学前儿童家庭审美教育

家庭是审美教育的摇篮,审美教育能够提高儿童对美的事物的感受力、理解力,并且能够激发儿童的创造欲望,培养儿童的创造力。蔡元培极力倡导美育,提出"以美育代宗教",美育在塑造人的美好心灵和健全人格方面有重要作用,他认为"人人都有美感,而并非都有伟大而高尚的行为,这由于感情推动力的薄弱,要转弱而为强,转薄而为厚,有待于陶养。陶养的工具为美的对象;陶养的作用叫作美育。"[①]

一、学前儿童家庭审美教育的含义和价值

学前儿童家庭审美教育是指家长以自然美、社会美、艺术美为内容,借助形象感染的手段,培养和提高儿童的审美态度和审美能力,陶冶他们的道德情操,充实他们的气质个性,使其成为全面发展的人。

(一) 有利于儿童身心健康、和谐发展,积极进取

爱美之心,人皆有之。孩子从小就有向往美、追求美的自然表现,比如他们爱穿漂亮的衣裳,爱听悦耳动听的歌曲,爱看色彩鲜艳的东西。他们乐于在自己生活的周围环境中发现美、感受美。他们爱美的天性是开展家庭审美教育的基础。父母应善于因势利导,用生活中和艺术中美好的东西来满足孩子的精神生活需要,为孩子提供各种玩具、书刊,给孩子讲美好的故事,让孩子在美的事物的陶冶中,逐渐养成坚强的个性,树立远大的理想,从而使他们更加热爱生活。家庭美育的主要目的就是给孩子提供更多自由的、愉快的发展时间和空间,使孩子能够成为一个具有趋善趋美人格素质以及具有和谐独立心理结构的全面发展的人。

(二) 有益于儿童美好心灵的塑造,充盈生命

儿童的心灵靠生活来塑造,家庭是孩子生活的场所,孩子的心灵就如一张洁白的纸,需要父母为他精心描绘。审美教育具有形象性、艺术性、感染性,是寓于情感的教育,动之以情,晓之以理,导之以行。在生活中,父母应注意培养孩子的语言美、心灵美、行为美,尽量为孩子创设美的家庭环境,努力提高孩子的思想境界。在童年时代形成的美好心灵和高尚的思想境界,往往对于一个人的一生都会起着深远的影响。所以家庭审美教育的过程是家长与孩子共同分享、审美愉悦的过程,家长用充满惊喜、赞赏的目光寻找孩子的进步与优点,通过审美情感的交流使亲子关系更加密切。

(三) 有助于激发儿童探求真知的欲望,心智成长

自然界中处处充满着美的魅力,激发着孩子强烈的求知欲。心理学家皮亚杰认为,所有智力方面的工作都要依赖于兴趣。父母通过种种途径的审美教育,使孩子的审美

---

① 蔡元培. 蔡元培美学文选[M]. 北京:北京大学出版社,1983:220.

意识和智慧得以萌芽,变成科学探索和艺术创造的动力,对他们的兴趣爱好进行引导,从而开启孩子的智慧。可见,通过审美教育,培养孩子对美的事物的爱好和兴趣,拓展他们的探求精神,是开发儿童智力的一把钥匙。例如,带领孩子投入大自然的怀抱中,通过欣赏大自然无限美好的风光,从而发展孩子的观察力、想象力和语言表达能力。

二、学前儿童家庭审美教育的具体内容

(一)自然美教育

家长应该创造条件多带孩子到大自然中去发现和感受大自然的美,这无论对孩子的身心发育,还是对孩子的审美教育或者其他诸育都是大有裨益的。因为"审美"从根本上说,是人类对大自然中本来就存在的美的一种发现和提炼,脱离社会、生活和自然的美是没有生命力的。

1. 和孩子一起发现、感受和欣赏自然环境的美

父母带领孩子多接触大自然,感受和欣赏美丽的景色和好听的声音,在观察常见动植物以及其他物体的过程中,引导孩子用自己的语言、动作等描述它们美的方面,如颜色、形状、形态等,在倾听和分辨各种声响的过程中,引导孩子用自己的方式来表达他对音色、强弱、快慢的感受。

2. 和孩子一起感悟人文景观中美的事物

如果可能,家长多带孩子参观园林、名胜古迹等人文景观,与孩子一起讨论和交流对美的感受,支持孩子收集喜欢的物品并和他一起欣赏。

(二)社会美教育

人是社会的存在,在社会生活和社会实践中,也要有一双善于发现美的眼睛。社会美即人类社会生活的美,是美的具体表现形态之一,它来源于人类的社会实践,是社会实践的直接体现。社会美首先体现于人类改造自然和社会的历史过程中,同时也体现在人类社会实践的成果中。社会实践的主体——作为社会的人的美是社会美的核心,比如,为人类进步事业奋斗的献身精神与行为,乐观进取、吃苦耐劳、助人为乐的生活态度与道德情操等。

1. 和孩子一起亲历社会生活,感受人性之美

家长创造机会,和孩子讲讲社会中的人、事、物,带领孩子走进大社会,在与人互动中,看到人性的善良与公正,引导孩子学会用心灵去感受和发现美。比如,带孩子出去乘坐公交车,主动为老弱病残孕让座,关爱弱势群体;比如,2020年的新冠肺炎疫情,是全人类共同面临的困境,家长要和孩子认真地谈论疫情,认识疫情的来源和危害,说说抗击疫情的感人故事,学习平凡人的不平凡的举动,在孩子心灵播种下大爱的种子。

2. 多和孩子讲讲历史故事和传说,继承和发扬中华民族的优良传统

古往今来的风流人物,或真实或虚拟的民族英雄,无不彰显着民族气节和民族精

神。2017年颁布的《关于实施中华优秀传统文化传承发展工程的意见》明确指出,把中华优秀传统文化全方位融入教育的各环节,贯穿于各个学段,创作系列绘本、童谣、儿歌、动画等,启蒙教育是初始阶段,家庭是最初的场所。像《最美最美的中国童话》《写给儿童的中国历史》《彩绘中华传统故事》《彩色连环画中国历史》……这些都是很好的亲子阅读材料,让悦目的画面、优美的文字,带领孩子走进中华民族的历史和文化,开启优秀传统文化启蒙教育。

(三) 艺术美教育

艺术教育的范畴是很广泛的,美术、音乐、舞蹈、表演、戏曲、诗歌、影视欣赏都是艺术教育所涉猎的领域,其中美术和音乐是艺术教育的主要内容。色彩鲜艳的图片、悦耳动听的歌曲、引人入胜的故事、活泼愉快的舞蹈都能唤起孩子的美感,唤起孩子内在的审美情感,使孩子在美的感受和熏陶下受到潜移默化的教育。

1. 创造条件让孩子接触多种艺术形式和作品

如果可能,家长经常让孩子接触适宜的、各种形式的音乐作品,丰富孩子对音乐的感受和体验;和孩子一起用图画、手工制品等装饰和美化环境;带孩子观看或共同参与传统民间艺术和地方民俗文化活动,如皮影戏、剪纸和捏面人等。有条件的情况下,带孩子去剧院、美术馆、博物馆等欣赏文艺表演和艺术作品。

2. 创造机会和条件,支持孩子自发的艺术表现和创造

家长提供丰富的便于孩子取放的材料、工具或物品,支持孩子进行自主绘画、手工、歌唱、表演等艺术活动。经常和孩子一起唱歌、表演、绘画、制作,共同分享艺术活动的乐趣。在孩子自主表达创作过程中,不做过多干预或把自己的意愿强加给孩子,在孩子需要时再给予具体的帮助。

3. 尊重孩子自发的表现和创造,并给予适当的指导

家长要鼓励孩子做生活中的有心人,在生活中细心观察、体验,为艺术活动积累经验与素材;家长为孩子提供丰富的材料,如图书、照片、绘画或音乐作品等,让孩子自主选择,用自己喜欢的方式去模仿或创作,家长不做过多要求;家长善于了解并倾听孩子艺术表现的想法或感受,领会并尊重孩子的创作意图,不简单用"像不像""好不好"等成人标准来评价。

本章小结

本章主要介绍了学前儿童家庭教育的内容,主要包括学前儿童家庭道德教育、智能教育、健康教育和审美教育,且每一项教育任务都有其具体的要求。家庭教育要保证学前儿童全面和谐地发展,既要注意塑造儿童良好的道德品质,还要注意激发和培养孩子多种智力和才能,保护和增进儿童身心健康,培养和提高儿童的审美态度和审美能力,使其成为全面发展的人。通过本章学习,我们应该把握学前儿童家庭教育的具体内容和实施要点,并能在实践中灵活运用。

思考练习

1. 结合自身实际,分别谈谈学前儿童家庭道德教育、智能教育、健康教育和审美教育的含义和价值。

2. 结合社会现状,分别谈谈学前儿童家庭道德教育、智能教育、健康教育和审美教育的主要任务和内容。

3. 结合社会现状,分别谈谈实施学前儿童家庭道德教育、智能教育、健康教育和审美教育时应注意的问题。

4. 阅读下面的材料,试对案例中幼儿的行为进行分析,并提出教育建议。

恰逢幼儿园家长开放日,心怡的妈妈看到小班里其他小朋友都在操场上尽情地玩耍,而心怡却站在身旁,小手拉着妈妈的衣角,尽管妈妈再三鼓励,她还是不肯跟大家一起游戏,她更喜欢在一旁静静观看。在家里,心怡倒是爱唱爱跳,拿起一本图画书,可以一个人编一段很长的故事。

拓展阅读

1. 陈鹤琴.家庭教育[M].北京:商务印书馆,2019.

主要内容:本书是陈鹤琴先生多年研究和实践育儿经验的系统著作,全书共12章。陈鹤琴先生将对三岁的儿子一鸣与刚出生的女儿秀霞的教育过程与心得记录下来,结合儿童心理学原理与儿童发展规律,归纳、总结了101条教导原则,成为我国最早的现代儿童教育传世经典。本书内容涉及孩子从醒到睡、从笑到哭、从吃到撒、从健康到生病、从待人到接物的种种现象,并进行充分的讨论。在本书中,陈鹤琴先生认为,儿童教育与家庭教育的根本性质与目标,应该超越儿童个体的发育、成长与父母"望子成龙""望女成凤"期待的实现等狭隘境界,将眼光扩延至社会与人类进步的宏伟理想,现在的儿童就是未来的主人,应发展服务精神、合作态度、建设与创造能力等"现代人"应具有的素质。

2. 李琴.学前儿童家庭德育的研究[D].武汉:华中师范大学,2012.

主要内容:论文从中国古代的家庭教育理念出发,涉及美国、欧洲等发达国家的最新家庭德育理念,并结合育儿实践和困惑对各种常见德育方法的优劣和改进方法进行评述,同时对后续的德育衔接性工作展开阐述。从增进亲子关系的角度出发,论文对德育的核心价值观进行了较为具体的阐述分析,包括诚信教育、分享教育、合作教育、爱心教育、责任教育和乐观教育,针对不同的教育内容集中谈到了相应的教育方法和注意事项,并在论文的最后根据以上理论阐述和方法研究,给予了一些在日常生活中操作性较强的游戏策略,使家庭德育不只是停留在理论研究领域中,而是能更生动直接地走入实际家庭活动中。

第三章　不同年龄阶段学前儿童的家庭教育

【章节导入】

　　学前儿童的成长是一个动态的、复杂的发展过程，在这个过程中，儿童的身心发展既有连续性又有阶段性的特点。学前儿童成长时期的几个阶段具有明显的年龄特征以及发展特点。家庭教育是儿童发展的一个重要因素，同时又受到儿童身心发展特点的制约，所以，我们需要了解并掌握儿童几个年龄阶段的发展特点，并在此基础上实施有针对性、目的性的家庭教育，以促进儿童身心和谐发展。

【学习要点】

　　了解：优生的方法；胎教的含义、原则与方法。
　　理解：学前儿童各个年龄阶段身心发展的主要特点。
　　掌握：各年龄阶段学前儿童的家庭教育要点。

第一节　优生与胎教

　　人类的开始是如此的奇妙，看似简单却蕴含丰富，经历万千。和其他生物一样，人类个体始于单个细胞，并以数以亿计的细胞组构而成。如果一切进展顺利，精子进入卵子约一个小时后，两者融合，变成受精卵，数月后，历经无数化学变化，一个活生生的、自主呼吸的婴儿就诞生了！想要有一个健康的宝宝，要从优生开始。

　　英国遗传学家高尔顿于 1883 年首创"优生学"一词，其意源于希腊文。本意是"生健康的孩子"，即在一定控制下改善或削弱后代种族（遗传）素质的动因，这种遗传素质既包括体格，也包括智力。查阅我国的文献资料，虽无"优生学"一词，但是，周朝的"胎教之道"、秦朝的"秦律竹简"以及汉朝的"胎养令"都表明优生优育思想与措施早已存在，传统医学对于优生优育的思想与措施更有颇多建树。[①]

---

　　① 沈红.古人对优生优育的认识[J].中医药文化,2006(6):31.

一、优生

每一对夫妇都希望生一个健康、聪明、活泼的孩子,要实现这一愿望,优生优育是关键。优生优育关系到家庭美满幸福,也事关民族兴盛、国家强大。

(一) 择优婚配

在可能的情况下,选择身体健康、血缘较远、血型匹配、性格协调、知识相当、年龄合适的配偶。为了减少遗传性疾病的发生,应特别注意避免与直系血亲或三代以内的旁系血亲结婚,因为从遗传学的角度看,近亲结婚的夫妇由于血缘相近,所携带基因中很多是相同的,相同的致病基因也较多,那么后代出现先天性遗传疾病的机会就大大增加。早在先秦时期,《周礼》中就规定"礼不娶同姓",因为"男女同姓,其生不蕃"。《唐律疏议》中曰:"同宗同姓,皆不得为婚,违者,各徒二年",意思是说,同一祖宗、同一姓氏中的人,不许相互通婚,违反这一条的,各判处徒两年,表明当时社会对同宗同姓近亲结婚的危害性已有相当的认识和相应措施。统计表明①,近亲结婚者遗传病发生率高达15.6%,而非近亲结婚者遗传病发生率仅为2.5%。近亲结婚给个人、家庭乃至国家、民族带来的危害是不可估量的,因此,《中华人民共和国婚姻法》(以下简称《婚姻法》)第七条明确规定:直系血亲和三代以内的旁系血亲禁止结婚。

(二) 择时结婚和生育

《婚姻法》中规定:结婚年龄男不得早于二十二周岁,女不得早于二十周岁。最佳结婚年龄比法定结婚年龄要大,但也不是越大越好,美国社会学家对"美国家庭成长全国性调查"中的数据考察发现,结婚年龄与离婚之间存在着U字形的关系。28—32岁处于U形曲线底部,先于或晚于这个年龄段结婚,离婚的风险都会上升。32岁之后结婚,离婚的风险每年会增加约5%。因此,最佳结婚年龄可以确定在28—32岁。据统计,新婚夫妇如不采取避孕措施,约有80%以上的妇女在婚后一年内会自然受孕,过早或过晚结婚也就意味着过早或过晚生育,这对生育一个健康、聪明的孩子都是不利的。明朝万全在《养生四要》卷一"寡欲篇"中,也从优生学和养生防病学方面论证了早婚之害,未成年男女婚配过早不仅影响发育成长,且易早衰夭折。"少之时气方盛而溢……欲动情盛,交接无度,譬如园中之花,早发必先萎也。况禀受怯弱者乎,古人三十而娶,其虑深矣。"②

从优生优育角度讲,选择最佳的生育年龄是科学的,可以提高生育的质量,摒除不利因素。一般认为,女性的生育年龄在23—30周岁为最佳时期,男性为30—35周岁,女性最好不超过30周岁,男性不超过35周岁。女性年龄太小,18岁以下,自己还是个孩子,尚未完成自身的发育,她们生产出低体重儿、死胎以及分娩困难等概率

---

① 郑益乐.学前儿童家庭教育[M].西安:西安交通大学出版社,2016:121.
② 沈红.古人对优生优育的认识[J].中医药文化,2006(6):30.

均高于正常孕妇。女性年龄太大,35岁以后生第一胎,会使分娩时间过长和死胎增多,生出低体重儿的比例会增加11%,生出早产儿的比例会增加14%(Rougj et al.,2002),对于35—39岁的产妇和40—44岁产妇来说,出现死胎的可能性则逐渐增大(Canterino et al.,2004)。同时,母亲年龄增高,发生唐氏综合征(21—三体综合征)的机会增多,对于年龄为40—45岁的母亲来说,危险性要比年龄为20—24岁母亲大55倍,高龄产妇可能产生一些卵细胞退化或者更多的射线导致增加染色体不正常的可能性。① 母亲年龄过大,胎儿智力发育障碍的发生率就会增加,有可能造成智力低下和其他神经系统发育异常。男性最佳生育年龄为30—35周岁,这是因为男性精子质量在这一时期达到高峰,而且处于这个年龄的男性智力成熟,生活经验较丰富,能够懂得并接受胎教知识。同样,父亲的年龄也不能过大,男子年龄过大,精子的活力会减退,源于染色体突变造成胎儿各种疾病的发生率亦会相对增大,如精子异常,受孕后容易发生流产、早产和婴儿先天畸形,还会发生软骨发育不全、先天性耳聋和先天性心脏病等。

(三) 接受婚前和孕前检查

婚前检查,是指男女双方确定恋爱关系,准备结婚登记之前做的身体检查,使男女双方有一个互相了解健康状况的机会。婚前检查内容包括:婚前医学检查、婚前卫生指导、婚前卫生咨询。了解患过什么病、有无遗传病史等,避免遗传病传给后代。同时,又可以对被检查者进行性知识教育、婚后的生育安排、避孕方法指导。这样做有利于男女双方婚后感情和睦,建立美满的家庭,有利于后代的健康。

孕前检查是指夫妻准备怀孕之前到医院进行身体检查,以保证生育出健康的宝宝,从而实现优生。孕前检查不同于常规体检,主要是针对生殖系统和遗传因素所做的检查,对计划妊娠的夫妇进行指导。夫妻双方同做相关项目的孕前检查,是给孩子一生健康的基本保证。健康的宝宝首先必须是健康精子和卵子的结晶,所以男士也要做检查。孕前检查最佳时间是怀孕前3—6个月。如果夫妻双方有下列情况的,请一定要去做孕前检查:(1)准妈妈的年龄超过了30岁;(2)准爸爸妈妈从未接种过乙肝疫苗,最好进行孕前检查以查看体内是否有乙肝抗体;(3)准妈妈有过流产史,或者曾经有过死胎、死产等病史;(4)准爸爸妈妈其中一方有遗传病史,如家庭遗传病或传染病;(5)准爸爸妈妈的工作过程中要接触到放射性物质或者环境比较有害;(6)准爸爸妈妈其中一方有着不良的生活习惯,如抽烟、酗酒、有吸毒史等;(7)家中曾经饲养过小动物,特别是准妈妈需要做脱畸检查。②

(四) 做好孕期保健和产前检查

怀孕期间做到"衣宜宽、味宜淡、行须缓、居宜安",保持身心健康,重视生活调理,加强营养,劳逸结合,注意个人卫生,保持心情愉快。同时要预防感染各种疾病,严禁

---

① 刘金花.儿童发展心理学(第三版)[M].上海:华东师范大学出版社,2013:45.
② 佚名.如何进行优生优育[J].农家致富顾问,2018(15):38.

烟酒,避免接触有害物质,远离辐射,谨慎用药。

产前检查是指为妊娠期妇女提供一系列的医疗和护理建议和措施,目的是通过对孕妇和胎儿的监护,及早预防和发现并发症,减少其不良影响,在此期间提供正确的检查手段和医学建议是降低孕产妇死亡率和围产儿死亡率的关键。通过产前检查,医护人员可以掌握孕妇的妊娠情况,并进行保健和优生咨询活动。在产前检查中,医护人员监测胎儿的情况,以便决定将来的分娩方式和是否应该终止妊娠,避免难产或使畸形儿、痴呆儿及有严重的先天性缺陷的婴儿出生。定期产前检查一般在停经第6周后开始,首先确定是否真正怀孕。第二次检查是在妊娠的第12周,以后每月检查1次。到怀孕30周以后,每月检查2次,第36周以后,应每周检查1次。如发现异常情况,应在医生的指导下采取相应的措施。

表3-1 健康妊娠中应该做什么与应该注意什么①

应该做什么	应该注意什么
在怀孕之前接种能预防对胚胎和胎儿有危险的传染病(如风疹)疫苗。	发现可能怀孕要马上去医院检查,并在整个孕期坚持定期检查。
怀孕前和怀孕期间的饮食要充分平衡,并根据医生的处方补充维生素和矿物质,体重逐渐增加11—14千克。	适度运动,保持身体健康,最好能参加一个孕妇锻炼班。
避免情绪压力,如果是单身母亲,找一个能让你寻求情感支持的亲戚或朋友。	充分休息,过度劳累有患妊娠并发症的危险。
从医生、图书馆和书店获取一些关于孕期发育和保健的资料,就所关心的任何事情问医生。	和配偶或其他同伴一起参加一个妊娠和分娩教育课程,如果你们知道该期待些什么,分娩前的9个月将成为人生中最快乐的时光之一。
未向医生咨询前不要服用任何药物。	不要吸烟,如果你是个吸烟者,最好戒烟,避免二手烟,如果家中有其他人吸烟,让他们戒烟或到外面去吸。
从决定怀孕开始不要喝酒。	不要参与可能使胎儿受影响的活动。
不要参与可能使胎儿受到传染病损害(如儿童期疾病、弓形体病)的活动。	不要吃未煮熟的肉,不要处理猫的排泄物,不要修整经常有猫活动的花园,这些行为都会增加患弓形体病的危险。
不要在怀孕期间节食。	不要在怀孕期间增加太多体重,体重过重与并发症有关。

① 改编自:[美]劳拉·E.伯克.伯克毕生发展心理学:从0岁到青少年(第4版)[M].陈会昌,等译.北京:中国人民大学出版社,2014:97-98.

二、胎教

(一) 胎教的含义

胎儿心理卫生是通过胎教实现的,胎教简而言之就是与胎儿交流。一般来说,父母身体健康、心情愉快而且营养充足,生出的婴儿身体较健康,智力较高。胎教是一个既古老又年轻的课题。

我国最早的医学文献——战国时期的《黄帝内经》中就有关于胎教的论述,南宋医学家陈自明在其著作《妇人大全良方》中设立"胎教门"一篇,十分详细地论述了有关胎教的理论和实践。国内外大量研究证明了胎儿在子宫内是有感觉、有意识、能活动的主动发展的个体,能对外界的触摸、声音、光照等刺激发生反应。从现代科学观点看,所谓胎教就是在妊娠期间,孕妇要调节身体的内外环境,努力培养积极的心理状态和情绪体验,以便胎儿在良好的胎内环境中受到感应,激发胎儿大脑神经细胞增殖,促进胎儿身心健康发展。

孕妇在怀孕期间的一切心理、生理状态对胎儿将来的身体、心智发展会产生一定影响。因此,孕妇要注意自己的感情,所想的、说的、感觉的和希望的都会对腹中的胎儿有影响。6个月的胎儿就有一种"感情雷达",能感觉到母亲的情绪并做出反应。对腹中的胎儿,感觉到胎动时就用手摸他,同他聊天、唱歌、说话,很快胎儿就安静了。在妊娠期间,采取适当的方法和手段,有规律地对胎儿的听觉和触觉实施良性刺激,通过神经系统传递到大脑,可促进胎儿大脑皮质得到良好的发育,不断开发其潜在能力。

所以,广义的胎教是指孕期保健,包括合理营养、保持良好的心理卫生、避免病毒细菌感染、谨避寒暑、节制性欲、审施药治、适度劳逸,以及避免接触放射线、有毒化学物质、噪音等;狭义的胎教指孕妇加强精神品德修养和感化,使之"外象而内感",借以促进胎儿智力的发育。①

(二) 胎教的原则

1. 科学性原则

准父母对胎教要有一个正确的认识,不是通过胎教培养神童,胎教的实质是在产前对胎儿大脑生长发育的一种来自环境的干预,最终促进胎儿神经网络的丰富化。②胎教要适时适度,不要急于求成,孕妇要观察了解胎儿的活动规律,一般选择胎儿觉醒时进行胎教,且每次不超过10分钟。每天要有规律地进行胎教,以便胎儿适应,养成规律的生活习惯。如果孕妇身体不适或者情绪不佳时,就不要强求,可以等到状态好的时候再进行。

---

① 李伟艳.中国古代胎教经验及其现实意义[J].呼伦贝尔学院学报,2010(1):64.
② 林崇德.发展心理学(第三版)[M].北京:人民教育出版社,2018:145.

2. 自觉性原则

在正确认识胎教的重要意义的基础上,全家人主动学习和运用胎教方法,有目的、有计划地进行胎教。胎教过程具有不可逆转性,因此胎教必须尽早地及时地进行,否则错过了胎教的最佳时机,再采取措施也难以弥补。树立持之以恒的信心,全身心地投入,与胎儿共同体验、互动交流,这样有助于建立良好的亲子关系,也有利于胎儿和准妈妈的身心健康。

3. 参与性原则

胎教不是孕妇一个人的事情,家人也要参与进来,家人的体贴、关怀会使孕妇的心情愉快,尤其是准爸爸的参与,比如,每天和肚子里的胎儿说说话,给他讲讲故事,可以增进夫妻关系和亲子关系,从而促进胎儿健康发育。

(三) 胎教的方法

1. 营养胎教

营养胎教包括两方面内容,一是根据妊娠早、中、晚三期胎儿发育的特点,合理指导孕妇摄取食物中的蛋白质、脂肪、碳水化合物、矿物质、维生素、水、纤维素等多种营养,以食补食疗促进孕妇自身健康及满足胎儿生长发育之需;二是通过调整孕妇的饮食方式,潜移默化地影响胎儿,形成良好的食物结构和饮食习惯,以减少出生后的喂养困难。孕期营养分为普通食物摄取和健康保健支持两大部分。普通食物以家常饮食为主,如鸡、鱼、虾、蛋、豆类等,突出高蛋白,增强饮食卫生和起居卫生,保证饮食的规律和新鲜;健康保健支持则以维生素、微量元素及孕期专用保健品为主,如钙、锌、铁、叶酸、牛磺酸等。同时孕妇要注意培养自己良好的饮食习惯(不偏食、不挑食,三餐定时、定量、定点),营养要均衡而多变(每天可吃2—5种不同的食物),注意铁质的摄入(多吃一些含铁丰富的食物,如奶类、蛋类、瘦肉、豆制品、动物肝脏等,多吃西红柿、绿色蔬菜、红枣、柑橘等富有铁质的果蔬等),建立智力食谱概念(比如,核桃、苹果、葡萄、草莓、果仁、鹌鹑等益智食物),以未加工食物为主(尽量多吃原始食物,如五谷、新鲜蔬菜、新鲜水果等),革新烹调方式(以煮、蒸、焖、轻炒等方式为主,少用煎、炸等,少用调味料)。

2. 环境胎教

良好的环境不仅使孕妇心情舒畅,身心放松,而且能促进胎儿的成长发育。环境包括室内和室外环境。美化室内环境:最基本的要求是整洁雅致。可以在墙壁上张贴小宝宝的图片,活泼可爱的形象会让孕妇产生美好遐想,心情愉悦;可以悬挂美丽的油画和隽永的书法作品,会让孕妇视野开阔,积极向上;还可以自己种些绿植,插些鲜花,喂养小金鱼,这些都可以陶冶孕妇的情操。享受室外美丽风光:大自然是最好的胎教环境,享受日光浴、空气浴的同时,感受室外清新的空气,桃红柳绿,虫鸣鸟叫,孕妇自然心情舒畅,调节情趣,体内各系统处于最佳状态,胎儿也处于最优成长环境中。

3. 情绪胎教

情绪胎教是通过对孕妇的情绪进行调节，忘却烦恼和忧虑，创造清新的氛围及和谐的心境，通过孕妇的神经递质作用，促使胎儿的大脑得以良好的发育。人的情绪与内分泌有关，如果孕妇在怀孕期间能保持快乐的心情，宝宝出生后一般也性格平和，情绪稳定，不经常哭闹，容易建立睡眠、排泄、进食等方面良好的生物节律。反之，当孕妇生气、焦虑、紧张不安或忧郁悲伤时，会使血液中的内分泌激素浓度升高，胎儿会立即感受到，表现出不安并导致胎动增加。如果长时间存在不良刺激，胎儿出生后患多动症的概率增加，有的还可能发生畸形。所以，怀孕期间，孕妇应胸怀宽广、乐观愉快，避免烦恼、惊恐和忧虑。孕妇用舒适的姿态让身体放松下来，自由深呼吸，慢慢呼气，把紧张、不安、压力统统释放掉，然后想象令人安宁和愉悦的场景，比如描绘宝宝的长相和未来发展的蓝图，配合环境胎教和音乐胎教，让人充满朝气和活力。在此过程中，准爸爸也要担起责任，了解怀孕使妻子产生的一系列生理、心理变化，加倍爱抚、安慰、体贴妻子，做她有力的心理支柱，创设美好的生活环境，尽可能使妻子快乐，生活舒适，这也是父亲给孩子的美好礼物。

4. 运动胎教

运动胎教是孕妇进行适宜的体育锻炼，以促进胎儿大脑和肌肉的发展，有助于正常妊娠和顺利分娩，也有助于胎儿出生后的动作发展。运动胎教主要有散步、孕妇瑜伽、游泳、踝关节运动、孕妇足尖运动、盘腿坐、腹式呼吸等。注意，要在专业人士指导下运动，运动量要适当，过多或不足都会对孕妇和胎儿造成消极影响。户外散步是孕妇最适宜的运动，它不受条件限制，可以自由进行。散步时，边呼吸新鲜空气，边欣赏大自然美景，可以提高心肺和神经系统的功能，促进新陈代谢，使腿肌、腹壁肌、心肌都得到一定的锻炼，也不会给膝盖和脚踝带来伤害。散步过后，会产生轻微适度的疲倦，能稳定情绪，有助于增进食欲和睡眠，还可以变换心情，消除烦躁和郁闷。散步时最好能有丈夫陪伴，增加夫妻间的交流，也培养丈夫对胎儿的感情，对于胎儿的成长极为有利。

5. 音乐胎教

音乐胎教是各种胎教方法中常用的方法，通过音乐声波的和谐振动，培养胎儿敏感的听音能力，并使胎儿形成"外界环境是美的"感觉。音乐是孕妇与胎儿建立感情联系的纽带。温柔、悦耳的轻音乐，能使母亲得到美的享受，给胎儿以安宁感，可使胎儿心律平稳。神经生理学者认为，优美的音乐能促进孕妇分泌酶和乙酰胆碱等物质，能调节孕妇血流量，使神经细胞兴奋，从而改善胎盘供血状况，促进胎儿发育。音乐的节律性振动对胎儿的脑发育也是一种良好的刺激。但节奏不可太强烈，声音不可过大，也不可将麦克风紧贴肚皮。专家指出，让胎儿听音频4 000—5 000赫兹的胎教音乐，音乐就变成了噪音刺激，甚至会导致新生儿耳聋。建议多播放轻柔、悦耳的小夜曲、摇篮曲、圆舞曲等中外古典乐曲，都会使胎儿心境平和，精神愉快。孕妇也可以自己唱温柔快乐的歌给胎儿听，这也是母子情感的沟通。

6. 语言胎教

语言胎教就是家人用富有感情的语言有目的地与胎儿讲话,给胎儿的大脑皮质输入最初的语言印记,促进胎儿听力、记忆力、观察力、思维能力和语言表达能力等方面的发育。语言胎教包括给胎儿讲故事、念童谣、和胎儿聊天、呼唤宝宝的名字等。胎儿不断接受语言波的信息,使其在空白的大脑上增加"音符"。优美的语言像花朵一样美丽,它不但可以刺激胎儿大脑的发育,而且可使孕妇调节自身,进入愉快和宁静的状态。语言讲解要形象化、情感化,创造出"语境"和"意境",传达爱意。胎儿尤其对较低频率的父亲的声音更敏感,所以,父亲要增加与胎儿的言语交流,促进胎儿心智的成长。

7. 抚摸胎教

胎儿天生是需要爱抚的,父母用手轻轻抚摸胎儿或轻轻拍打胎儿,胎儿受到传递亲情的双手轻轻的抚摸之后,会引起一定的条件反射,从而激发胎儿活动的积极性,形成良好的触觉刺激,通过反射性躯体蠕动,促进大脑功能的协调发育,也为出生后的协调动作和运动打好基础。经过抚摸训练的婴儿,肌肉活动力较强,对外界环境的反应较灵敏,出生后在翻身、爬行、站立、行走等动作的发展上都较早。如果抚摸胎教配以轻松愉快的音乐,效果更佳。在抚摸时应注意胎儿的反应,可诱发胎儿"胎动应答",但若胎儿用力踢腿,应停止抚摸,宫缩出现过早的孕妇不宜使用抚摸胎教法。

8. 光照胎教

光照胎教是指通过光源对胎儿进行刺激,以训练胎儿视觉功能的胎教法。这是一种简单的办法,只需一个手电筒就能完成,同时非常有效。妊娠28周后,当胎儿醒着的时候(有胎动的时候),孕妇可以用手电筒贴着腹壁进行一明一暗的照射,每次2—5分钟,因为胎儿对光线的刺激比较敏感,可以训练胎儿的昼夜节律,夜间睡眠,白天觉醒,促进胎儿视觉功能、运动能力及大脑的发育。

第二节 0—1岁学前儿童的家庭教育

0—1岁,我们称之为乳儿期,因为这个阶段的儿童正是吃母乳(或者婴幼儿奶粉)的时期,乳儿期是发展最快的时期,出生后第一年内,乳儿的身体发育最旺盛,尤其以前6个月最为迅速。乳儿身心各方面都有极其显著的发展变化。

一、0—1岁学前儿童身心发展的主要特点

(一)身体和神经系统发展迅速

从外部指标看,出生后头几个月,婴儿身高平均每月增长2.5厘米以上,半年后有所减慢,每月增长1—1.5厘米,1岁时身高可达70—75厘米,达到出生时的1.5倍;体重增加6—7千克,为出生时体重的两倍。乳儿期脑重增长最快,6个月时已达

到700—800克(约占成人脑重的50%),12个月时已达800—900克。12个月时,头围可达46—47厘米。大脑神经突触的数量和长度不断增加,并以不同的方向向皮质各层深入,给乳儿和外界环境发生复杂的暂时联系提供了物质前提。神经髓鞘也逐步形成。有研究表明,分化抑制大约在第1个月后期形成,消退抑制在3—3.5个月形成,延缓抑制在3.5—4个月形成。从出生后的下半年起,乳儿的第二信号系统开始活动,能将第一信号系统的声音刺激和实际事物联系起来,逐渐获得词语信号。

(二) 感知觉发展的敏感期

从出生起,婴儿就会借着嗅觉、听觉、视觉、味觉、触觉等感官来熟悉环境,了解事物。出生后,婴儿在复杂的声音环境中有所选择,他对人的声音最为敏感,对快乐的、抑扬顿挫的声音又更敏感,尤其偏爱母亲的声音。乳儿生命最初的几个月,视觉发展非常快,6个月时的视觉功能在很多方面已接近成人,喜欢看鲜艳明亮的物体,尤其偏好人脸,1岁左右的乳儿视力已达到成人正常水平。一般认为,乳儿从3—4个月开始就能分辨彩色和非彩色,喜欢波长较长的暖色,如红、橙、黄色,不喜欢波长较短的冷色,如蓝、紫色,红色物体特别容易引起乳儿的兴奋。研究表明,乳儿喜欢看复杂的、轮廓多的、活动的、清晰的图片,喜欢注视人的面部图形,4个月以前的乳儿就已具有了大小知觉的恒常性,6个月以前的乳儿就已经能辨别大小,随着爬行动作的发展,乳儿6个月左右出现深度知觉。儿童味蕾的分布比成人更广泛,甜酸苦咸四种基本的味觉在舌头不同部位有显著的感受性差异,舌尖对甜味最敏感,舌尖两侧对咸味最敏感,舌根对苦味最敏感,舌的两侧对酸味最敏感。乳儿能够察觉各种气味,对于不喜欢的气味,如酸味、氨气或者臭鸡蛋味,他们会做出厌恶表情(Rieser, Yonas & Wilkner, 1976; Steiner, 1979)。每个人都有自己独特的"气味标识",乳儿正是用这一特点来辨认亲密的抚养者。触觉也是乳儿认识世界的重要手段,乳儿特别敏感的部位有嘴唇、手掌、脚掌、前额和眼帘,主要通过口腔和手的触觉来探索外部世界,1岁之前甚至此后相当长的时间内,口腔触觉都是儿童认识客体的重要手段,所以,乳儿总是喜欢把东西放进嘴里,用嘴来探索物体属性。乳儿对温度变化同样非常敏感,当奶瓶里奶液太热时,他们会拒绝吸吮奶嘴;当房间温度骤然下降时,他们会加强活动保持身体的热量(Pratt, 1954)。但是,乳儿缺乏对温度知觉的认知,成人尤其要注意保护他们,谨防被烫伤、烧伤或冻伤。

(三) 动作发展从无意识到有意识

动作常常被视作儿童心理发展水平的一项重要指标,因为动作和心理的发展有着密切关系。新生儿(从出生到28天)以无意识的无条件反射动作为主,慢慢过渡到有意识的动作,包括大肌肉的动作和小肌肉的动作发展。动作发展经历了(1)从整到分:儿童最初的动作是全身性的、笼统的、弥散的,以后才逐渐分化为局部的、准确的、专门化的动作,如手帕盖在一两个月的乳儿的脸上,乳儿受到刺激,会全身乱动,6个月的婴儿开始有定向动作,手向手帕方向抓,而八九个月的婴儿则毫不费力地拉下手帕。(2)从上到下:儿童最早发展的是头部动作,其次是躯干动作,最后是脚的动作。任何一个儿童动作的发展总是沿着"抬头—翻身—坐—爬—站—行走"的顺序进行的。(3)由近及远:儿童动作发展从躯体中部开始,越靠近躯干的部位,动作发展越早,然后是远离身体中心部位动作的发展。以上肢发展为例,肩头和上臂动作首先成熟,其次是肘、腕、手、手指动作的发展。(4)由粗到细:儿童首先出现的是躯体大肌肉动作,然后才是灵巧的手部小肌肉动作。从四肢动作看,首先学会臂和腿的动作,以后才逐步学会手和脚的动作,尤其是手指的精细动作,以及准确的手眼协调。

(四)注意、记忆和思维处于启蒙时期

满月之后,乳儿觉醒的时间不断延长,生活逐渐有规律性,注意的客体不断增加。1—3个月的乳儿注意的选择性很明显,喜欢注视曲线、轮廓多的图形,和对称的、集中的以及复杂的图形。3—6个月乳儿注意力在原有基础上进一步发展,探索活动更加积极,可看见的和可操作的、能发出声响的物体更能引起他们持久的注意和兴趣。6个月以后,乳儿的知识经验逐渐增加,活动范围扩大,开始记人、记事、记物,对熟悉的物体增加注意,对其有特殊意义的人,比如母亲,或让其恐惧的陌生人会特别注意。

人类个体在胎儿末期(妊娠8个月左右)就已经有了听觉记忆,新生儿末期已具备特定的常识记忆能力,3个月的乳儿对操作性条件反射的记忆能保持4周之久。总体而言,乳儿期仍然是不随意记忆,记忆保持时间相对较短。在乳儿期,出现思维的萌芽,这个时期儿童是直觉行动思维,在动作中进行思维,动作是思维的起点,是解决问题的概括化手段,通过不断地和外界交往,知道主体动作与外界物体之间的关系,动作不断协调、整合,形成大的、新的动作格式。大量研究证实,3个月的乳儿就已经具备比较明显的问题解决能力。

(五)语言发展从牙牙学语到发出第一批有意义的字词

0—1岁是言语发生准备阶段,可划分为三个阶段:简单发音阶段(0—3个月)、连续音节阶段(4—8个月)和学话萌芽阶段(9—12个月)。乳儿大约在5个月时进入牙牙学语阶段,喜欢发音,以发音做游戏得到快感,此时乳儿能发出很多声音,不限于母语的声音,而且各国乳儿的发音都很相似,聋哑儿童也会像正常婴儿一样发出牙牙语,只是因为缺乏听觉反馈,牙牙语停止得比正常儿童早。9—10个月,非本民族的语言逐渐被放弃,婴儿淘汰环境中用不到的声音,同时逐步增加符合母语的发音。牙牙语帮助儿童学习如何调节和控制发音器官的活动,获得一般的发音能力和操作原则,是以后语音发展的积极准备。1岁左右,婴儿开始说出一批有意义的字词,最初的单词只是作为事物或者动作的一般标志。

(六)情绪不断分化

在出生一段时间后,婴儿在成熟和后天环境的作用下,情绪不断分化。伊扎德是当代美国著名的情绪发展研究专家,他提出的情绪动机分化理论在情绪研究中有很大影响。他认为儿童出生时就具有五大情绪:惊奇、痛苦、厌恶、最初步的微笑和兴趣,对于儿童最初适应母体外的环境和生存具有决定性的意义,5—6周婴儿出现社会性微笑,表现出对人特别的兴趣和微笑;3—4个月,婴儿出现愤怒、悲伤;6—8个月,婴儿出现对最熟悉、亲近者的依恋,随之产生分离焦虑和陌生人焦虑。同时,原始的、最初的情绪反应如笑、哭、恐惧等也不断分化、发展。

(七)个性初步形成

气质是儿童出生后最早表现出来的一种较为明显而稳定的个人特质,是在任何社会文化环境背景中父母最先能观察到的婴儿的个人特点。托马斯、切斯等(Thomas,Chess,et al.,1974,1982)在对婴儿进行大量追踪研究的基础上,根据其确立的气质9维度标准,将婴儿的气质类型划分为三种:(1)容易型。大多数婴儿属于这一类型,约占研究对象的40%。这类婴儿的吃、喝、睡等生理活动有规律,节奏明显,容易适应新环境,也容易接受新事物和不熟悉的人,情绪一般积极愉快,爱玩,对成人的交往行为反应积极。由于他们生活规律、情绪愉快且对成人的抚养活动提供大量的积极反馈,容易受到成人最大的关怀和喜爱。(2)困难型。这一类婴儿人数较少,约占10%。他们突出的特点是时常大声哭闹、烦躁易怒、爱发脾气、不易安抚。在饮食、睡眠等生理活动方面缺乏规律性,对新食物、新事物、新环境接受很慢。他们的情绪总是不好,在游戏中也不愉快。成人需要费很大的力气才能使他们接受抚爱,很难得到他们的正面反馈。这类孩子对父母来说是一个较大的麻烦,在养育过程中容易亲子关系疏远,因此需要成人极大的耐心和宽容。(3)迟缓型。约有15%的被试属于这一类型。他们的,行为反应强度很弱,情绪总是低落,不甚愉快,但也不像困难型婴儿那样总是大声哭闹,而是常常安静地退缩。他们逃避新事物、新刺激,对外界环境和事物的变化适应较慢。但在没有压力的情况下,他们也会对新刺激缓慢地发生兴趣,在新情境中能逐渐地活跃起来。这一类儿童随着年龄的增长、成人抚爱和教育情况不同而发生分化。以上三种类型只涵盖了约65%的儿童,另有35%的婴儿不能简单地划归到上述任何一种气质类型。他们往往具有上述两种或三种气质类型的混合特点,属于中间型或过渡型。

二、0—1岁学前儿童家庭教育的要点

(一)保证高品质的养护

生命的第一年,重点应放在生活护理和喂养方面。生理上的满足、舒适的照顾、有规律的生活不仅是健康的保证,也是心理上的最基本的要求。护理不仅仅是给孩子买最好的衣服,用最好的护肤用品和最贵的营养品,关键是把握乳儿的生理特点,逐渐培养其良好的饮食和睡眠习惯。随着月龄增加,婴儿逐步减少睡眠时间,1岁的乳儿一天至少睡14个小时,不要养成抱着睡、走着睡的习惯,让其轻轻躺下,慢慢地拍是可以的。睡眠不充足会影响乳儿的身体成长和大脑发育。在饮食方面不能太精、太细,提倡母乳喂养,6个月以后及时添加烂粥、碎菜,训练乳儿的咀嚼能力,促进口腔和消化功能发育。营养是基础,所谓"营养"指的是促进儿童身体发育,特别是脑

发育所需要的饮食。由于这个年龄的儿童脑发育速度快，所需要的能量较多，如不提供充分的营养，就会影响脑细胞的成熟，久而久之就会影响脑的发育及智力的发展。因此，家庭在考虑儿童身体发育所需营养的同时，要特别关注大脑发育所需要的营养。

在养护过程中，亲子关系的性质、抚养的质量要引起足够重视。根据埃里克森的观点，出生到1岁左右的儿童处于人格发展的第一个阶段：基本的信任感对基本的不信任感，为了使儿童从小形成基本的信任感，应让儿童的生活有一定的规律，使他们的期望得以实现，乳儿能感受到母亲的情绪状态，如果母亲是焦虑的，婴儿也会感到焦虑，母亲心情平和，乳儿也会感到宁静。信任是双方的，要使乳儿信任父母，父母必须相信自己的能力与养育方式，必须积极关注孩子的多维需要，注意倾听乳儿的信号，并能正确理解，做出及时、恰当、关爱的反应，乳儿就能发展对母亲的信任。

针对乳儿的不同气质类型，托马斯和切斯提出了拟合优度模式（goodness-of-fit model）来描述气质和环境因素是怎样共同作用以产生良好结果的。拟合优度模式包括创造儿童抚养环境，在这种环境中识别每一个孩子的气质类型，同时鼓励其表现出更多的恰当行为。首先是气质和教养方式之间的良好拟合。以托马斯、切斯的三类型说为例，一般来讲，容易型乳儿对各种教养方式都容易适应。但这种容易适应性也会导致一些行为问题的发生。例如，这些乳儿在早年容易接受并适应父母的期望和管教标准，并将它们内化为自己的期望和规则系统。这样当他们走进幼儿园或同龄人的世界时，就会发现新环境中的要求和规则与他们在家庭中习得的行为模式有所出入。如果这两种要求间的冲突十分严重，则儿童会陷入进退两难、无所适从的境地，从而导致行为问题或发展障碍。困难型乳儿的父母从一开始就面临着早期教养和亲子关系的问题。如果父母能够始终保持平和，坚持让孩子遵守规则，约束但也允许他们慢慢去适应，长此以往，儿童就不会那么任性了。很多困难型儿童在耐心、敏感而又有要求的父母的培养下，到了童年晚期和青春期就不再属于困难型或者不再表现出问题行为了（Bates，1998；Chess & Thomas，1984）。但如果父母对他们暴躁、不耐心和采取强制措施，困难型儿童很可能会维持其困难型特征，而且也容易在未来出现更多的问题行为（Chess & Thomas，1984；Rubin，2003）。对迟缓型乳儿教养的关键，在于让他们按照自己的速度和特点去适应环境，顺其自然。一方面，如果给他们施加压力以催促其尽快地适应环境，则只会强化或诱导其本能的反应倾向——回避。另一方面，他们也确实需要鼓励或机会去尝试新经验、适应新环境，他们更需要尝试过程中的热情帮助与具体指导，只有这样，他们才能更好地适应，发展得更加良好。其次，儿童和父母是相互影响的，抚养环境与孩子气质之间早已建立起有效联系，同样的教养方式在不同气质类型孩子身上产生的效果是不一样的。对那些缄默的、不活跃的儿童的研究发现，高度刺激的母亲行为（如频繁地提问、教导和指出物体）培养了孩子探索环境的能力。然而，同样的高度刺激的父母行为却制约了非常活跃的孩子的探索活动。对这些孩子来说，太多的成人干涉妨碍了他们与生俱来的好奇心。最后,在拟合优度模式中,抚养不仅是对孩子气质的反应,它同样依靠文化价值和生活条件,即关于什么是良好的气质,什么样的气质特点会产生什么样的发展结果这些问题,不同的文化之间存在很大差异。如在西方国家,内向、退缩的孩子被认为缺乏社会交往能力,在中国却对这样的孩子给予肯定的评价——认为是社交上的成熟和有理解心(Chen, Rubin, & Li, 1995)。在泰国很强调孩子的克制力和恒定性,在美国老师眼里很正常的孩子,可能被泰国老师认为不专心、动机不明(Weisz et al., 1995)。拟合优度模式告诉我们,每个儿童都是带着独一无二的气质来到这个世界上的,气质无好坏之分,抚养者们必须接受。父母对孩子的气质类型不能任其自然发展,不能一味地指责孩子的过错。父母要做的是针对孩子的问题设计适合儿童发展的成长环境,帮助儿童征服发展路上的一个又一个挑战,给他们以成长的力量。

(二)提供丰富的刺激

乳儿期是各种心理现象发展较为迅速的时期,给乳儿提供系统丰富的刺激指的是为儿童创设充满乐趣、可调动多种感官的空间,使乳儿通过节奏、韵律、图画、情感和动作来启迪开发潜能。

根据儿童的认知发展规律,为乳儿营造愉快、利于五感刺激的环境。如为幼儿准备宽敞明亮的房间;在乳儿头上方悬挂些能摇晃、有声响的玩具,并且经常调换位置,根据乳儿的月龄逐渐拉远视觉距离;经常让乳儿伴随着优美的音乐进行一些活动;家长要抓住一切契机跟乳儿交流及进行手指的刺激;适当地给乳儿喝些果味水等。随着年龄的增长,可为乳儿提供动手、动脑的活动,如读绘本、听故事、念儿歌、玩玩具、做实验等。充分利用家庭、社会的教育资源,如公园、海滩、森林、球场、田园的风景及声音等,使乳儿获得最佳的刺激。这样,乳儿通过他们所有的感官接收信息并逐渐尝试使用这些信息。

玩具是儿童的天使,父母需要根据不同月龄阶段乳儿的心理特点,提供合适的玩具,在玩中体验,发展感官及认知。

表 3-2 不同月龄乳儿玩具的选择及教育价值

年龄	发展特点	玩具选择	教育价值
0—3个月	眼睛调节功能增强,耳朵灵敏度有所提高,头部能转动自如,无选择的社会性微笑发生,出现简单的牙牙学语	悬挂玩具	发展视觉、听觉能力
		彩色脸谱或图片	发展视觉、色彩感知及加深对人的认识
		摇响玩具	发展听觉、抓握能力
		音乐玩具	发展听觉,愉悦心情
		能发出声音的手镯、脚环	发展全身动作、手眼协调、因果关系
		适合婴儿特点的图书	发展前语言能力,培养对书的兴趣

(续表)

年龄	发展特点	玩具选择	教育价值
4—6个月	视听觉已比较灵敏,视觉与抓握动作之间形成协调,会自己翻身,进入牙牙学语,出现有选择的社会性微笑	抓握类玩具	发展手眼协调能力、因果关系
		电动玩具	发展听觉、认知能力
		能发出声音的填充玩具	发展听觉能力、认知能力、社会行为、身体动作、因果关系
		积木	发展手眼协调、精细动作
		适合婴儿特点的图书	发展前语言能力,培养对书的兴趣
7—9个月	有目的动作逐步形成,会独坐,会用手膝着地爬行,看到东西伸手就去抓,近物远物都看得见,手指有了分工,大拇指和其他手指配合拿物品,开始表现出能听懂成人的话并做出相应反应,出现"陌生人焦虑"	不倒翁	发展精细动作、因果关系
		积木	发展精细动作、手眼协调
		皮球、电动玩具	练习坐、爬行等动作,发展认知
		各类成型玩具(娃娃、动物、交通工具等)	发展认知,培养对周围事物的兴趣
		拖拉玩具	发展解决问题的能力、因果关系、大肌肉动作
		适合婴儿特点的图书	发展语言能力,培养阅读兴趣,密切亲子关系
10—12个月	拇指和食指的配合越来越灵活,手眼协调有了很大的提高,已会站立,迈开脚步要学走路,能对感兴趣的事物长时间地观察,开始有记忆力,已经建立起"客体永久性"的概念,讲出能被理解的词	积木、积塑	发展手部小肌肉、空间概念
		动物玩具、人物玩具	发展语言能力、认知能力
		音乐玩具(玩具琴等)	刺激听觉,促进手眼协调,发展因果关系
		小推车、拖拉玩具	练习站立、行走
		形状分类玩具	发展形状概念,建立初步的分类概念
		适合婴儿特点的图书	发展认知,拓展经验,增进阅读兴趣

(三) 给予引导性练习

丰富的环境固然能诱发乳儿的自发性练习,这种练习可以刺激发展。有意识的引导性练习,对于乳儿也是必要的。引导性练习是建立在"成熟—学习"原则之上的,成熟是一个过程,从统计学意义上说,只有10%的孩子出现某个新的行为或心理现象,说明婴幼儿在这方面处于成熟早期;有90%的孩子出现上述行为或心理现象时,说明婴幼儿在这方面处于成熟晚期;有50%的孩子出现上述行为或心理现象时,说明婴幼儿在这方面处于成熟中期。当婴幼儿处于成熟早期时,应当重在创设能刺激其自发练习的环境,引导性练习的最佳时机可能是成熟的中期。所以,在教养过程中,应当特别注意观察孩子的成熟指标,采取顺应其成熟发展的教养措施。引导性练习以可接受性为前提,主要依据是孩子活动时的情绪表现,如孩子处于愉悦、舒适状态则说明引导性练习是合适的。① 例如,对4—5个月的乳儿,可在俯卧的基础上训练其四肢运动,并利用玩具逗引或由成人帮助翻身,而后继续训练用手抓握物品,用腿迈步、站立、走路等。又如,从3—4个月开始就面带笑容逗引孩子咿呀发声,从6—7个月开始就用简单词句通过重复引导孩子发音等,成人多和孩子面对面交谈,帮助孩子将语言和动作建立同步反应,提高乳儿前言语阶段用语言伴随表情或动作,去代替语言与人进行交往的能力。值得一提的是,文学作品是促进乳儿语言发展的重要手段,通过家长和孩子平行性阅读,共读儿歌、绘本故事等,可以培养孩子的倾听能力,丰富孩子的词汇量。

第三节 1—3岁学前儿童的家庭教育

经过前一年的发展,这时的儿童开始能够初步独立活动,能理解和运用语言表达自己的想法,词的概括能力和对行为的调节能力初步发展,个性特征萌芽,情绪情感进一步分化,社会交往由亲子交往向同伴交往过渡。

一、1—3岁学前儿童身心发展的主要特点

(一)感知觉进一步扩展

随着儿童中枢神经系统的逐渐成熟和生活范围的扩大,婴儿的感知觉得到进一步的发展。能够辨认红、黄、绿等基本颜色,能够以自身为中心进行定位,上下前后的方位知觉已经具备,形状恒常性和大小恒常性更巩固。能准确辨别各种声音,并能做到视听协调。能区别白天和黑夜。但他们的观察还带有很大的随意性,目的性不强,持续性较差,观察十分笼统和粗略,经常是跳跃式的,缺乏系统性。

(二)动作发展更加协调

这个阶段的儿童不管是粗大动作还是精细动作都比以前更加熟练、复杂,而且有了意识的加入,可以比较自如地调节自己的动作。儿童在十三四个月学会走路,2岁时能较好地掌握行走的技巧,在平坦的道路上行走自如,婴儿期结束时,可以走较长的路。能够独立行走后,便能自由行动,对于其独立性、社会性和认识能力的发展具有积极作用。婴儿期双手动作在成人的引导下和自己不断的练习中发展,逐渐参与

---

① 华爱华.0—3岁婴幼儿早期教养实践中几对关系的思考[J].幼儿教育(教育科学版),2006(9):3-4.

生活中的各个方面。

表 3-3　1—3 岁儿童双手动作发展顺序①

动作项目	年龄/月	动作项目	年龄/月
堆积木 2—5 块	15.4	折纸长方形近似	29.2
用匙外溢	18.6	独自用匙好	29.3
用双手端碗	21.6	画横线近似	29.5
堆积木 6—10 块	23	一手端碗	30.1
用匙稍外溢	24.1	折纸正方形近似	31.5
脱鞋袜	26.2	画圆形近似	32.1
穿珠	27.8		

（三）语言发展进入爆炸期

经历了前面近一年的言语准备阶段，婴儿开始进入学习口语的全盛时期，因此 1—2 岁是言语发生阶段，2—3 岁是婴儿基本掌握口语阶段，这一阶段将持续到入幼儿园前。1—1.5 岁是单词句阶段，婴儿往往用一个单词表示一个句子，如孩子说"妈妈"这个词就反映多种意思，有时是让妈妈抱，有时是向别人介绍这是我妈妈，有时是要吃的，有时是寻求帮助，这时候孩子说出的词，是包括这个对象在内的一种情境、事件，或表达自己的愿望、感觉状态等。孩子在 1.5 岁进入"词语爆炸期"，经历单词句—双词句—完整句的发展，如 18 个月的婴儿经常挂在嘴边的是 20 个左右的单词，21 个月则能说出 100 个左右的单词，到 24 个月则能说出 300 个单词，70%仍然是名词，其他词类如动词、形容词、数词、代词、副词、感叹词等占的比例尚小。2—3 岁儿童在语音、词汇、语法和口语表达能力方面都较前一个阶段有明显的进步，他们开始逐步用语言表达自己的需要和感情，用语言调节自己的动作和行为，语言成为这一阶段婴儿思维的一种工具。2—2.5 岁的孩子基本能理解成人所用的句子，语音逐渐稳定和规范，发不出的单词逐渐减少。到了 3 岁，词汇量迅速增加，对新词感兴趣，能说出完整的句子，出现了多词句和复合句，言语功能呈现出越来越丰富、准确的趋势。

（四）记忆由无意向有意发展

1—3 岁的婴儿出现了有意识记，可以根据成人提出的明确的、简单的要求进行识记。与乳儿期相比，婴儿期的记忆发展最突出的是记忆保持时间明显加长，乳儿期的记忆最多能保持几天，而婴儿的记忆最多可以保持几个月。乳儿期末期，"再现"的形式开始萌芽，1—2 岁时才逐渐出现，并且有了一定程度的发展。随着婴儿语言的发展，在即时模仿的基础上出现延迟模仿，也就是不马上模仿看到的动作，而是经过一段时间后，突然模仿曾经看过的事物、行为动作，延迟模仿的出现标志着婴儿表象

---

① 林崇德.发展心理学(第三版)[M].北京:人民教育出版社,2018:161.

记忆和再现能力的初步成熟。婴儿期的记忆对象也明显增加,1岁左右的婴儿能够记住自己常用的东西和部分小伙伴的名字,2岁时能够背诵简单的儿歌。同时,婴儿期的记忆还带有情绪色彩,容易记住那些使他们愉快的事情和那些引起他们强烈情绪的事物。

(五) 思维以直觉行动思维为主

直觉行动思维主要以直观、行动的方式进行,这种思维的概括水平低,更多地依赖感知和动作,这种思维方式在2—3岁婴儿身上最为突出。婴儿的思维在动作中进行,而不能在动作之外进行思考,更不能计划自己的动作,预见动作的效果。婴儿的思维只能在活动本身展开,他们不能先想好了再行动,而是边做边想。年龄大一点的儿童在遇到困难的问题时,也依靠这种思维。随着孩子年龄的增长,直觉行动思维解决的问题由比较简单到相对复杂,由比较具体到比较概括,语言的作用也逐步增强。比如,孩子在游戏时,从一开始要用玩具水杯来假装喝水,到后面直接用手做喝水的动作。

(六) 无意想象占主导

有关研究证实,儿童在1.5—2岁时出现想象的萌芽,这一年龄阶段的儿童常常把生活中的一些简单行为或现象迁移到游戏中去,无意想象是最简单、最初级形态的想象,比如,儿童给玩具娃娃盖被子、喂东西,并与娃娃对话:"妈妈出去一会儿就回来!"这些均表明,儿童开始运用表象进行想象了。2岁儿童的想象是重复曾经感知过的情景,比如,孩子看到大人抱娃娃,他也要抱玩具娃娃。儿童早期的想象是一种简单的代替,以物代物,比如,把玩具娃娃当作自己的宝宝,用玩具杯子给宝宝喂水。1—3岁的儿童以无意想象为主,想象没有预定的目的,在游戏中,想象活动随着玩具的出现而激活,例如看见小汽车,就会发生当小司机开汽车的想象活动。想象简单而不稳定,满足于想象的过程,比如在纸上重复画一个物体,直到所有空白的地方都画上了才满足;在听故事时,喜欢重复,虽然已经听了好多遍,他仍津津有味,陶醉于想象的过程。

(七) 自我意识萌发

自我意识是作为主体的自我关于自己以及自己与他人关系的认识,在婴幼儿社会性发展中处于中心地位。出生后第一年没有自我意识,第一年末期,婴儿开始把自己跟周围的客体区分开来,认识自己与客体的关系,也认识到自己的力量,这是自我意识的萌芽。第二年,开始认识到自己的身体,并意识到自己的身体感觉,能够对着镜子观察自己的身体。2—3岁的儿童开始把自己当作主体来认识,从称呼自己为"宝宝"变为称呼代词"我",这是自我意识发展过程中的重要转折点。在1.5—2.5岁,出现第一反抗期,这时婴儿希望自己的行为得到认可,希望自己的独立性、探索活动不受限制,所以,有时会出现"抗拒行为",喜欢说"不"。

(八) 情绪情感丰富化

1岁之后婴儿的情绪开始逐步分化和多样化,陆续产生了同情、尊重、内疚、焦虑、爱、妒忌等多种情感,一些高级情感开始萌芽,如道德感、理智感和美感。同时,最初的情绪反应如哭、笑、恐惧也不断分化,1岁之前的婴儿经常哭泣,1岁之后,哭泣明显减少,哭泣更多和社会经验有关,比如能力不足、遇事力不从心等,是应答性的哭和主动操作性的哭。社会性微笑、与知觉相联系的恐惧、预测性恐惧逐步发展。婴儿在1岁前后开始学会使用"情绪社会性参照",社会参照就是在不确定的情境中,根据他人的情绪反映来指导自己的行为。对于婴儿来说,这个"他人"往往是其信赖的父母或熟悉的成人。这时候,照料者的情绪表现(快乐、愤怒或恐惧)会影响婴儿是否对陌生人保持警觉,是否去玩不熟悉的玩具。随着语言的发展,2—3岁的婴儿开始用语言简单描述自己和他人的情绪体验。1岁左右的婴儿已经出现道德感的萌芽,比如,看到别的孩子哭,他也会跟着哭,这是"情感共鸣",是高级情感产生的基础。2—3岁的婴儿已经出现简单的道德感,在成人的教育下,2—3岁婴儿已经出现最初的爱与憎,看到图画书上的大灰狼要去打它,看到小伙伴跌倒会叫人把他扶起来,他们也愿意把食物和别的小朋友分享,成人的评价与情绪表现使婴儿产生了相应的情感。理智感表现为婴儿好奇、好问、好破坏,比如,崭新的玩具买回家,一转眼的工夫,被拆得七零八落。1—3岁婴儿还不会分辨艺术作品中的形象与真实的对象,往往把二者视为同一,对色彩鲜艳的艺术作品、真实的作品容易产生美感。

(九) 社会交往范围扩大

对于婴儿来说,最经常、最主要的接触者就是父母和同伴。亲子依恋的建立,是婴儿社会交往的第一种关系,经历了"无差别的社会反应阶段—有差别的社会反应阶段—特殊的情感联结阶段—目标调整的伙伴关系阶段",亲子依恋的类型分为安全型依恋、回避型依恋和反抗型依恋①,婴儿的依恋性质取决于亲子交往的质量,在交往中,抚养者对于婴儿发出的信号的敏感性和其对婴儿是否关心是最重要的方面。随着婴儿活动、认知能力的增长,与同伴交往的时间和数量也越来越多,婴儿早期的同伴交往主要经历了三个阶段:第一阶段,"以客体为中心"阶段,婴儿的交往更多地集中在玩具或者物品上,而不是人本身;第二阶段,"简单交往"阶段,婴儿已经能够对同伴的行为做出反应,企图去影响另一个婴儿的行为;第三阶段,"互补性交往"阶段,婴儿同伴间的行为趋于互补,出现更多复杂的社交行为,相互间模仿已经较普遍,可以和同伴开展需要合作的游戏。

---

① 安全型依恋,这类儿童与母亲在一起时能够安逸地玩玩具,对陌生人的反应也比较积极,并不总是依偎在母亲身旁,当母亲离开时,他们的探索行为会受到影响,明显表现出苦恼,当母亲重新回来时,立即寻找与母亲的接触,很快平静下来继续游戏。回避型依恋,母亲在场或者不在场对这类儿童影响不大。母亲离开时,他们并无特别紧张或忧虑的表现。母亲回来了,他们往往也不予理会。接受陌生人的安慰就像接受母亲的安慰一样,并未形成对抚养者的依恋,有人称他们为"无依恋的儿童"。反抗型依恋,这类儿童在母亲要离开之前,总显得很警惕,有点大惊小怪,表现为极度的反抗,但是与母亲在一起时,又无法把母亲作为他安全探究的基地。

二、1—3 岁学前儿童家庭教育的要点

(一) 拓展认知的丰富

这个阶段的婴儿主要以感知觉和动作来认识世界,早期家庭教育可以从以下几个方面入手:首先,让婴儿多接触外界环境,通过感官刺激丰富认知,刺激大脑的发育与发展。家长可以让孩子走进大自然、大社会,扩大视野,欣赏大自然中的花草树木、日月星辰;倾听自然界和生活中的声音,如风声、雨声、虫鸣鸟叫;和孩子一起吟唱儿歌、手舞足蹈,发展孩子的音乐感;了解并熟悉物体的具体功能与用途,比如玩具如何发光、如何发出声音及是否会动、怎样动,餐具分别有什么用途,家中电器分别有什么作用,清洁用具有什么功能与作用等。成人所接触的物体,通常都是儿童感兴趣的对象,他们既有需要,也有可能通过观察及亲身实践了解物体的具体功能。其次,与婴儿共同游戏,在游戏中探究新知。游戏是孩子学习的最佳途径,给孩子提供动手操作的机会,如搭积木、玩玩具、撕纸、剪纸、折纸、玩沙、玩水等,能发展孩子的精细动作;角色扮演、故事表演、建构活动,能发展孩子的想象力和创造力。最后,鼓励婴儿的探索行为。孩子能动手、会走路后,对什么都有新鲜感,什么都要摸一摸、碰一碰,甚至拆一拆,"破坏"行为让成人哭笑不得,这是孩子积极思维的表现,是探索心理的萌芽,在保证安全的前提下,尽量创造条件让孩子去"试误",不要过多限制孩子的行动,否则会阻碍孩子的创造,影响孩子的自信。

(二) 促进语言的发展

如果说 1 岁以前,婴儿主要是被动地听,那么 1 岁以后,婴儿就是主动地说,家长要多给婴儿鼓励,引导孩子的语言"输出",可以从以下几点做出努力:首先,培养婴儿良好的倾听习惯。孩子学说话,要有一定量的输入,以大量的语言信息为基础,这就需要孩子学会倾听别人的说话,分辨语音,理解语义,家长要有意识地和孩子聊他们感兴趣的话题,比如,今天去了动物园,回来和孩子说说动物园里看到的动物和发生的有趣的事情,培养他们认真倾听的习惯,为自己开口说话奠定基础;还可以让孩子倾听各种声音,如风声、雨声、动物的叫声、厨房间锅碗瓢盆的"奏鸣曲",听后让孩子模仿、想象。其次,激发婴儿语言表达的欲望。父母和孩子的交流和互动要更多以对话的形式展开,试着向孩子提出一些问题,激发孩子主动表达的欲望,比如问问孩子:"宝宝吃饱了吗?"他回答:"饱了。"在向孩子发问时态度一定要平和亲切,一旦让孩子感受到压力,他就会拒绝回答了。同时也要鼓励婴儿多与人交流,比如去饭店吃饭的时候,带孩子去问服务员阿姨要勺子,孩子只要表达出"阿姨,勺子",服务员是很容易明白孩子的意思的,孩子也会体会到,不仅爸爸妈妈能听懂我的语言,我能用语言和更多的人交流了! 再次,萌发婴儿阅读的兴趣。对于任何一个时期孩子的语言发展来说,亲子阅读都是一种不错的形式,亲子阅读从孩子出生就可以开始。1 岁以后随着孩子语言能力的发展,孩子能听懂故事,理解故事情节,也会更加乐在其中。有时孩子会特别留意其中的一些词语,每次涉及这些词语的时候,留白让孩子自己说出

来,这会让他有一种成就感——自己能掌控这些语言。通过多读儿歌、童谣、故事等,发展孩子的语言能力。最后,丰富婴儿的语言经验。语言学习也需要一定的练习,游戏的形式符合孩子的兴趣和心理,通过游戏练习词语的运用,在"玩"中学语言,还可以为胆怯和寡言的孩子提供练习说话的机会。比如,"打电话"的游戏,就可以让孩子用玩具电话练习怎样接电话,怎样与人交谈,怎样与人告别,既掌握了文明礼仪,又发展了语言;家长还可以扮演游戏中的一个角色和孩子对话,让婴儿当"爸爸"或者"妈妈",成人扮演"孩子",让婴儿用语言处理和满足"孩子"的要求,在这个过程中让孩子练习说话;还可以通过故事表演,将静态的故事动态化,锻炼孩子的语言表达和情境表演能力;成人还可以设计专门的听说游戏,让婴儿练习语音、语法、语义和语用。比如,和孩子玩词语接龙游戏,问:"什么动物天上飞?"孩子答:"小鸟天上飞。"问:"什么动物水里游?"答:"小鱼水里游。"再如,玩传声筒游戏让孩子模仿或者重复成人的话语,理解语义,学习语言表达。

(三)培养积极的情绪情感

情绪情感是客观事物与个体需要之间的关系的反映,是人的认识活动的唤起者和组织者,可以引发、保持或减弱其他行为或心理过程。对于0—3岁的婴儿来说,家长应重视以下几个方面的培养:首先,让婴儿体验和辨别各种情绪情感。家长应在科学认识婴儿情绪发展进程的基础上,准确地把握孩子所表现出的每一种情感类型,尊重孩子的情感体验,与孩子形成积极的情感互动,同时允许孩子充分地体验与表达其情绪情感,帮助孩子辨别自己及他人的情绪体验,逐渐学会认识各种情绪情感类型。比如,当孩子做了某件事情,家长可以表达对这件事情的看法和心情:"你能主动把好吃的先给爷爷奶奶吃,妈妈为你感到高兴,你自己是不是也很开心,希望下次你还这样做。""家里有这个玩具,你还要买,不买你就哭闹,妈妈为你感到难过,很伤心,希望下次你不要这样做。"其次,建立和婴儿之间的安全型依恋关系。婴儿的安全感和平稳情绪,很大程度上取决于家庭环境和抚养质量,教养者细心、耐心、满心关怀地对待孩子,能敏感地感知、正确理解孩子发出的信号,并做出及时、恰当的反应,给予孩子积极的情感支持,孩子就能发展对养育者的信任,形成安全型依恋,更好地适应新环境,从而有助于婴儿在与环境互动的过程中进一步获得积极的情绪情感体验,建立基本的信任感,如自由自在、快乐幸福。再次,引导婴儿学会情绪管理。0—3岁的婴儿模仿能力强,家长自己要成为情绪平和的人,面对问题,以一种健康向上的方式,管理自己的情绪,积极解决问题,孩子看在眼里,学在心里。用欣赏的眼光鼓励自己的孩子,让身处其中的孩子产生积极的自我认同,自由、开放地感受和表达自己的情绪,使某些原本正常的情绪感受不因压抑而变质。我们可以通过讲故事、编故事、角色扮演、讨论故事中人物的感觉和前因后果及利用周围的人和事物,来引导孩子设想他人的情绪和想法。从他人的情绪反应中,孩子会逐渐领悟到积极情绪能让自己和对方快乐,消极情绪会给自己和对方造成痛苦,不利于事情的解决。如果孩子在表达情绪与控制情绪之间取得平衡的话,便能以建设性的态度表达强烈的情感,控制对自己、对他人有伤害的情绪表达方式。给孩子自己处理消极情绪的机会,如果可以的话,尽管让孩子有些时间来发发脾气,等他的脾气安定下来之后,再慢慢了解情况和教导他如何处理不快的情绪。教给孩子处理负面情绪的办法,比如:(1)宣泄法,打沙发、打枕头、撕纸等,以破坏性最小、不影响别人的方式发泄情绪;(2)倾诉法,找人聊天、随意画画等。(3)镇静法,数数、深呼吸等;(4)转移法,看景色、听歌、运动等。

(四)建立良好的行为习惯

儿童期是培养良好行为习惯的关键时期,一些习惯的养成,关乎一生的发展,可以从以下几方面着手培养。首先,建立良好的睡眠习惯。睡眠质量是保障婴儿其他活动顺利开展的重要基础,家长应针对孩子的生理特点,保证其足够的睡眠。1—3岁的婴幼儿一天至少有两次睡眠,午睡和晚上睡眠,一般总计12个小时左右。家长还应培养孩子早睡早起的习惯,家长可以在孩子睡觉前以柔和的声音讲故事、轻声唱儿歌,帮助孩子入眠。好的睡眠习惯坚持下来,形成良性循环,将有助于孩子身体保持健康。其次,建立健康的饮食习惯。家长应通过言传身教,让孩子从小懂得什么样的饮食习惯是科学的,是有益健康的,并与孩子一起始终如一地坚持好的饮食习惯,比如饮食清淡,一日三餐按时适度,吃多样化的食物,注意食物间的搭配,少吃零食和油炸、口味重的食物,多喝白开水,少喝饮料,文明用餐等,在这一阶段让儿童形成合理饮食的习惯,有益于儿童一生的健康。再次,培养良好的卫生习惯。有良好的个人卫生习惯和盥洗方法,定时洗脸、洗头、洗手、刷牙、洗澡、换衣、剪指甲,保持服饰和环境的整洁,比如,吃东西前应洗手,从外面玩耍回来要洗手,大小便之前和之后要洗手,触摸不干净的东西后要洗手,打喷嚏用手帕捂住口鼻,不乱扔果皮,不随地吐痰、大小便等,做一个有个人修养和社会公德的小公民。最后,培养良好的沟通与交往的习惯。在确保安全的情况下,让孩子多与人接触,在与不同的人接触过程中练习交往,认识人与人之间的关系,懂得不同人的称呼,知道在各种场合中与人交往。比如,家里来客人了,要主动问好,大人说话时不随便打扰;到别人家做客不随便翻别人家的东西,拿别人给的东西要征得大人的同意并说"谢谢";和小伙伴一起玩耍,要团结友爱,爱护比自己小的弟弟妹妹,还可以邀请小朋友到家里来玩耍,独立接待朋友。孩子只有在直接接触中才能体验到自己和他人的关系,在人际交往中,彼此关心,学会与他人和谐相处。

第四节 3—6岁学前儿童的家庭教育

3—6岁进入幼儿期,通常是儿童进入幼儿园的时期,幼儿身心是在前一时期发展的基础上,在新的生活和教育条件的影响下发展起来的。幼儿的独立性增强,初步产生参加社会实践活动的愿望,以具体形象思维认知世界,游戏成为主导活动,最初的个性倾向开始形成,逐步掌握社会行为规范,为其进入小学进行正规的学习准备了必要的条件。

一、3—6岁学前儿童身心发展的主要特点

(一) 大脑皮层结构日趋复杂化,皮质抑制机能蓬勃发展

3岁儿童的平均脑重为1 011克,7岁儿童的平均脑重为1 280克,占成人脑重的90%以上。学前儿童神经纤维继续增长,额叶表面积明显增加,神经纤维髓鞘化逐渐完成,神经兴奋的传导更加精确。脑电波α波增多并逐渐占主要地位,大脑结构相对成熟,为幼儿的智力活动迅速发展和形成新的、更复杂的行为提供了生理上的保证。皮质抑制机能的发展是大脑皮质机能发展的重要保证之一,3岁前儿童的内抑制发展很慢,4岁起,内抑制开始蓬勃发展,幼儿的兴奋过程比以前增强,睡眠时间减少,清醒时间相对延长,也可以安静地坐在位置上听老师的讲课,集中注意力完成一项活动。但相比较而言,抑制机能还是较弱。"因此,对幼儿过高的抑制要求,如要求幼儿长时间保持一种姿态或集中注意于单调乏味的课业,往往会引起高级神经活动的紊乱。"①

(二) 认识活动以无意性占优势,有意性逐步发展

所谓无意性,是指没有预定的目标,不需要付出意志努力,自然而然进行的活动,比如无意注意、无意记忆、无意想象等,幼儿认识活动的趋势是从无意性向有意性过渡,即逐步发展有目的的、需要付出意志努力的心理活动。

幼儿的无意注意已经相当发达,凡是鲜明、生动、直观、形象、活动、多变的事物以及与他们的经验有关、符合他们兴趣的事物,都能引起他们的无意注意。注意的范围更加广泛。他们对于自己感兴趣的活动(如游戏等)能够较长时间保持注意,而且集中的程度很高,被一件事情吸引时甚至对别的都置若罔闻。有意注意是由脑的高级部位,特别是额叶控制的,额叶的发展比脑的其他部位慢。幼儿期,额叶有了一定的发展,这就为有意注意的发展提供了生理条件。3—4岁的幼儿,有意注意的水平仍然很低,即使在良好的教育条件下,一般也只能集中注意3—5分钟。4—5岁的幼儿,有意注意有了一定发展。例如,知道用手指着图书阅读来加强自己的注意,在无干扰情况下,集中注意的时间可达10分钟左右。5—6岁的幼儿,有意注意有了一定的稳定性和自觉性,他们不仅能根据成人提出的比较概括的要求去组织自己的注意,有时也能自己确定任务,自觉地(用自言自语或内部言语)调节自己的心理活动和行为,使之服从任务。注意集中的时间可延长到15分钟左右。但总的来说,幼儿有意注意尚处在初步形成时期,其发展水平大大低于无意注意。

3岁以后,由于活动的丰富化、复杂化,以及言语的进一步发展,幼儿记忆的水平显著提高,表现在无意记忆、机械记忆、形象记忆继续发展,达到相当高的水平;记忆的意识性、理解性明显提高,记忆的范围继续扩大,记忆保持的时间延长,也逐渐开始采用一定的记忆策略,这表明记忆发生了质的变化。有意识记一般发生在4—5岁,

---

① 林崇德.发展心理学(第三版)[M].北京:人民教育出版社,2018:215.

最初是被动的,成人在日常生活和组织幼儿进行各种活动时,会经常向他们提出记忆的任务。在讲故事前,预先向幼儿提出复述故事的要求,背诵儿歌时,要求他们尽快记住。这一切,都是促使有意识记发展的手段。以后才能逐步自己确定识记的任务,主动地进行识记。年龄小的幼儿在识记时更多地运用机械识记,但是4岁以后的幼儿在记忆过程中能够对材料进行明显的理解性改造,他们在复述故事的时候,不是一字一句地背的,而是进行一些加工,比如用熟悉的词替换一些不熟悉的词,或者加进去一些情节等,说明幼儿的意义识记发展起来。幼儿记忆一般以形象记忆为主,语词记忆不断发展,直观的形象材料要比抽象的原理和词语的材料容易识记,5—6岁的幼儿语词记忆的发展开始大于形象记忆。

幼儿无意想象占主导,有意想象开始发展。有意想象到了幼儿晚期有了明显的发展,在进行想象活动之前,已有了预定的目的和确定的主题,并能克服困难,想象活动按主题进行,这时已不满足于想象过程,而更多地关心想象的目的是否能达到,表现在5—6岁的幼儿能够按照成人的要求进行诗歌创编、故事改编,在绘画之前、游戏之前先商量主题再开展活动等。幼儿再造想象占主要地位,创造想象开始发展。一开始,儿童想象中的形象多是记忆表象的极简单加工,缺乏新异性,会根据外界情景的变化而变化,想象基本上是再现生活中的某些经验或情境。随着言语的发展和知识经验的积累,幼儿出现了创造性想象,开始时,创造性想象还带有再现性和模仿性,但已经能独立地进行想象了。他们可能提出一些不寻常的问题,如:"月亮上能不能荡秋千?"幼儿想象的夸张性占主要地位,现实性开始发展。随着生活经验的积累和认知水平的不断提高,幼儿的想象逐渐趋向符合现实的逻辑性,能够把现象与现实分开,并注意想象符合现实的逻辑性。比如,给孩子们提问:"手帕飘到树上了,怎么办?"3—4岁幼儿回答:"坐飞机去拿!"5—6岁幼儿则回答:"爬梯子去拿!"继续问:"有小朋友说坐飞机去拿,可以吗?""这不可能的,飞机要在天上飞很高的,而且飞机很大的!"

(三) 以具体形象思维为主,抽象思维开始萌芽

幼儿的思维在直觉行动的基础上,展开具体形象思维以及进行初步的抽象思维。具体形象思维就是指幼儿的思维主要凭借事物的具体形象或者表象,而不是凭借对事物本质和内在关系的理解。幼儿还不善于运用概念、判断、推理来论证复杂的事物,对于抽象问题往往困惑不解,因此他们往往需要依靠具体事物作为思维的支柱,对于脱离形象的抽象概念较难处理。比如,孩子刚学习喊人时,如果对他说:"宝宝喊人呀!"他会很迷茫,在被家人反复催促后,才不情愿地喊了一声:"人!"这说明孩子不理解喊"人"这个抽象的字词的意义,必须具体说"叫爷爷""叫阿姨"等。孩子是依靠事物在自己头脑中的形象来思维的,他们的头脑中充满了颜色、形状、声音等生动的形象。比如,说到"大灰狼",他头脑中就会出现故事书中凶恶的样子,说到"公主",小女孩就会产生长发、裙子、皇冠的形象。在解答数学题时,对于"家里现在有你、爷爷、奶奶三个人,等爸爸妈妈下班回到家了,家里一共几个人?"孩子能脱口而出:"5个人。"但问他:"3+2=?"他还要掰手指计算,因为前者在他头脑中形成了直观的形象,

后者只是抽象的数概念。幼儿末期抽象逻辑思维开始萌芽,还带有不自觉性,表现为不能自觉地调节、检验和论证自己的思维过程,不能说出自己是如何进行思考与解决问题的。随着年龄的增长,儿童开始能够对自己的思维过程进行初级的监控,比如,一个小女孩说:"要记住这个谱子,多看几遍,多练几遍,练熟了就能背了!"这个时期的幼儿,思维还有一个显著的特点——自我中心性,即从自我的角度去解释世界,很难想象从别人的观点看事物是怎样的。比如,一个孩子有一个哥哥,当我们问他:"你有哥哥吗?"他很快回答:"有。"接着问:"那你哥哥有弟弟吗?"他也很快回答:"没有。"

(四)语言表达能力迅速发展,从口头语言向书面语言过渡

幼儿期是一生中词汇数量增加最快的时期,先掌握实词,其中最先掌握的是名词,其次是动词,然后形容词,虚词如连词、介词、助词、语气词等,幼儿掌握得较晚。幼儿所使用句子的结构从简单句到复合句,从陈述句到多种形式的句子,从无修饰句到修饰句。3岁前的儿童与成人的言语交流,主要在于向成人提问和回答成人的问题,是一种对话性质的交流,到了幼儿期,幼儿的独立性增加,可以从事更多的活动中,获得自己的体会、经验,在与成人交流中,渴望把自己的体验告诉成人,促进了独白语言的发展,同时连贯语言的比重也逐渐上升。幼儿正处于口语发展的关键时期,在进入学校之前掌握95%的口头语言,基本完成口语学习的任务。其实,儿童在出生后就沉浸在书面语言的环境中,墙壁上各种各样的挂图,到处可见的图书、杂志、报纸,外面的标志、广告,电视节目里的字幕等,儿童很早就表现出对阅读的兴趣和前阅读、前识字、前书写行为,婴儿时期喜欢拿本书翻来翻去,甚至撕书、吃书,都是表达对图书的兴趣;幼儿期拿着书像模像样地读(现编现说),拿着笔画来画去模仿大人写字;学龄前期已经能够自主阅读、认读和书写简单汉字。

(五)道德认知萌芽,由他律开始向自律转化

幼儿已经能理解什么是"对的",什么是"错的",什么是"好",什么是"坏",看图书时爱憎分明,并能做出合乎成人要求的道德行为,有初步的同情心、责任感和害羞、羞愧等,这些都说明幼儿有了道德感,遵守社会规范,学会将道德标准转化为自己的需要。在道德判断方面,幼儿的道德判断还带有很大的具体性、情绪性和受暗示性,依从于成人,在判断行为时,还不能把行为和结果结合起来,常常只看到行为的结果,不注意行为的动机。到了幼儿晚期,儿童开始注意行为的动机和意图,比如,小明去厨房吃饭,厨房的门后有一张板凳,上面放了十个碗,但是小明不知道,他推门进去,把碗都打碎了。小红趁妈妈不在家时自己拿饼干吃,饼干的旁边有一个碗,她拿饼干的时候,把碗给打碎了。幼儿早期的儿童会说小明犯错更重,因为他打碎了10个碗;但幼儿晚期的儿童会说小红犯错更重,她是因为做了坏事打碎碗的,而小明不是故意的。幼儿在道德认知上总体处于他律阶段,即认为规则是万能的、不变的,在评定行为是非时,总是抱着极端的态度,非黑即白,判断行为的好坏根据后果的大小,而不考虑行为动机,单方面尊重权威,遵守成人标准。幼儿晚期的儿童的道德认知开始向自律阶段转化,即认为规则或法则是经过协商制定的,判断行为考虑动机,与权威和同

伴处于相互尊重的关系,能把自己放在他人位置上考虑,判断不再绝对化。但真正达到自律则是儿童进入小学以后。

(六) 社会交往能力增强,由亲子交往向同伴交往扩展

3岁开始,幼儿的社会交往范围不限于亲人之间,不再把家人作为唯一的依靠对象,特别喜欢和小伙伴在一起,乐意与同伴交往,和小朋友一起玩游戏、一起阅读,与同伴的交往比以前密切、频繁和持久。同伴交往的目的往往是游戏,为游戏而交往,游戏变得更加有建设性和合作性,社会技能变得重要起来。对于被拒绝,幼儿会感到不安,但此时同伴关系并不稳固,交往对象容易更换,早期的友谊一般是脆弱、易变的,多半建立在地理位置接近(家住得近,或者在幼儿园位置紧挨着)、有共同的兴趣和喜爱的活动以及拥有有趣的玩具基础上。幼儿表现出和同性伙伴游戏的倾向,已经存在不同的交往类型和同伴关系:受欢迎儿童、受拒绝儿童、受忽视儿童、一般儿童。在同伴交往中,幼儿与同伴分享快乐,满足归属和爱的需要以及尊重的需要,学习如何与他人建立良好的关系、保持友谊和解决冲突,还获得了领导与被领导的经验。

(七) 个性开始形成,性格特征和能力倾向逐步明显

个性是人比较稳定的具有一定倾向的心理活动的总和,主要表现在性格和能力倾向上。幼儿时期是儿童个性形成的关键时期,个性有了明显的表现,如有的好动、灵活、反应快,有的文静、沉着,有的活泼、开朗,有的勤快、能干,有的能和小朋友友好相处,有的霸道任性……在兴趣和能力倾向上,也逐渐展现自己的爱好和特长,在画画、唱歌、舞蹈、乐器、运动、讲故事、计算以及动手操作等方面各有所长。这一阶段幼儿的荣誉感、自尊心也比以前显露,自我意识更加明确,在自我评价上,从依从性评价向独立性评价发展,他们不再轻信成人的评价,从外部行为的评价到对内心品质的评价,从比较笼统的评价到比较细致的评价,从带有主观情绪性的评价到初步客观的评价,并开始以道德行为的准则进行评价。当然,总的来说,幼儿的自我评价能力还是很差,因此,成人要善于对幼儿做出适当的评价,表扬和批评都要具体,对事不对人。

二、3—6岁学前儿童家庭教育的要点

(一) 采用多种手段丰富幼儿的感性知识和语言

幼儿身心发展的特点,决定了他们的想象和思维是在感知基础上产生和发展的,感性知识的数量和质量直接影响着想象和思维的水平。感性知识和表象越丰富、准确,想象就越新颖,思维就越深刻、合理。因此,家长应在各种活动中丰富孩子的感性知识和经验,针对幼儿思维以具体形象思维为主、开始向抽象逻辑过渡的特点,多呈现直观教具和实物等,帮助孩子积累丰富的表象,发展观察力,给孩子提供更多表达自己的机会和环境,促进其想象和思维能力的发展。

语言是思维的工具,幼儿语言的发展水平直接影响想象和思维的发展。儿童在表达自己的想象内容时,能进一步梳理自己的想象活动,使想象活动更加有意义。比

如,一个4岁小女孩画一幅画(见图3-1),刚开始画画时她只是把自己画过的形象放在一起,当画完后,妈妈问:"淘淘,你画的是什么?能编一个故事给妈妈听吗?"她看看图,和自己读过的《幼儿画报》中的故事结合起来,编了如下故事:有一天,一只大公鸡出门散步,头昂得高高,公鸡说:"今天天气不错啊!"突然,它看到了一只肥肥的毛毛虫,"今天运气真是太好了,有这么肥的毛毛虫!"毛毛虫一看是大公鸡来了,马上说:"一二三,变变变。"毛毛虫变成了苹果屋,大公鸡很惊讶:"刚才我还看见肥肥的毛毛虫,怎么就变成苹果屋了呢?"毛毛虫偷偷笑着溜走了。最后该幼儿还给故事起了个很有意思的名字——《毛毛虫变变变》。

图3-1 小女孩的画

发展幼儿的抽象逻辑思维,必须通过形象化的语言帮助孩子理解,孩子也通过语言帮助自己思考,如一个6岁的孩子在做"9+3=?"时,掌握了凑10的方法,在开始进行计算时,通过自言自语帮助解题:"9要凑10,需要1,它就问3借了一个1,3借了一个1给9后还剩下2,所以9+3=12。"许多研究表明,幼儿概括水平较低,与缺乏感性经验有关,与缺乏相应的概括性的语词也有关,因此,在日常生活和教育活动中,家长要不断丰富孩子的词汇,帮助孩子正确理解和使用各类概念,促进思维能力的发展。

(二)带领幼儿多进行绘本阅读

在图画书阅读过程中,除了可以发展幼儿的语言能力,还能促进幼儿的观察力、想象力、思维能力、艺术审美能力、情感态度、社会性等的发展。优秀的儿童绘本都展现了作者和画家丰富的想象力,尤其与儿童的心灵相契合,如安东尼·布朗的《我爸爸》《我妈妈》,透过孩子夸张的想象,塑造了可爱、丰富的爸爸、妈妈形象;作者莫里斯·桑达克把《野兽出没的地方》看成是孩子们玩的一个幻想游戏,以平衡内心的恐惧;《纽约时报》的一篇书评说佩特·哈群斯的《母鸡萝丝去散步》是"一出洒满阳光的喜剧"……看绘本、读杂志、听故事,向儿童展示了现实之外的一个丰富多彩的世界。

阅读多的儿童其想象力、思维能力都会有所提升,如上文介绍的根据一幅画创编一个故事——《毛毛虫变变变》的小作者就是很喜欢阅读的小女孩,妈妈介绍,小女孩最喜欢读故事、演故事,一方面加深了她对作品内容的理解,另一方面也促进了想象力、创造力、表现力与语言表达力等的发展。很多研究人员通过"错误信念"的实验(即孩子能否区别自己的观点和别人的观点,体会故事中人物的动机与想法),发现孩子要到4周岁才能建立心理理论,而这个小女孩在3周岁左右就已经建立,她能很好地揣摩故事中人物的心理,也能完成一些简单的任务。儿童在经历了种种图画故事"人生"以后,就会变得更具想象力,更能了解未知的事物。所以松居直先生才会断言:图画的形象决定了儿童想象力的质量。图画书是想象力的一个重要的起点。

在进行绘本阅读时,孩子需要调集储备的知识,运用已有的经验,发展全新的策略,才能将绘本中的内容完全消化吸收。因此绘本阅读是一个复杂的学习行为和心理过程,学龄前儿童正在发展中的思维会在阅读时受到许多影响。厉力(2013)[①]通过实验研究发现,绘本阅读能促进儿童的综合思维能力的发展,为了达到读懂绘本的目的,儿童就必须动用观察、分析、综合、概括、抽象、比较、具体化、系统化等一系列思维能力,这些能力需要经过锻炼才能熟练运用,长期的绘本阅读使这些能力得到逐步强化。关于亲子阅读的开展,我们在第五章详细讲解。

(三)鼓励幼儿参与各种游戏

游戏是幼儿最喜欢的活动,游戏能促进幼儿想象力的发展,有助于培养幼儿思维的变通性、流畅性和独特性。孩子最喜欢游戏,渴望游戏,这是由他们的年龄特点决定的。他们在游戏中学习,并认识周围的世界,他们在游戏中快乐,在游戏中探索,在游戏中身心健康发展,儿童与游戏是紧密联系、密不可分的。家长要为孩子提供玩具和游戏材料,自制游戏材料,动手又动脑;家长要带孩子到大自然中体验游戏的快乐,亲近自然,以游戏的方式探求大自然的奥秘,热爱自然;家长要具备一颗童心,创造条件和孩子一起玩,一起成长,做孩子的玩伴……关于亲子游戏的开展,我们在第五章详细讲解。

(四)培养幼儿的规则意识

家庭是幼儿从"生物人"向"社会人"过渡的第一个场所,也是促进幼儿社会化的重要场所,为了促进幼儿的社会性发展,家长需要对幼儿进行一定的规则教育,培养幼儿的规则行为。在家庭中,家长可以采用一些灵活多样的方法,积极引导幼儿树立规则意识,锻炼规则执行能力,养成规则行为。首先,家长通过榜样示范,帮助幼儿建立规则意识。爱模仿是孩子的天性,家长要为孩子树立正面、积极的榜样。陈鹤琴在《家庭教育》一书中提出:"既然幼儿喜欢模仿,所以当父母的不但要以身作则,为其树立优良的榜样,而且要创设环境以支配幼儿的模仿。"[②]比如,父母与孩子外出时遵守

[①] 厉力.绘本阅读对学龄前儿童思维影响的研究[D].杭州:浙江理工大学,2013.
[②] 陈鹤琴.家庭教育与父母教育[M].上海:上海人民出版社,2016:32.

交通规则,孩子就会对交通规则熟记于心;外出旅游时为孩子树立排队上车、不乱扔垃圾、爱护公物的榜样,孩子就会学习自觉遵守旅游规则,学会做一个文明的游客;家长平时扔垃圾时分类投放,孩子就会形成环保意识,自觉遵守垃圾分类投放的规则。其次,家长可以寓规则行为培养于游戏之中。游戏是孩子最喜欢的活动,游戏本身也有内在的规则,孩子在愉悦的游戏活动过程中,能够充分发挥其自主性和积极性,把在游戏中感知和体验的社会生活的各种外在规则自觉内化,从而形成良好的规则行为。家长在陪伴孩子游戏的过程中,要注意对孩子进行合理的指导,不包办游戏规则的制定,也不剥夺孩子对游戏规则的体验,游戏规则一旦制定,就不要轻易改变。在游戏过程中,家长对于孩子遵循游戏规则的表现要给予及时的表扬和鼓励,游戏结束后对孩子在游戏中的表现进行评价。再次,家长要合理评价幼儿的规则行为。家长在对幼儿的规则行为进行评价时,要具体描述出要评价的规则行为是什么,对幼儿的规则行为进行具体的评价能够让幼儿明确被表扬的原因和被批评的原因,不要总是笼统地说:"你真棒!""你怎么可以这样?"而应该这样陈述:"今天,你自己把饭菜都吃完了,妈妈真为你高兴,希望你下次做得更好。""和小朋友一起玩的时候,不可以欺负别人,你刚才推了妹妹,妈妈觉得你应该不是故意的,下次不能再出现这样的行为。"长此以往,这些由于外部动机而产生的行为会渐渐转化为幼儿内化的规则行为。最后,家长可以让幼儿参与规则的制定,并进行适当的引导。营造充满爱的氛围并和孩子一起制定规则,而非教育、要求或为了自己的面子强定规则。年龄小的孩子表达能力虽然不强,但感受力很强,家长真正带着爱意、出于孩子能更好地与人相处而进行的规则说教,他们更易于接受。在家里可以请孩子当小老师,由孩子自己制定规则,家长进行配合,激发孩子遵守规则的兴趣。在制定规则条约时,询问幼儿的想法,在孩子意愿的基础上加以引导,孩子会觉得被尊重了,从而更愿意去遵守规则。

(五)激发幼儿的个性潜能

孩子今后的成绩和成就,不仅取决于他的智力发展程度,还取决于他是否有良好的个性品质,如爱好、兴趣、情感、恒心、进取心、自信心、自制力和事业心等。因此,要抓好孩子个性品质的培养。

第一,家长要引导幼儿树立正确的价值观、人生观。家长对孩子独立的要求应该珍惜和保护,在他力所能及的范围内,多给他一些锻炼的机会,家长在一旁给予帮助和鼓励,并逐步对他提高要求,还可以适当设置一些困难让他去克服,使他学会努力去克服自己内在和外在的困难,坚持进行某项活动或完成一定的任务,这样,可以培养他的意志力、抗挫能力和良好的性格。又如,别人家的孩子有漂亮的灯笼,家长可以用家里的盒子、纸张、小棍子、彩线自制灯笼,并让孩子参与到制作中,同时告诉孩子,别人都是花钱购买的现成的灯笼,但我们自己做的灯笼可是独一无二的,我们通过自己的双手做的灯笼更有意义。家长可以通过这种引导方式让孩子知道自己的劳动所得的才是最好的,引导孩子从另一个角度看待问题,进而形成正确的价值观。

第二,家长要观察了解幼儿的喜好与天赋,创造条件培养其兴趣特长。家长要做个有心人,在日常生活中注意观察孩子喜欢什么,在哪些方面比较敏感,如有的孩子一听到音乐就能跟着节奏扭动身体,有的孩子喜欢收集瓶瓶罐罐做些小实验,有的孩子喜欢涂涂抹抹……从这些地方就可以发现孩子的喜好,只要是有益的都可以好好培养。有条件的家长要带孩子接触各种艺术或工作门类,注意兴趣的广泛性,多让孩子接触各种事物,开拓孩子眼界,再看看他喜欢什么,也可以带孩子找专业人员进行"测试",看看孩子在哪些方面具备一定的天赋,在此基础上可以创造条件对孩子进行专门培养。如果家长本身具有某方面的兴趣或特长,可以重点在这方面引导孩子。比如,一位妈妈是学音乐出身的,每年都要带领女儿一起欣赏十几场音乐会,慢慢地女儿也喜欢上音乐。后来根据女儿的兴趣,让她跟着老师学习小提琴,学的过程中孩子很投入,效果也很好。这种引导容易成功,因为一方面可能孩子有遗传基因,另一方面有家庭环境的支持。退一步说,即使孩子在技能技巧方面没有什么特长,那么培养孩子有一种好的性格恐怕也是单一掌握技能技巧无法比拟的、终身受益的"特长"。比如,教导孩子认定的事就认认真真地去做,以后就能够把简单的事做到极致,恐怕远远好于那些被逼着学钢琴、学吹萨克斯而最终放弃的孩子。

第三,家长要善于倾听幼儿,注重关爱、鼓励和支持。虽然孩子年龄小,但是他们仍然有强大的自尊心,家长应该像对待成人一样,尊重他们的需求和权利,时刻关心幼儿成长中的行为、情绪变化,循循善诱,遇事采取民主协商的方式,让孩子感受到关爱、鼓励和支持。正如多萝茜·洛·诺尔特在《学习的革命》一书中提到的:"如果一个孩子生活在批评中,他就学会了谴责。如果一个孩子生活在恐惧中,他就学会了忧虑。如果一个孩子生活在鼓励中,他就学会了自信。如果一个孩子生活在忍耐中,他就学会了耐心。如果一个孩子生活在表扬中,他就学会了感激。如果一个孩子生活在认可中,他就学会了自爱。如果一个孩子生活在承认中,他就学会了要有一个目标。如果一个孩子生活在分享中,他就学会了慷慨。如果一个孩子生活在友爱之中,他就学会了这世界是生活的好地方。如果一个孩子生活在真诚之中,他就会头脑平静地生活。"[①]所以,采取民主、平等的教育方式,会使孩子形成良好的个性品质。

(六) 做好幼小衔接工作

幼小衔接不仅仅是幼儿园的事,家庭也责无旁贷,幼小衔接不是简单、片面地对小学知识的提前学习,而是对上小学所需的学习品质、社会交往能力、规则意识、情绪情感等方面的培养和准备。科学做好入学准备,家长可以从以下几个方面入手。

第一,培养孩子良好的生活习惯和学习品质。良好的习惯和积极的学习品质能使孩子受益终身,也是进入小学所必需的。在生活习惯的培养方面,家长应帮助孩子规律作息,养成早睡早起、适当锻炼的好习惯,保证每天 9—10 个小时的睡眠和充足的营养。家长还需要特别关注孩子独立性的培养,给予孩子适当的劳动机会,比如洗碗、叠衣服、整理自己的物品等。在学习品质的培养方面,家长首先应认识到学习品质的内在要素——好奇心、主动性、专注力、想象力和创造力的重要性,然后运用一定

---

① [新西兰]戈登·德莱顿,[美]珍妮特·沃斯. 学习的革命:通向 21 世纪的个人护照[M]. 顾瑞荣,陈标,许静,译. 上海:上海三联书店,1997:76.

技巧促进孩子学习品质内在维度的全面发展。比如,家长可以向孩子描述小学的美好图景,激发孩子对小学生活的渴望与向往;根据孩子注意力发展的特点,引导孩子玩拼搭、做手工、学画画,循序渐进地培养其坚持性和专注力;抓住生活中的小事对孩子进行启发诱导,使孩子对某个问题能想出多种答案,用不同的方法去解决同一个问题,并对这些答案、方法进行比较,找出最恰当的答案或者方法,培养其想象力和创造力等。

第二,端正心态,不盲目报班或自己进行小学化教学。家长切不可被大肆贩卖焦虑的校外培训机构迷惑而盲目报班、报网课,要知道科学的幼小衔接绝不是一个时间点,而是一个贯穿整个学前教育和小学教育初期的动态过程,突击式的"小学化"知识技能训练不仅会给孩子造成课业负担,还有可能抹杀他们的学习兴趣,甚至在日后产生"三年级效应"。我们曾对大班幼儿做过访谈,报了太多兴趣班的孩子,尤其是上了幼小衔接拼音、奥数班的孩子,对上小学反而产生了抵触。孩子们说兴趣班的老师很凶,写不好作业就要撕本子,这让他们在潜意识中觉得小学老师也是这样的,而且兴趣班的作息与小学一样,只有上课和下课,老师与幼儿之间缺少亲密的沟通,这让孩子们觉得无法接受。

第三,努力做到家、园、校合作共育。"幼小衔接期所在的各主要生活场所间建立动态联系和合作关系",①家长要加强与幼儿园的沟通交流,家长在幼小衔接中不应该只是一个被动的辅助者,而应成为一个真正的参与者,积极跟幼儿园老师交流互动,及时了解这个时期家庭教育的有效手段。同时,家长要对幼儿园和小学进行区别,如对学习环境的改变、人际关系的变化、作息时间的变化、教学方式的不同等有深入的了解,为孩子创设良好的学习环境,提前考虑到孩子入小学后可能会遇到的问题,并进行针对性的衔接,确保孩子进入小学能很好地适应。孩子进入小学后家长要多与其沟通,了解孩子学习、生活、人际交往等方面的现状,对孩子有困惑的地方积极耐心地讲解,多陪伴孩子,多鼓励孩子。

本章小结

本章主要介绍了优生与胎教的意义和方法,以及从胎儿至 6 岁这一成长时期中几个特殊年龄阶段的发展特点以及各个年龄段的家庭教育要点。儿童的身心发展既有连续性,又有阶段性,阶段性表现在几个阶段具有明显的发展特点,不同的特点就意味着教育的侧重点不同。所以,通过本章的学习,我们要知道学前儿童0—6岁几个阶段的发展特点,掌握各年龄段的家庭教育要点,更加科学地开展家庭教育。

---

① 马君谦.复杂系统观下幼小衔接问题的本质探究[J].学前教育研究,2019(7):17.

思考练习

1. 什么是优生?
2. 什么是胎教?胎教的方法有哪些?
3. 学前儿童各年龄阶段的发展特点是什么?
4. 学前儿童各年龄阶段的家庭教育要点是什么?
5. 如何做好幼小衔接工作?

拓展阅读

1. 王燕.心理学教你做父母1:3—6岁儿童家庭养育指导[M].广州:广东教育出版社,2017.

主要内容:21世纪的今天,年轻父母的教养观念已经从"学业成绩最重要"逐渐转变为"全面发展",塑造孩子健康的身心状态也开始成为新一代父母培养孩子的首要目标。本书分为三部分:第一部分结合心理学基本理论,首先阐述童年阶段来自照料者的关爱对儿童社会性大脑发育的重要意义,接着介绍亲子依恋的相关心理学知识,最后介绍3—6岁儿童的心理发展特点及行为表现。第二部分主要针对父母在养育幼儿园阶段孩子时的常见问题,从心理学的专业角度进行答疑解惑。第三部分采用案例的形式,描述了幼儿园阶段儿童常见的行为问题以及父母应该采取的态度和对策。

2. 马君谦.复杂系统观下幼小衔接问题的本质探究[J].学前教育研究,2019(7):3-20.

主要内容:本研究借鉴生态系统理论和社会历史理论,建立起有关儿童学习与发展的复杂系统观,对一位澳大利亚华人孩子在幼小衔接期遇到的游戏活动变化问题进行分析,结果发现幼小衔接问题往往没有表面看起来那么简单,它通常源于儿童和其他利益相关者所在各微观系统之间或各微观系统内部不同因素之间的差异碰撞,这些碰撞是否上升为冲突,又取决于利益相关者所在系统特点、过往经历、性格、需要、兴趣等多方面主客观因素的交互作用。因此,看似相同的幼小衔接问题可能蕴藏着来自不同利益相关者之间的冲突及其对冲突的不同处理方式,从而影响问题性质和儿童学习与发展轨迹。这对幼小衔接期儿童学习和发展的研究及教育实践具有以下重要启示:首先应重视建立儿童在该时期所处各主要生活场所间的密切联系,尽可能多地收集儿童在各主要生活场所中的学习与发展信息;完整地构建儿童在幼小衔接期所处的系统变化,据此分析和确定儿童遇到的具体问题,然后联合各主要生活场所的力量,运用各主要生活场所的资源,共同解决问题,从而帮助儿童更好地度过幼小衔接期。

第四章 不同家庭背景下的学前儿童家庭教育

【章节导入】

近些年来,随着经济社会的发展和变化,人们的价值观、婚姻观、教育观都发生了很大的改变,致使儿童生活的家庭出现了各种各样的类型,原有的完整家庭格局被打破,出现了大量备受社会关注的不同形态的家庭,例如单亲家庭、留守儿童家庭、流动人口家庭、重组家庭等。家庭形态的变化对儿童的教育提出了新的课题,家庭教育除了要关注一般家庭中的儿童教育问题,同时还要关注不同家庭背景下的儿童家庭教育。本章就当今社会普遍关注的几种不同类型家庭的学前儿童家庭教育进行阐述。

【学习要点】

了解:不同类型家庭对学前儿童身心发展的影响。
理解:不同家庭背景下的学前儿童家庭教育中存在的问题。
掌握:不同家庭背景下的学前儿童家庭教育的对策。

第一节 "全面二孩"背景下的学前儿童家庭教育

[案例]

乐乐的妈妈怀了二胎后,问乐乐:"现在妈妈的肚子里住了一个小宝宝,你希望是个弟弟还是妹妹?"

乐乐:"两个都不想要! 不喜欢妈妈再生一个宝宝!"

妈妈:"但是妈妈肚子里已经有小宝宝了,那怎么办呢?"

乐乐:"那样的话妈妈就把小宝宝送给别人吧!"

妈妈:"送走小宝宝就剩你自己了,谁陪你玩呀!"

乐乐:"我可以自己玩!"

妈妈:"你为什么就不想有个弟弟或妹妹呢?"

乐乐:"弟弟妹妹肯定会跟我争玩具,而且他肯定会把我心爱的玩具弄坏的!"

怀孕期间妈妈问过乐乐几次类似的问题,乐乐都没有松口说同意妈妈生弟弟妹妹,但也没有非常激烈的哭闹反应,只是偶尔有些不耐烦。

弟弟出生后,乐乐很不喜欢弟弟:"我感觉家里所有人都不喜欢我了,他们都喜欢小弟弟,干什么事情都要我让着他,做什么事情都是我的错,明明是他的错也要说是我的错,凭什么什么事情都要让我让着弟弟……"有一次家里把一件小衣服给弟弟穿,事先没有经过乐乐的同意,乐乐很生气,说要是再拿他的东西,就把所有的东西都撕碎或者砸碎。爸爸听后很生气,说他小小的年纪就这么自私,爸爸还对乐乐说:"如果再这样,我就打死你!"乐乐马上回到:"你们打我,我就打弟弟!"

随着"全面二孩"政策的出台和实施,我国很多家庭都有了生养"二孩"的计划,"二孩"的出生为家庭带来了活力,也给家庭教育带来了挑战。

一、"全面二孩"政策对学前儿童家庭教育的积极与消极影响

从微观层面来讲,"二孩"的到来,对于家庭教育既有有利的一面,也会带来一些负面的影响,面临的问题也是复杂的。

(一) 有助于减轻独生子女家庭的高压力,但也可能带来质量危机

"全面二孩"的实施可以使更多的家庭免遭"失独家庭"之痛,还可以减轻子女的养老负担,有利于家长得到子女更好的照顾与陪伴。① 两个孩子有事可以一起商量,互相扶持,共同赡养父母,压力减轻。

在二孩家庭中,生育对婚姻质量、生活质量产生的影响还是存在的。一方面,二孩的出生使夫妻双方投入在彼此身上的时间与情感关注减少,同时使一些家庭产生较高的经济压力以及家务压力;另一方面,同胞关系的诞生、父母角色内涵的深化以及祖辈参与教养等情况又可能使家庭中的人际关系进一步复杂化。这些问题可能会导致夫妻之间出现重心转移、互动减弱以及意见冲突等情况,从而影响婚姻关系的发展。同时,夫妻冲突与摩擦又为幼儿解决同胞冲突提供了不良范例,影响亲子关系及同胞关系的发展。②

(二) 有助于缓解家长的过高期望,但也可能带来教养冲击

独生子女家庭,父母往往把期望都寄托在一个孩子身上,对孩子过高的期望,也使孩子承受了巨大的心理和精神压力,影响了身心的健康成长。在多子女家庭中,家长的心态不会再走极端,能以比较平和的心态去教育子女,给予孩子合理的期望和要求,更好地与孩子共成长,使孩子们身心和谐、自然地发展。

家庭之中增添一个新成员,不仅大孩要学习适应新的家庭结构,父母也要处理新的家庭关系,特别是两个孩子之间的关系与矛盾。年轻的父母大多也是独生子女,现在上有老,下有小,抚养和教育经验又很少,所以,面对两个孩子的教养问题,就显得难上加难。有的爱而不均,引起孩子之间的矛盾;有的忍痛割爱,实在忙不过来,只能

---

① 毛乐,曾彬,李阳.基于"全面二孩"情况下的家庭教育误区及对策[J].教育导刊(下半月),2016(6):90.
② 余洁."全面二孩"背景下的家庭教育[J].教育导刊(下半月),2020(4):76.

一个养在身边,一个在老家由老人抚养,兄弟姐妹的手足之情谈何培养;有的只生不养,把孩子都交给祖辈父母抚养,再大一点就直接送幼儿园,由老师管教,家庭教育责任旁落……教养方式的不到位,导致家庭教育出现偏差。

(三) 有助于促进儿童的社会性发展,但也可能带来亲子矛盾

家庭是儿童社会交往的第一个场所,"二孩家庭"中的家庭成员较多,当孩子能处理好与兄弟姐妹的交往问题,再推己及人,走出家庭,进入幼儿园、学校、社会后,他们的社会性发展也会更加顺畅。二孩家庭有利于培养孩子互助、合作、分享、谦让、同情等亲社会行为,帮助孩子建立良好的人际关系。家庭之中,"大孩"学习关怀和照顾弟弟妹妹,使其更有责任感,"二孩"也可以从哥哥姐姐身上学习尊重、服从和关怀,两个孩子相互分享,相互合作,相互学习,良性竞争,全面发展。

二孩出生后,家人的重心自然会转移到二孩身上,可能对大孩的关注会减少一点,忽略了大孩的心理变化和情感需求,部分家庭会出现"偏宠偏爱",由当初的"生个弟弟妹妹陪你一起玩"变成了现在的"你是哥哥(姐姐),要让着弟弟(妹妹)",好吃的先给小的,好玩的先给小的,在这种情况下,大孩就会采取行动向父母抗议,比如采取一些排斥弟弟妹妹的行为,以引起父母的关注,但是在父母眼里就是"不懂事""调皮捣蛋",造成"亲子矛盾",父母与大孩的关系疏离,影响家庭关系的和睦。

(四) 有助于消解长子女的孤单感,但也可能带来情感失衡

随着年龄的增长,独生子女往往觉得孤单,小的时候没有人一起玩,长大了没有人分享喜悦与烦恼,父母工作繁忙,亲子互动的时间少,现代居住条件又比较封闭,孩子与小区里同伴一起玩耍的机会也比较少,有不少孩子被扔给"电子保姆"。随着"全面二孩"政策的实施,一些父母选择了生养二胎,长子女就有了伙伴,不再孤单和寂寞,两个孩子共同成长,长大后还可以互相照应,弥补了父母陪伴时间不足的缺憾,兄弟姐妹之间的人际交往增多,自然就会减少使用电子产品的时间。

但是,因为"二孩"年龄小,往往需要家长更多的关心与照料,这使得原先被当作"独生子女"带大的长子女被剥夺了家庭中的核心地位,巨大的心理落差会让大孩缺乏安全感,原本属于自己的爱被分给弟弟妹妹,情感失衡,甚至产生嫉妒情绪,引发同胞竞争。所以,自从"二孩政策"放开后,媒体中就陆续曝出负面新闻:有 3 岁哥哥争宠火烧弟弟的;有因为不喜欢弟弟妹妹,离家出走的;在某地甚至出现大孩不能接受弟弟妹妹的到来,纵身从高楼跳下身亡的悲剧……所以,大孩的性格、角色、心理上的转变应该要得到重视和关注。

二、"全面二孩"政策背景下家庭教育的对策

(一) 合理规划,保证家庭的生活质量

1. 优生优育,规避生育风险

"全面二孩"政策背景下,家庭有自主选择权,可以生二孩,也可以不生,生的前提是一定要做到优生优育,和生养一胎一样,做好生育咨询工作,尤其当母亲年龄偏大

时,高龄生育的风险要请专业的医学人士提供科学的评估,做好孕前检查与孕期保健,定期产检,有效规避生育缺陷二孩的风险。

2. 盘点开支,确保教养投资

调查发现,不想生育"二孩"的父母近八成是因为"经济不允许",其次是由于"没精力照顾"。① 现代社会的生活压力增大,孩子从出生到求学到就业到结婚生子,作为父母要付出的太多太多,不仅需要投入物质资本,还需要更多的时间和精力。首先,需要盘点生养二孩的具体开支,对二孩降生所增加的经济支出与教育成本有初步预期。其次,合理评估自己的家庭经济状况,既不能因为生育二孩影响家人整体生活品质与大孩的教育投资力度,也不能因为经济原因而把其中某个孩子交给老人照看。最后,制定合理可行的理财计划,为养育二孩提供源源不断的经济支持与动力。尤其要注意增加家庭紧急备用金的额度,因为孩子在刚出生的几年里花销较大。②

(二) 转变观念,重视教养中的因材施教

1. 理智施爱,爱而不娇

家中有了两个孩子之后,父母将所有的注意力和希望都集中在一个孩子身上的现状自然会得到改变,父母要学会树立"理智施爱,爱而不娇"的家庭教养观念。正如前文所述,二孩家庭更容易也更要注意培养孩子独立自主和合作分享的能力,家长不包办、不代替,鼓励孩子们敢于面对困难,独立完成力所能及的事情,同时也学习合作分享,在手足合作分享中体验快乐。

2. 承认差异,因人而异

每个孩子都是这个世界上独一无二的存在,这种差异不仅表现在年龄、性别上,更表现在气质、性格、爱好、认知风格上,所以,不要在两个孩子之间做比较。过多的比较,只会产生负面效应,让孩子们产生心理隔阂。家长要正面接纳孩子们的所有,切不可将大孩的教养经验直接复制到二孩身上,应实施有针对性的教养,从每个孩子擅长的领域培养兴趣,激发潜能,因材施教,欣赏每个孩子的闪光点。

(三) 营造氛围,努力做到均爱勿偏

1. 一视同仁,公平教育

从一孩家庭到二孩家庭转变的过程中,父母要致力于为孩子提供温暖和谐的家庭环境,让孩子们享受平等的家庭教育,培养出两个健康快乐的孩子。"首先,父母要摒弃'男尊女卑''以大让小'的错误观念。现代社会的发展表明,女性和男性一样拥有赡养老人的责任与义务,作为平等的个体,她们理应享有父母同等的关爱与照料。同时,年龄大小也不是决定被爱需求的反向指标,父母不能要求大孩在二孩出生后获

---

① 郑益乐.学前儿童家庭教育[M].西安:西安交通大学出版社,2016:159.
② 毛乐,曾彬,李阳.基于"全面二孩"情况下的家庭教育误区及对策[J].教育导刊(下半月),2016(6):91.

得心理上的完全成熟与独立,要允许且重视大孩在情绪上的波动。其次,父母要在行动上践行公平性原则。无论是买礼物、对幼儿提出纪律要求、安排幼儿承担家务,还是陪伴幼儿游戏都应该做到一视同仁。此外,在面对幼儿之间出现的冲突时,父母可以放手让幼儿自己去解决,也可以采取以理服人、公平决断的方式进行干预,但绝不能出现偏听偏信、袒护一方的行为。"①

2. 严慈相济,尊重理解

评定父母的教养类型,可以从"控制"和"爱"两个维度出发,划分四种类型的父母,分别是权威型父母、专制型父母、娇宠型父母和冷漠型父母(见图4-1)。理想的父母是权威型的父母——控制(对孩子提出符合年龄的成熟的要求)+爱(关心、信任和尊重、理解孩子)。② 所以,父母既要细心呵护两个孩子,也要对两个孩子提出适当的、合理的要求和期望,严慈相济方能得良子。否则,等孩子们形成不好的习性,再去纠正,就难上加难。两个孩子在不一样的年龄,其特征也存在差异,主要体现在孩子的思维以及行为方式方面。所以,父母应该认识两个孩子的不同年龄特征,基于此对孩子进行引导,提出相应的要求,跟随孩子的成长,不断对教养方式进行调整和优化。同时,家长要理解孩子对于同胞关系的反应,循循善诱,促进两个孩子之间同胞关系的接纳和发展。

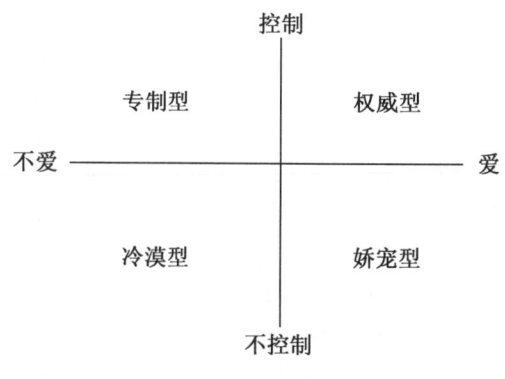

图4-1 父母的教养方式③

(四)协调关系,引导孩子体悟手足之情

1. 积极引导,化解冲突

面对二孩的来临,大孩会产生一定的心理变化。在大孩心理发展的调适期,家长应尽量向大孩倾注与以往一样的爱,使大孩切实地感受到被爱、被关注。父母给予的爱可以让大孩产生一种内心的平衡感和安全感,在形成这种情感平衡之后,才有可能培养其对弟弟妹妹的责任心。只有当家长对大孩施加了正确科学的家庭教育,才能

---

① 余洁."全面二孩"背景下的家庭教育[J].教育导刊(下半月),2020(4):78.
② 刘金花.儿童发展心理学(第三版)[M].上海:华东师范大学出版社,2013:209.
③ 刘金花.儿童发展心理(第三版)[M].上海:华东师范大学出版社,2013:209.

让其最大限度地树立起责任心,当大孩有了责任心和爱心,大孩与二孩甚至与其他孩子的相处问题将会得到更好的解决。孩子之间的竞争也是难免的,当竞争出现时,家长要做的不是将其立即平息,而是要利用机会,正确引导孩子如何分辨良性竞争与恶性竞争,培养孩子在平等、公平的基础上进行良性竞争的意识,在良性竞争中不断提高自己,在竞争的同时,要让他们懂得如何解决争端,并在解决的过程中懂得人与人之间的一些相处之道。

2. 建立规则,培养感情

建立平等相处的规则,是培养手足之情的根本。"你是哥哥(姐姐),必须让着弟弟(妹妹)",典型的不利于两个孩子是非观念建立以及感情培养的教导。应该建立"对事不对人"的公平相处的原则,凡事讲道理,年幼并不是获得照顾的借口,年长也不是无限付出的理由。父母可以借助孩子最喜欢的活动方式——游戏,在亲子游戏中帮助大孩积累与二孩相处交往的知识经验、社会规范与行为方式,鼓励大孩成为二孩的学习榜样,促使大孩严格要求自己,发挥在弟弟妹妹心目中的示范作用,也可要求二孩学习大孩的优点。家长应致力于为两个孩子提供温暖和谐的家庭氛围,让孩子享受亲情,发展同胞亲密关系。

第二节 独生子女的学前儿童家庭教育

[案例]

轩轩已经是中班的孩子了,可是每天到了幼儿园还是会哭闹,家人走后,他就紧紧抱着他的杯子,老师尝试让他把杯子放到一旁的桌子上,和小伙伴一起游戏和学习,他就是不肯放手,然后又哭了起来。轩轩是家里的"独苗苗",又是一个男孩子,家里很宠,养得特别壮实,平时缺少锻炼。出门游玩时,爷爷都舍不得让孙子多走路,这么大了还抱着到处走。老师和家长沟通后,效果也不佳。家人过分的宠爱,导致轩轩的自理能力和学习能力都很差,社会性发展滞后。

独生子女政策是我国在特定时期制定的特定政策,从 20 世纪 70 年代末 80 年代初推行该政策,独生子女日益增多,第一代独生子女已经步入中年,并没有像一开始人们所担心的,成为"垮掉的一代",他们依然是社会的中坚力量,所以,"独生子女"本身并不是问题,而是家庭教育出了问题。时代发展到今天,从推行"全面二孩"政策,到一对夫妻可以生育三个子女,但是出于种种考虑,还是有相当一部分家庭选择只生养一个孩子,因此,针对独生子女这种特异性,怎样扬长避短、促进学前儿童身心健康成长,是家庭教育需要面对的一个重要课题。

一、独生子女家庭的学前儿童容易出现的问题行为及原因

(一) 有点任性——"犟"

很多独生子女都会表现出任性、固执、脾气犟、放任自己,稍不如意就会发脾气,

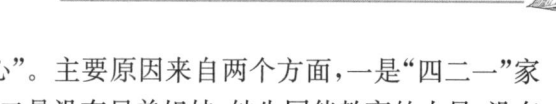

甚至有一种"不达目的不罢休"的"决心"。主要原因来自两个方面,一是"四二一"家庭过多的爱,缺少了必要的成熟要求;二是没有兄弟姐妹,缺失同伴教育的力量,没有互相学习、互相制约的机会。

(二) 有点依赖——"靠"

对父母、家庭、环境的过分依赖,是独生子女的通病,严重的甚至成年后也不愿意工作,过着"衣来伸手,饭来张口"的寄生生活,成为一批"啃老族"。根据埃里克森的人格发展理论,到了第二个阶段(1—3岁),基本的自主感对基本的羞耻感与怀疑感,发展自主性,儿童感到自己的力量,也乐意完成一些力所能及的活动,如果父母对儿童的行为限制过多,这也不能做,那也不能去,剥夺了儿童自己锻炼的机会,会让儿童产生一种自认为无能的怀疑感,久而久之,遇到困难就退缩,遇到问题就找家长,养成很大的依赖性,最终可能还会丧失自我。

(三) 有点骄纵——"横"

独生子女受宠习惯后,理所当然地享受别人的关心和爱护,为人处世都是"以自我为中心",什么事都要顺着他,不知道如何去关心、爱护他人,更不懂得助人为乐、谦虚合作,这使他们不能感受到关心别人、换位思考也是一种责任。与此同时,他们身上还带有娇气,适应力差,意志薄弱,有畏难情绪,容易半途而废,归结原因,还是娇生惯养的结果。

(四) 有点不合群——"孤"

独生子女从小生活在没有兄弟姐妹的家庭环境中,缺少同胞共同生活的经验,如果又很少参与小伙伴的游戏与学习,环境单一、活动单调,就很容易形成孤僻性格,不会处理自己和他人的关系,不善于和别的儿童友好相处、团结合作,只关心自己等。究其原因,主要是一些家长担心自己孩子与他人交往会受到不良环境的影响,过多地干涉、限制孩子的交往活动,把孩子关在家里,造成孩子离群索居,既不会合作,又缺少竞争,从而导致独生子女陷入人际交往低能的困境。

二、独生子女学前儿童家庭教育的误区

(一) 家庭教育目标定位不当

每一种教育都要有一个目标,家庭教育的目标就是指把孩子培养成什么样的人,也是对教育结果的一种规定。独生子女家长在孩子的培养上,有的教育目标模糊,认为"树大自然直""顺其自然",对孩子不负责任地"散养";有的目标过高,把自己未完成的心愿压在孩子身上,造成孩子压力过大,从"赢在起跑线"和"零岁方案"到"小太阳工程",学钢琴、学画画、学跳舞、学英语、学珠心算、学奥数、背古诗……不问孩子喜欢不喜欢,信奉"吃得苦中苦,方为人上人";有的目标过低,任由孩子的想法,不给孩子提出适度的成熟要求,不善于发掘孩子的特点和特长,埋没了孩子的才能。

(二) 家庭教育内容有失偏颇

正如本书第二章所讲的,家庭教育的内容是很丰富的,但是受到功利主义价值观

的影响,以及对神童的盲目崇拜,许多独生子女家庭形成了错误的认知:重身体素质,轻心理素质;重智力开发,轻非智力因素培养;重知识传授,轻能力培养。学习特长、兴趣培养也变成了急功近利,为了满足家长的虚荣心,却为了不可预知的未来,让孩子没了童年,没了快乐,扼杀了孩子的天性,使本来有灵性的、具有多种发展可能性的子女成为缺乏创造活力的、人云亦云的平庸之辈。

(三)家庭教养方式不够科学

如前文所述,父母的教养方式主要有四种,权威型、专制型、冷漠型和娇宠型。理想状态是权威型教养方式,这是最有利于孩子成长的抚养方法,这种教养方式下成长的孩子,社会能力和认知能力都比较出色。专制型家长的责任感十分强烈,对孩子要求很严厉,常用强制命令来强迫子女顺从自己的意志,这种教养方式中成长的孩子,表现出更多的焦虑、退缩等负面的情绪和行为。溺爱型的家长用过分的生物本能的感情去满足子女的需求,对子女百依百顺,忘却了对孩子社会化的要求,这种教养方式下成长的孩子,表现得很不成熟,自我控制能力比较差,常以哭闹的形式寻求即时的满足,对于父母有过多的依赖,在任务面前缺乏恒心和毅力。冷漠型父母对于孩子的成长表现出漠不关心的态度,他们既不给孩子提要求,也不表现出对孩子的关心,这种极端的忽略,是对孩子情感生活和物质生活的剥夺,在这种教养方式下成长的孩子,出现适应性障碍的可能性很大。由此可见,除了权威型,其他三种教育方式都可能造成儿童性格上的缺陷。

三、独生子女学前儿童家庭教育的对策

(一)转变教育观念,把儿童放在正确的位置上

习近平总书记在全国教育大会上指出,家庭是人生的第一所学校,家长是孩子的第一任老师,要给孩子讲好"人生第一课",帮助扣好人生第一粒扣子。家庭教育从某种意义上说是"万源之本",英国教育家洛克曾经说过:"家庭教育不仅是基础教育,也是主导教育。它给孩子深入骨髓的教育,是任何学校教育和社会教育永远代替不了的。"所以,全家人都要重视家庭教育。作为家长,要努力提升自身素质,高素质家长本身就是一种资源,对孩子有示范作用。要转变教育观念,儿童不是光耀门庭的工具,不是成人未完成心愿的延续者,更不是传宗接代的工具,儿童是人,具有人的尊严和其他一切基本的人权,儿童期不只是为成人期做准备,它具有独立存在的价值,家庭教育的目的不仅在于儿童的发展,更在于儿童的欢乐和幸福,他们有权拥有快乐自由的童年。教育观念的转变在于变"父母本位"为"儿童本位",从孩子的实际出发,考虑其兴趣、爱好、智力等因素,确立孩子正确的发展方向,促使孩子健康成长。

(二)均衡教育内容,促进儿童身心健康成长

心理学家发现一个人是否能成功,并非主要取决于智力因素,而在于兴趣、意志、自信心、进取心等非智力因素。家长应重视以下几点。(1)注重孩子道德品质的发展。家长应注重言传身教,在言谈举止、行为准则、待人处世等方面做子女的表率,通

过自己的品德修养给孩子潜移默化的影响。(2)培养孩子健康的体魄。家长应带领孩子积极参加各种体育锻炼,这样不仅能增强孩子体质,还能培养孩子吃苦、勇敢、冷静的意志品质。(3)重视孩子的劳动教育。家长不要过度照顾和保护孩子,应放手让孩子做一些力所能及的家务活,使孩子懂得劳动的重要性,培养孩子的自理能力。(4)关注孩子的精神生活。家长应尊重孩子的童年生活和情感体验,根据孩子的兴趣、爱好来因势利导,让他们健康快乐地成长。(5)锤炼孩子的意志品质。独生子女家长要认识到,孩子长大后,必定要自己去面对人生、面对社会、面对生活。因此,应该要有意识地让孩子受点儿苦和累,受点儿挫折,让孩子敢于直面挫折、应对挫折,从而锻炼孩子吃苦耐劳、坚韧不拔的意志品质。

(三)调整教育方式,塑造儿童积极言行举止

科学的家庭教育方式可以简要归纳为"一保护、二激励、三为主、四避免、五培养"。"一保护"即保护好孩子的自尊心和独特个性。"二激励"指要激发孩子"我要读书"、学海探幽的学习兴趣,激发孩子全面发展的内燃动力。"三为主"具体而言就是平时教育孩子要以养成教育、正面引导为主;以言传身教、情感投入为主;以顺其自然、略加疏导为主。"四避免"是指在家庭教育过程中要切实避免以下四种不良现象发生:一是漠不关心,放任自流;二是突然发难,武力惩罚;三是父母态度不一,皮鞭加蜜糖;四是溺爱过分,娇纵无度。"五培养"是指家长应在培养孩子的五种能力上下功夫:一是培养孩子会学习、好动脑、独立思考的能力;二是培养孩子会做人、会处世、立足社会的能力;三是培养孩子会生存、会发展、奉献社会的能力;四是培养孩子不畏艰险、自强不息的能力;五是培养孩子挑战自我、勇于创新的能力。①

第三节 留守学前儿童的家庭教育

[案例]

可可自小母亲去世,由姑妈带大,姑妈是个农村妇女,没什么文化,只能料理他的生活,父亲一直在外打工,对他的教育几乎也是空白。虽然没有父母的疼爱,姑妈却很宠爱他,这种宠爱养成了他自由散漫的性格,从小行为习惯就极差,对学习没有兴趣,学习和阅读的习惯可以说几乎没有。上了小学后,上课注意力不集中,经常起哄,影响他人学习,作业不是少做就是不做,受到批评、挫折不能正确对待。可可也有他的优点,性格开朗,乐于助人,经常帮助同学打扫卫生。

随着 20 世纪 80 年代改革开放的推进,我国农村社会结构出现了巨大变革,大量农民涌入城市谋生,农村壮年人口大量减少,而多数外出务工人员又都把孩子留在了农村,导致农村留守儿童数量增多,随之而来的农村留守儿童的权益保护成为一个关

---

① 李艳超.浅谈城市独生子女家庭教育的问题及对策[J].淮海工学院学报(人文社会科学版),2012(14):115.

系农村发展的重要议题。2016年2月14日,国务院发布了《关于加强农村留守儿童关爱保护工作的意见》(以下简称《意见》),《意见》中指出:"农村劳动力外出务工为我国经济建设做出了积极贡献,对改善自身家庭经济状况起到了重要作用,客观上为子女的教育和成长创造了一定的物质基础和条件,但也导致部分儿童与父母长期分离,缺乏亲情关爱和有效监护,出现心理健康问题甚至极端行为,遭受意外伤害甚至不法侵害。这些问题严重影响儿童健康成长,影响社会和谐稳定,各方高度关注,社会反响强烈。进一步加强农村留守儿童关爱保护工作,为广大农村留守儿童健康成长创造更好的环境,是一项重要而紧迫的任务。"

留守学前儿童指的是,父母双方或一方从农村流动到其他地区,孩子留在户籍所在地的农村,并因此不能和父母双方共同生活的0—6岁的儿童。

一、留守学前儿童容易出现的问题

1. 学习问题

留守儿童的学前教育比较薄弱。一方面,部分儿童没有条件接受正规的学前教育,以致其接受小学教育的基础较差。另一方面,即使进了幼儿园的留守儿童,因为祖辈对其学习帮助不大,部分儿童的学习品质仍不理想。这些儿童可能会逐步丧失信心,失去学习兴趣,埋下今后辍学的隐患。

2. 行为养成问题

有些留守学前儿童存在任性、说谎、小偷小摸等不良行为。有幼儿教师反映,班上有少数儿童,父母都到外地打工了,自己也有零花钱,却爱拿同学书包里的钱或偷拿小卖部的零食。

3. 心理问题

留守学前儿童普遍存在"情感饥渴",他们在心理上存在的问题具体表现在:(1)容易有孤独感和无助感;(2)在性格上容易内向、孤僻,不善于与人交往;(3)容易敏感,意志力薄弱;(4)容易消极待事,冷漠待人,失去对生活的热情;(5)容易走向抑郁、自我封闭的深渊;(6)容易情绪不稳,经常感到不开心;(7)容易出现厌学、厌世等消极态度。①

4. 安全问题

有些留守学前儿童到幼儿园既要走崎岖山路,又要穿越公路,需提防沟坎、滑坡、汽车和别有用心的坏人,存在安全隐患。

5. 生活问题

留守学前儿童无论在家还是在园,都不能保证身体所需营养及时充足的补给,身

---

① 田倩倩.农村留守儿童家庭教育存在的问题及对策研究:以山西榆次区为例[J].西北成人教育学院学报,2015(5):107.

体健康状况堪忧。据调查,86%的农村留守儿童身体状况处于中等以下,89%的农村留守儿童家庭烹调不懂得营养搭配。

二、留守学前儿童家庭教育存在的问题

(一)家庭教育意识淡薄,亲子关系疏远

正常家庭教育中,父母充当儿童的主要教育者,而在留守儿童的家庭教育环境中,由于父母或者父母一方外出打工,造成亲子关系在时空上的疏远,亲子教育结构也发生了转变。由于留守儿童父母家庭教育的意识薄弱,使得他们毫无后顾之忧地让孩子处于留守状态,造成留守儿童情感依恋和安全感缺失,给留守儿童生理和心理的发展带来很大的负面影响,继而阻碍留守儿童各方面的发展。代理监护人有的是祖父母,有的是单亲,有的是亲戚,有的甚至是年长一点的同辈群体,容易出现隔代"圈养"、单亲"护养"、亲戚"放养"、同辈"散养"等问题。而这些代理监护人,一般文化水平都不高,不能对留守儿童的身心成长提供适时的引导。学前期是儿童个性、社会性形成的关键时期,忽略对儿童行为习惯的培养,轻视儿童学习品质的养成,对于儿童以后的人生发展有着非常消极的影响。同时,部分农村留守学前儿童家长忽视对留守儿童的情感教育,留守儿童长期与父母双方或者某一方分开,缺乏必要的情感沟通与交流,容易产生情感交流障碍。

(二)家庭教育内容失衡,重"物质"淡"内心"

留守儿童的父母及其代理监护人,有的认为教育是学校的任务,家庭不需要对孩子进行专门的教育;有的虽然也重视孩子的早期教育,但在日常生活中,更多地关注孩子的智力发展,教孩子数数、认字、背诗。父母及其代理监护人忽视道德教育的重要性,容易对留守儿童造成以下不利影响:(1)面对生活中各种问题不能明辨是非;(2)容易走向道德败坏的深渊;(3)不利于留守儿童形成自尊、自爱的完善人格;(4)不利于留守儿童社会道德定向阶段的完成。[①] 父母和代理监护人对留守儿童的物质生活照顾尚可,但是对留守儿童的精神世界和心理世界的关心是很少的,这就使得留守儿童精神世界空乏,心理健康状况堪忧。父母及其代理监护人对留守儿童精神世界和内心世界的忽视,以及所造成的空缺,极易造成留守儿童:(1)很难形成正确的人生观、世界观、价值观;(2)关于自己的未来没有明确、可行的理想目标;(3)未来的自我同一感混乱而不能得到统一;(4)心理问题走向严重化和病态化。[②]

(三)家庭教育方式不当,或过于溺爱或过于威严

根据已有的研究(田倩倩,2015)显示,留守儿童的父母以及代理监护人在与留守

[①] 田倩倩.农村留守儿童家庭教育存在的问题及对策研究:以山西榆次区为例[J].西北成人教育学院学报,2015(5):107.

[②] 田倩倩.农村留守儿童家庭教育存在的问题及对策研究:以山西榆次区为例[J].西北成人教育学院学报,2015(5):107.

儿童进行沟通时,命令式的方式占很大比重,排名第一,紧随其后的是父母及其代理监护人放低自己、多溺爱,正确的平等式教育方式则选择人数最少。由此可见,多数留守儿童的父母及其代理监护人都没有使用正确的教育方式。在与留守儿童的沟通过程中,父母及其代理监护人要么把自己的位置放得过高,过于威严;要么把自己的位置放得太低,过于溺爱孩子。两种极端的教育方式都不是科学的教育方式,不利于父母及其代理监护人与留守儿童进行良好而又融洽的沟通,从而影响到留守儿童的健康成长和全面发展。

(四)家庭教育投入较少,教育环境不良

一般所说的家庭教育投入,主要是指家庭为子女的教育所支付的最低成本,包括交通费、食宿费、园服费、保教费和文具费等,这是必须的投入。留守学前儿童的家庭教育投入主要是指儿童参加幼儿园学习的费用,几乎没有其他费用。有一些留守儿童因为家庭经济困难的原因,甚至无法入园,相比于城市学前儿童家庭的投入,少之又少。众所周知,家庭环境对儿童的成长十分重要。而留守学前儿童因为父母长时间外出务工,家庭成员不完整,家庭内部又缺乏必要的情感交流,家庭之中的互动少,家庭文化氛围缺失。

三、改善留守学前儿童家庭教育的对策

(一)家庭是解决留守学前儿童家庭教育问题的关键

首先,合理安排家长的出行方式。留守儿童父母在外出务工时,要充分考虑到可能给孩子带来的不良影响,合理安排自己的出行方式。为了孩子的健康成长,父母要尽量把孩子带在身边,或者尽量就近选择地方务工就业,给孩子一个完整的家,让他们时时刻刻能够感受到父母的关爱和教育,拥有一个良好的家庭教育氛围。如果条件不允许,父母在外出务工时尽量留一方在家照顾孩子,一般是母亲留在家里照顾孩子,母亲能够很好地照顾孩子的生活起居,在观察孩子方面,母亲也比较细心,这有利于孩子的心理发展。如果父母都在外面务工,那应该设法增加回家的频率,充分利用节假日等返乡机会与孩子团聚,增加与孩子当面互动的机会和时间。

其次,被委托监护人作为留守儿童的代理家长,也要认真履行家长的义务,对孩子做到认真负责,不仅要照顾好留守儿童的生活起居等方面,也要关心留守儿童的学习品质和心理健康,并及时给予指导。

最后,父母和代理监护人要改进教育方式,了解不同留守学前儿童的身心发展规律和个性特点,给予孩子更多的关注、关怀和关心。同时,家长或监护人在对留守儿童进行教育时遇到困难,可以向老师咨询,寻求老师的帮助。留守儿童的父母应该经常向老师和监护人了解孩子的生活状况和学习情况,有条件的家长可以参加学校家长会或直接到学校和老师沟通。家庭和学校积极配合才能使留守儿童家庭教育产生更好的效果。

(二)政府是解决留守学前儿童家庭教育问题的根本

首先,建立和健全相关法律法规。伴随我国经济的不断发展,农村留守儿童家庭教育问题已经十分突出,我国已经在不断制定和完善关于家庭教育的法律法规,以缓解和解决农村留守儿童的家庭教育问题。2021年1月20日,备受瞩目的《中华人民共和国家庭教育法(草案)》(以下简称《家庭教育法(草案)》)提请全国人大常委会审议,家庭教育正式纳入国家教育事业发展规划和法治化管理轨道。在《家庭教育法(草案)》中以法律的形式明确规定:未成年人父母或者其他监护人是实施家庭教育的责任主体。政府、学校、社会为家庭教育提供支持,促进家庭教育。必要时,国家对家庭教育进行干预;父母应参与对留守儿童的家庭教育,未成年人的父母或者其他监护人依法委托其他成年人代为照顾未成年人的,应当与被委托人共同实施家庭教育;家庭教育指导服务中心应当采取措施,及时向农村留守未成年人家庭提供有针对性的家庭教育指导服务,具备条件的,可以入户开展家庭教育指导服务。

其次,积极采取措施,创设良好环境。当地政府应积极采取措施,制定和实施关爱留守儿童的工作计划与方案。加快完善农村的基础设施建设,改善小城镇的投资环境,增加农村剩余劳动力在附近就业的机会,从而缩短父母回家的周期;针对目前农村学校普遍存在的经费不足、人员流失、教学设施差的现状,政府要加大对农村教育的投入,制定和实施相应的政策和措施,从根本上帮助农村学校走出当前的困境,改变农村的教育环境;加强农村乡镇文化建设,大力整治校园周边环境,让农村留守儿童在良好的环境中接受教育和熏陶。

最后,积极整合社会资源,发挥非政府组织的作用。当地政府应该积极整合社会资源,让现有的非政府组织在解决农村留守儿童的家庭教育上发挥作用。动员妇联组织兴办农村留守儿童服务机构,开展农村留守儿童托管服务;动员共青团组织开展关爱农村留守儿童的志愿者活动;动员村委会开展对农村留守儿童的随访工作,监督监护人切实履行监护与教育的义务。另外,当地政府应该通过政策引导,鼓励民间力量在兴办托幼、文化补习、暑期托管、文化娱乐等适应农村特点的服务机构方面充分发挥作用,以满足农村留守儿童的需要。《家庭教育法(草案)》第四十一条指出:"国家鼓励和支持社会工作服务机构、志愿服务组织、社会工作者、志愿者依法开展家庭教育指导服务活动。"

(三)学校是解决留守学前儿童家庭教育问题的主体

第一,建立留守儿童"成长档案袋"。农村留守儿童是一个缺乏关爱的特殊群体,学校应该长期跟踪和把握留守儿童的成长记录,这样才能更好地对他们实施教育。因此,学校要为每一个留守儿童建立一份特殊的成长记录档案,记录他们的基本情况和成长情况,以便实施更有效的教育。

第二,重视留守儿童的心理健康教育与辅导。学校要贯彻"预防为主,防治结合"的原则,积极开展心理健康教育。学校可以以综合实践活动课的形式对留守儿童做日常的心理健康教育,增强留守儿童的心理调适能力。同时,还可以设立"心理健康咨询室"和"心理信箱",安排有经验的教师担任心理医生,及时发现和诊治留守儿童已经出现的心理问题,帮助他们解决心理上的困惑。

第三,学校应加强与留守儿童家庭的联系。学校要建立定期家访制度,定期对留守儿童的家庭进行家访,及时与留守儿童的监护人进行沟通,协助监护人共同做好留守儿童的教育工作;开通"学校热线",让外出的父母随时可以与班主任进行沟通,让父母了解留守儿童的学习生活情况,使家庭与学校教育保持一致。

第四,教师要从生活上和学习上多方面关爱留守儿童。教师要认识到留守儿童缺乏亲情、心理脆弱的特点,在生活上要及时给予关爱,在学习上要给予他们帮助。在平常的教育工作中要尽力做到多鼓励,少批评,不要对他们不耐烦,要多多包容他们。对于留守儿童相对集中的班级,学校可以安排专人负责留守儿童的生活和学习问题。①

(四)社区是解决留守学前儿童家庭教育问题的支持

利用社区的力量也是解决农村留守儿童家庭教育问题的重要途径之一。

首先,社区的建设可以协助政府落实关爱留守儿童的帮扶政策。在人员构成方面,可以借助政府和公益团体的力量,号召社会志愿者到农村为留守儿童的教育保护工作出计献策,提供专业的教育、心理、安全辅导等培训活动。

其次,在社区内成立"留守儿童之家",建立留守儿童档案、家庭情况调查表、家长学校联系卡。社区根据实际情况及时更新留守儿童档案信息,同时在社区内定期开展各项关爱留守儿童的活动。尤其在节假日期间,开展一些有利于增进亲子感情的活动,鼓励监护人、代理监护人经常和孩子交流,了解孩子的内心感受,改进教育方法。对于外出务工的父母,社区组织应该在他们假期返乡期间,开展家庭教育培训活动,提高外出务工父母的家庭责任感,并且通过社区,对其中的困难成员开展帮扶活动。

最后,在社区建设青少年活动中心,增加体育设施和图书室设施的配置,丰富留守儿童课余休闲活动,充实其精神生活。心理健康关爱活动应该在留守儿童中间定期开展,引导他们心理健康发展。②

---

① 雷盛刚.农村留守儿童家庭教育问题研究:以江西安义县为例[D].南昌:江西师范大学,2015:24.
② 许向东.农村留守儿童家庭教育及其对策研究[D].绵阳:西南科技大学,2018:43.

第四节　流动学前儿童的家庭教育

[案例]

朋朋的一家来自安徽,来N市已经有5年了,主要做早点生意。朋朋和爸爸妈妈、外公外婆住在一起,朋朋一家三口的卧室是早点店里面的一间屋子,面积在10平方米左右,而朋朋的外公外婆则住在早点店旁边一间用挡雨布围成的简易塑料棚里。爸爸妈妈每天都很忙,凌晨两点就要起床准备早点,上午做生意,下午补觉,晚上继续做生意,晚间八点左右入睡,几乎没有时间陪伴孩子。朋朋在家的大部分时间都是自己在店里看电视、玩玩具。朋朋家中一本幼儿图书都没有,大人看的杂志报纸也没有。父母学历都不高,爸爸是中专学历,妈妈只有初中学历。妈妈表示:"我以前在老家的工厂上班,陪朋朋的时间也比较多,有时候和朋朋一起看一本书。不过他更喜欢一个人看,给他一本书,他自己就能看得津津有味,然后跑来和我们讲故事。但是现在做生意忙,每天半夜两点就要起床和面,包饺子和包子,白天又要做生意,根本没有时间管他。"妈妈表示生活所迫,也很无奈。

近年来,流动人口由过去分散的"单身外出"方式逐渐转变为"举家迁徙",大量的流动儿童跟随父母来到城市。《流动儿童蓝皮书:中国流动儿童教育发展报告(2016)》指出,全国流动人口总量已达2.47亿,全国每6个人中就有1个处于"流动"之中,作为流动人口子女的流动儿童和留守儿童这两个群体总数约1亿人。目前,流动儿童的义务教育已得到充分保障,学前教育也在逐步得到保障,流动学前儿童入园率提升了许多。但是流动儿童的家庭教育问题没有得到足够的重视,尤其是流动学前儿童,他们的身心发展都未成熟,家庭的流动性致使家庭环境必然发生变化,破坏了正常的家庭教育机制,可能对学前流动儿童的早期发展产生不良影响。

流动学前儿童指的是跟随父母一方或双方从一个城市到另一个城市居住或生活半年以上的,且不具有该城市户籍的0—6岁的儿童。

一、流动学前儿童家庭教育存在的问题及原因分析

(一) 教育资源比较匮乏

1. 家庭教育总量不足

"衡量家庭教育总量的指标主要包括:父母的关爱程度、家庭教育方法的有效度、家长的投入时间及教育支出费用等几个方面。"[①]在城市生活的流动人口,一般通过出卖廉价劳动力来获得满足温饱的收入。他们通常上有老下有小,并且要应对城市

---

① 朱红红.流动儿童家庭教育情况调查报告:以合肥市仰光社区小朱岗村为例[D].合肥:安徽大学,2015:19.

生活的各项高额开支,在生活上必须精打细算。虽然许多流动人口家庭都是在经济许可的情况下,才把孩子带入城市抚养,但是城市教育壁垒对流动儿童的排斥令他们伤透了脑筋。流动人口必须付出两倍甚至多倍的代价,才能让孩子正常入学。他们的经济状况致使他们不得不将更多的精力和时间投入到生存中,虽然他们对子女的教育的重视度有所提高,但是不得不"为未来做好打算",这在一定程度上使他们没有能力为子女创设良好的教育环境,和子女相处的时间缩短,实施教育和亲子互动的机会少,导致家庭教育的总量不足。

2. 文化资本薄弱

流动人口从偏远的老家来到城市,为自己的未来奋斗,为了让子女接受更良好的教育,将孩子接到自己的身边进行教育,然而,由于家庭本身收入不高以及自身文化素质方面的限制,根据梁人文(2019)的调研显示:"在家庭教育物质资源方面,流动儿童家庭虽然能获取到图书馆、幼儿园等机构的书籍资源,但流动儿童家庭的图画书平均数量较少且购买和使用了许多不适宜的教育物质资源,例如低质量儿童读物。在亲子互动参与方面,大部分流动家庭的亲子共读频率集中在中低水平,亲子活动参与者的多元性较低,亲子互动质量较低,父亲参与较少,互动时家长占据绝对主导,互动时程式化比较明显。"①这从另一个角度说明了进城务工人员为子女营造的精神氛围极为有限,从某种程度上限制了子女的成长和发展。

(二) 教育观念有失偏颇

1. 期望过高

无论是对孩子的学历还是职业,流动学前儿童家长的期望都很高,他们希望孩子能出人头地,给自己争口气,希望孩子有较稳定且有声望的职业,改变家庭落后的社会经济地位,甚至改变家庭的命运。出于对孩子的厚望,流动学前儿童家长"不让孩子输在起跑线上",对孩子严格要求,无论是家长认为有用的数学、汉字,还是对孩子的未来可能有帮助的艺术才能(钢琴、绘画等),都坚持要求孩子必须学会。然而,期望值过高,会导致产生与期望相反的消极效果。流动学前儿童家长对于孩子的高期望以及伴随的高要求无形中给孩子造成很大压力,使得本应无忧无虑的孩子从小就背负着重担,无法享受童年应有的快乐,甚至会影响孩子身心正常发展。②

2. 忽视体育和心理健康

在对儿童重要能力的排序中,家长并不重视孩子的体育。流动学前儿童家长也认识到健康对于孩子的重要性,但是他们认为孩子吃得好、不生病就可以,没有意识到需要在家庭中为孩子创造条件对孩子进行体育训练,没有意识到需要根据儿童年龄特点和利用环境条件,开展游戏、体操、球类、田径、游泳、爬山等体育活动,以促进

---

① 梁人文.上海市郊区幼儿园流动儿童发展及家庭影响因素分析[D].上海:华东师范大学,2019:127.

② 孙现红.流动幼儿家庭教养状况研究:以山东省J市为例[D].重庆:西南大学,2014:45.

儿童的身体健康。① 流动儿童家庭相比较城市本地儿童家庭,在心理健康教育和道德礼仪教育上显得不足,流动儿童正处于道德心理品质形成的关键期,如果此时缺乏父母的正确引导会使孩子难以形成正确的是非观和道德观,片面强调利益,对家人、朋友、社会冷漠少情,缺乏社会责任感等。不少流动儿童家长不知晓孩子的心理问题,时间越久,流动儿童就越会产生自卑、自闭、孤单、抑郁等心理问题,严重影响孩子的健康成长。

(三)教育行为偏向消极

1. 重言传轻身教

流动学前儿童父母的文化修养、价值观念与家教方式不仅通过日常的言行举止表现出来,也体现在教育子女的过程中,并潜移默化地影响幼儿的言行模式。流动学前儿童家长在家庭教育方面,多采用专制命令式,而民主尊重式较少。在具体的教育行为上,流动学前儿童家长多以唠叨、责骂为主,缺乏鼓励;在家庭中很少有意识地树立良好的榜样,家长的言行不一致等不良行为易对孩子产生消极影响。② 在与流动学前儿童的交流中,当问及幼儿想对父母说的话时,较多幼儿表达出这样的观点:"我希望爸爸妈妈能够多陪陪我;我不喜欢他们总是那么唠叨,要求我做这个做那个,自己却做不到。"在家庭教育中,流动学前儿童的父母虽重视孩子的家庭教育,但因自身教育水平和客观经济条件的限制,在具体教育过程中缺乏科学的方式方法。在孩子的教育上父母无能为力,只能寄希望于学校、老师以及孩子自身的努力。

2. 家园合作不紧密

流动学前儿童家长迫于生计,工作繁忙,没有时间参加家园合作活动,并且流动学前儿童家长文化水平低,在城市人面前,有一种自卑感,不愿或不好意思与幼儿园教师进行交流和合作,认为进行家园合作是麻烦老师。所以,流动学前儿童家长参与家园合作的频度较低,甚至有些流动学前儿童家长从未参与过家园合作活动。另外,流动学前儿童家长对于自身在家园合作中的角色定位存在误区,大多数流动学前儿童家长认为家园合作中教师是主导者,而家长仅仅是配合者。即使流动学前儿童家长参与到家园合作中,他们也是消极被动的。流动学前儿童家长参与家园合作在内容上多是诸如"了解孩子在园的情况""了解幼儿园的课程和教育"等了解层面的,形式上主要是"电话互联网""家园联系簿"等,而鲜有"参与幼儿园的教育教学"和"参与幼儿园的课程建设"等具有实质性的、比较深入的家园合作。

---

① 孙现红.流动幼儿家庭教养状况研究:以山东省J市为例[D].重庆:西南大学,2014:46.
② 张帝,杨婷,张秀雅,张胜军.流动儿童家庭教养方式的实证研究:基于常州市的调查[J].江苏理工学院学报,2016,22(5):117.

二、改进流动学前儿童家庭教育问题的对策

(一)政府层面:立法保障,统筹监管

1. 加强对流动人口的职业技能培训,提高收入水平

流动人口以进城务工农民为主,因为在学历和技术上的欠缺,他们在流入地所从事的工作往往高危低薪、没有相应的福利保障和节假日。流入地政府可以专门针对进城务工的流动人口群体提供和开设相应的技能学习班,在学历难以改变的情况下,加大技能提高的培训力度,尝试与当地企业携手创办和组织技能学习培训班,形成对口人才输出的培训体系。① 这样不仅提高了流入地的专业技能劳动力的数量,而且也为流动人口提供了上升的空间,使他们在生活上和工作上都得到相应的改善,进而间接地改善和提高他们在流动儿童家庭教育中各个方面的参与程度。

2. 普及相关政策法规,建立家庭教育支持系统的配套机制

各地的教育部门和政府应该在流动家庭中大力宣传《未成年人保护法》和《预防未成年人犯罪法》等保护未成年人健康成长的两个基本法律,以及《家庭教育法(草案)》,提高流动家庭的法律意识,让流动学前儿童的父母从法律的角度参与到家庭教育中来。《家庭教育法(草案)》,从宏观的国家到微观的社区、家庭等方面,将家庭教育的规范、家庭教育的义务、家庭教育的内容和教育方法等纳入规范有序的法律运行体系,通过法律体系的建立,使家庭、社区、学校和社会形成紧密有效的家庭教育支持网络,使之形成制度化的家庭教育支持系统,利用这种配套机制,流动儿童父母可以从这个网络的任何一个节点简便、快速、有效、多途径地获取有关家庭教育方面的知识。②

(二)社会层面:互助网络,携手合作

1. 挖掘社区资源,服务家庭教育

现代社区是一个相对独立的生活共同体,社区内部的成员拥有一片属于自己的地域,社区成员之间相互联系,相互依赖。同时现代的社区也是一个基本的行政单位,若国家有某方面政策法规的颁布实施,都要通过社区的宣传和推广来具体地落实,因此,可以挖掘和利用社区的现有资源,探索适合流动家庭甚至是一般家庭的社区教育模式。比如以社区为切入点,为流动人口提供各种家庭教育服务,利用社区成员之间相互联系、相互依赖的生活特点,使他们形成自己的互助网络,以此来进行家庭教育知识等的宣传和普及,创设良好的社区环境,成立社区图书馆,举办家长学校,

---

① 卢鹏磊.流动儿童家庭教育中父母参与的现状及问题研究[D].重庆:重庆师范大学,2015:55.
② 卢鹏磊.流动儿童家庭教育中父母参与的现状及问题研究[D].重庆:重庆师范大学,2015:55-56.

为流动儿童父母提供自我导向性的知识学习平台等。①

2. 加大宣传力度,营造良好的流动学前儿童教育的舆论环境

现阶段流动人口及其子女在城市社会中,都有种被剥夺感和被歧视感,缺乏认同感。这种社会情绪和社会态度对流动人口融入城市社会及流动人口子女的心理健康发展是非常不利的。这归根到底是由于我国的户籍制度导致的身份划分使流动人口处于弱势地位,从而在某些人的观念中就有了一种看不起流动人口的心态,这种舆论环境对解决流动人口社会问题及其子女教育和成长是极其不利的。因此,社会媒体应将流动人口子女的规模、学习生活状况,流动人口子女教育的先进事迹,奋发图强的流动人口子女典型等,有组织、有计划、有步骤地通过报纸、广播、电视等大众传媒加以宣传,这样不仅有利于提高社会的认知,使人们对流动人口的子女教育关心、重视、一视同仁;而且也有利于提高流动人口对自身的认知,使其重视子女的教育,并为其子女接受教育成为社会有用人才出钱出力、尽心尽力。最终通过营造良好的舆论环境,为流动儿童学前教育的发展提供良好、宽松的教育大环境。

(三) 幼儿园层面:科学指导,关怀入微

加强家园联系,指导家庭教育。幼儿园应当发挥其独特的优势,针对流动学前儿童家庭的特点和独特问题,对流动学前儿童家长予以指导,共同促进流动学前儿童的发展,提升流动学前儿童家庭教育的质量和水平。幼儿园可以通过举办家庭教育讲座,与家庭教育方面专家有机互动,交流家庭教育经验;定期举行家长开放日,召开家长会,让家长了解孩子在幼儿园的各种状况,直接参与幼儿园的各项活动。幼儿园还可以组织教师定期进行家访,及时告知家长其孩子在校的情况,耐心倾听家长的意见。教师通过家访能更全面地掌握流动儿童思想、学习等方面的具体状况,了解儿童在家庭的表现,以便更有效地教育学生。同时,教师也能了解家长家庭教育的真实状况,适时给予家长有效指导,促使其重视孩子的家庭教育。此外,幼儿园可以为家长开通家庭教育热线电话,回答家长在对孩子进行教育的过程中遇到的问题;学校教师应充分利用网络平台密切流动儿童家庭与学校的联系,通过家园良性互动促进幼儿园发展和幼儿健康成长。

(四) 家庭层面:提升自我,亲子共成长

流动学前儿童家长要提高自身素质,学习科学的育儿知识。家长提高了自身的科学育儿素质,就会使教育的效果事半功倍。孩子成长的过程,也是家长再学习的过程。只有家长的素质提高了,家庭教育的质量才会提升。父母应有意识地放弃权威的方式,改以理喻的方式教导女子,即施之以爱、动之以情、晓之以理,对孩子爱而不溺、严而不苛,关心但不干涉,"多一分体贴,少一些训斥,多一分爱护,少一些冷淡,多

---

① 卢鹏磊.流动儿童家庭教育中父母参与的现状及问题研究[D].重庆:重庆师范大学,2015:54-55.

一分理解,少一些专横,既不能动辄严厉惩罚,也不能过分溺爱和保护。"[①]不论孩子年龄大小,父母都应以独立个体的态度对待孩子、尊重孩子。父母要相信孩子有处理问题及分析判断的能力,如此,孩子才有机会学习独立自主,对自己的行为负责。同时,父母要以身作则。班杜拉的社会学习理论表明,父母对子女的口头教导效果远不如身体力行。而塑造孩子价值观最好的方法莫过于以身作则,以"共同参与的问题解决"方式,和孩子讨论出他们的价值观。"父母与孩子一同成长"是建立良好亲子关系的条件之一,应当成为家庭教育的新观念。

  家庭中父母的文化能力是最直接对孩子产生影响的因素。父母要以身作则,注重自己修养,积极倡导积极乐观的平常心态,给子女树立勤劳、节俭等良好的榜样。父母应该多给子女情感和心理的支持,以自己的精神激发孩子的成就动机。家长可从自己的职业特点、性格特点、思想水平、家庭条件等实际情况出发,有意识地建立自己家庭良好的、具有特色的家庭文化。如让孩子亲身体验家庭的任何困难,让孩子亲身感受父母工作的艰辛。流动儿童家长自己首先要正确面对生活的困难,不能让孩子养成埋怨和坐享其成的心理。培养家庭爱学习的习惯,尽量创设父母与子女共同学习的氛围。要为子女创设良好的家庭环境,如增加家庭的藏书量和书籍种类,鼓励孩子进行课外阅读,可以让孩子拥有自己的"小天地",有条件的安置一些写字台、家庭图书、字画、图片、花草、盆景等物品。[②]

第五节　单亲家庭的学前儿童家庭教育

[案例]

  阿拉雷是一个聪明漂亮的小男孩,可惜,父母在他刚出生后因为一些琐事离婚了,他和妈妈生活在一起,偶尔也会来爸爸这边。孩子的父母一直也没有再婚。随着年龄的增长,阿拉雷越来越觉得自卑,每天都是一副心事重重的样子,别的小朋友都能和爸爸妈妈开开心心吃饭、游戏、阅读,而自己却很难见到爸爸。妈妈痛苦地说:"没想到这次失败的婚姻给孩子幼小的心灵造成这么严重的伤害,我用了好多好多的办法想让孩子高兴起来,像其他孩子那样活泼开朗,可是,孩子竟懂得我的用心,努力地表现出开心的样子来,但从他的眼睛里,我看得出他并不是真的快乐。"妈妈深深地困惑着,不知如何教导这个早熟的儿子。有一天,阿拉雷很认真地对爸爸说:"爸爸,你能和妈妈复婚吗?我们一家人从来都没有在一起吃过饭。我好羡慕其他小朋友,有妈妈也有爸爸。"但是,爸爸沉默了好一会儿,说:"大人的事,你们小孩子不懂。"

  所谓单亲家庭,是指由于父母离异、丧偶或其他变故导致的只有父亲或者母亲与

[①] 赖越颖.流动儿童家庭教育现状的个案研究[D].重庆:西南大学,2008:33.
[②] 杨卉.流动儿童家庭教育研究:以北京市海淀区为例[D].北京:中央民族大学,2007:67.

孩子一起生活的家庭。单亲家庭大体可以分为丧偶式单亲家庭、离婚式单亲家庭、未婚式单亲家庭、分居式单亲家庭四种形态。单亲家庭作为不完整的家庭形态,容易对学前儿童的心灵造成沉重的打击,导致各种不良的心理问题产生,影响孩子一生的发展。①

一、单亲学前儿童常见的心理问题

(一)智力发展略显落后②

智力发展影响因素的研究最具有代表性的是在朱智贤和林崇德教授指导下由程跃博士于1989年9月至1990年4月进行的"智力表型表达等级及其条件"的研究。该项研究表明:离异家庭儿童的智力发展明显落后于完整家庭儿童。一方面是因为单亲子女处在亲情关怀相对较差的环境中,家庭环境较差,亲情缺失,因此,无论对儿童的智力还是行为发展都极其有害,导致儿童智力发展缓慢,行为协调性差,成为"早期失败儿"。另一方面是因为父母角色残缺,男女两性在智力发展上各具特色,父母在家庭中的社会角色是难以互相替代的。女性形象思维较强,抽象思维和逻辑思维相对较差,男性恰好相反。在对子女智力发展的影响中,家长会有意无意、自觉不自觉地染上各自性别特征的色彩。完整家庭的家长会在互补中不断完善孩子的智力,而单亲家庭中的父母角色缺失对子女智力的发展来说是不利的。

(二)情绪情感表现消极

有调查表明,离婚头六个月,子女的不良情绪发生率相当高。具体表现为抑郁、暴躁、孤独、易怒、发呆、焦虑、冷漠、过分胆小等。③ 单亲家庭的孩子因为对失去父亲或者母亲的陪伴感到十分痛苦,很长时间不能自拔,心灵受到极大伤害,容易悲伤,情绪持续低沉,总认为自己不如别人,也很害怕见到别的同学在父母面前撒娇。很多单亲家庭的学生情绪波动比较大,经常出现一些极端情绪,想摔东西,想离家出走,甚至想自杀等。这些消极的情绪情感和单亲家长自身的情绪不良、教养方式不当以及社会舆论压力等有着很大的关系。

(三)社会交往倾向退缩

单亲家庭的孩子,很明显地会有人际关系上和心理调适上的各种问题,需要更多的关注。由于家庭关系的失调以及家庭氛围的沉闷,他们还容易对他人和社会生活不感兴趣,甚至对所有事情都表现出不满、冷淡,他们认为既然没有人关心我,我又何必去关心别人呢?有的孩子还会故意破坏纪律,损坏公物,从而导致人与人之间的交往水平、互助水平都较低。在日常生活中,对别人的议论、别人的眼神等都非常敏感,总怀疑别人在议论自己,猜疑别人是不是在说自己的坏话。所以,单亲家庭的孩子常

---

① 郑益乐.学前儿童家庭教育[M].西安:西安交通大学出版社,2016:172.
② 王诗堂,王海燕.对单亲家庭子女教育问题的探讨[J].江西教育科研,2005(5):42.
③ 王诗堂,王海燕.对单亲家庭子女教育问题的探讨[J].江西教育科研,2005(5):42.

常感到孤独,不主动与人交往,对集体活动缺乏热情,不愿意表现自己,在社交场合有强烈的恐惧感。

(四) 个性发展不够健全

相对于完整家庭的孩子,单亲家庭的孩子容易形成自卑、孤僻、怯懦、抑郁、多疑、粗暴等性格特点。单亲家庭氛围影响孩子的性格。如果孩子长期生活在压抑的环境中,易形成孤僻、怯懦的性格;如果长期生活在紧张、不安的情绪中,易形成焦虑、神经质等人格倾向。单亲家庭的教养方式也会影响孩子的性格。过于严厉,孩子会自卑、孤独、抑郁、怯懦、冷酷;过于溺爱,孩子会过于自我、自私、任性、胆小怕事等。如果再加上周围人的歧视,他们会更敏感多疑,产生冷漠、敌对、自卑等性格。①

二、单亲学前儿童家庭教育的误区②

(一) 溺爱教育

溺爱教育在一般家庭中普遍存在,在单亲家庭里尤为突出,有的父(母)亲在离婚或者家庭变故之后,为了抹平家庭破裂给孩子造成的创伤,减轻自己内心的愧疚,把全部的情感都施加在孩子身上,对孩子的疼爱和关怀更是无微不至。在吃、穿、玩等各方面无不予以满足,只要孩子开口,父(母)亲没有不答应的。这种对孩子给予过多感情的现象,叫作"感情过剩",不论孩子的要求是否合理,行为是否正确,父(母)一概予以满足。有时对孩子的不良行为和坏习惯家长也不加以纠正,甚至对孩子出现的错误、违法乱纪或反社会的言行举止加以庇护。家长的这种亲近方式,很不利于孩子养成良好习惯,直接影响了孩子健康成长和发展。

(二) 暴力教育

暴力与虐待在单亲家庭中也常有发生,究其原因,一方面是由于家长婚姻破裂,受孩子的拖累,经济上拮据而发生的;另一方面则是由于家长生活压力太大,工作繁重与不顺心,工作条件差,人际关系处理不好,形成严重的心理障碍无处发泄,只能回家后对孩子施以暴力和虐待。生活在这样家庭中的孩子,往往有恐惧感、自卑感,脾气暴躁、易自责、无自信心、意志消沉、自控能力差、性格内向。孩子在家里遭到暴力之后,常常产生一种很强的攻击行为。这种攻击行为将随着时空的转移与变换,发泄到学校和社会上,对他人进行"报复",并产生逆反心理和对他人及社会不满的心态,仇视一切。孩子把在家里听到的、看到的和亲身感受到的一切痛苦全部积压在心里,随着时间的推移,这种心态和性格将会不断地加重,一旦遇到挫折或不顺之事,往往容易走极端。

---

① 王诗堂,王海燕. 对单亲家庭子女教育问题的探讨[J]. 江西教育科研,2005(5):43.
② 樊荣. 如何爱你,我的孩子:浅谈单亲家庭教育误区及正确的教育方式[J]. 辽宁教育,2015(4):73-75.

(三) 放羊教育

所谓"放羊",就是单亲家庭中,家长对孩子不加管束,任其发展。在单亲家庭里,孩子其实需要更多的关心和帮助,需要与父(母)亲有更多的接触,而且需要深入地谈心。但是,由于父(母)亲整天忙于工作,人际交往繁多,且以前由于父母共同完成的家务事现在全部压在一个人身上,有的家长离婚后对孩子的一切,不管是在校内还是在校外,是学习上还是生活上以及与人的交往等方面都不闻不问,采取漠不关心的态度,放任自流。孩子在父母离婚时就已形成了"爸妈不要我了"的概念。这种"放羊"式的教育给孩子造成的将是更大的痛苦与创伤。孩子便觉得有家无家一个样,回家与不回家没有多大区别。

(四) 圈养教育

"圈养教育"就是把孩子活动场地严格地限制在规定的范围内,减少或断绝其与周围孩子的交往、接触。从哲学的角度来讲,任何事物都与其周围事物发生联系,而同周围事物的联系是该事物存在和发展的条件。有的单亲家庭干脆把孩子长期关在家里,不允许其与附近的邻居孩子交往,更不允许其与已离异的父(母)亲来往。生活在单亲家庭中的孩子,本来就缺少父(母)爱,心中积淀着许多痛苦,更需要与同伴交往。

三、单亲学前儿童家庭教育的对策

(一) 单亲家长提高教育水平

首先,让孩子了解造成不完整家庭的原因,为孩子创造温馨的家庭氛围。现在有不少单亲的父母,想尽量减少孩子单亲的不愉快情绪,不愿或不敢告诉孩子造成单亲的真相。其实孩子往往能在微妙处感受到家庭的变化,但因为不敢问、不了解而产生焦虑的情绪。所以单亲家庭的父母应该根据孩子的性格、年龄等特点,选择孩子最能接受的方式,平静、真诚、耐心地向他们解释原因。其次,注意科学的教养方式,不过于溺爱,也不过高要求。单亲家庭的家长更加要掌握爱的分寸,爱在心里,严在实际行动中。单亲家长要做到养育并重,不仅关心孩子的生活,更要注意教育孩子,关心孩子的思想、学习、交往,及时发现孩子身上的优点和不足,正确引导,使孩子养成良好的习惯,明辨是非、善恶。作为单亲家庭的家长,应确立起对子女适度的期望值,把生活的支点放在自己身上,而不是把所有的希望寄托在孩子身上,这样才不会对孩子有不切实际的希望,才不会让孩子感到过大的压力,才能促进孩子健康成长。最后,端正孩子的性别角色教育。利用相同的性别角色或相近的情感角色来代替家庭中失去的一方,也就是利用角色的替代来对孩子进行情感补偿,这一点对年幼的儿童来说尤为重要。这个时期的孩子对成人的依赖感强,一旦父母有一方离去,他们会急需这一角色的替代者。如果能够及时地进行角色替补,孩子会较为顺利地实现情感转移。如果单亲家庭中的父(母)方在短时期内不能很快地寻觅到理想的伴侣,不妨从亲朋好友那里为孩子寻得感情的归宿,这对孩子来说是最好的情感补偿。健全的性别角色的影响对孩子健康心理的形成是至为关键的,它可以有效地避免孩子形成孤僻怪异的性格。

(二) 幼儿园协助单亲家庭提高教育的科学性

首先,建立单亲家庭幼儿档案。幼儿园要关心单亲家庭的孩子,加强对他们的学习、生活、心理、行为和家庭情况的了解、跟踪,并详加记载。班级教师要多为单亲幼儿创设获取成功的机会,赏识教育,记录孩子的进步,捕捉孩子的闪光点,积少成多,建立孩子的自信。其次,加强爱的教育。高尔基曾说过:"谁爱孩子,孩子就爱他;只有爱孩子的人,他才可以教育孩子。"幼儿教师要平等地对待每一个孩子,让单亲家庭的孩子感受到老师的关爱。在教育管理中,一定要尊重这些幼儿的隐私,避免在其他幼儿面前暴露单亲家庭幼儿不愿让别人知道的情况,更不能以此作为嘲讽的对象。根据"皮格马利翁效应",教师积极的期待会对幼儿的发展产生神奇的促进作用,一个温暖的眼神、一个鼓励的手势、一个赞许的微笑、一句贴心的话语,都会让幼儿有一天的好心情,化自卑为努力,化孤独为友善。最后,适当的挫折教育,磨砺意志。幼儿教师适当地给单亲家庭的孩子委派任务,鼓励孩子面对困难时,不退缩、不泄气,独立完成力所能及的事情,教会他们面对现实,在解决困难的过程中积累经验,增强耐心,磨砺意志,建立自信。

(三) 社会建立指导单亲家庭子女的专门机构

首先,全社会都要重视单亲子女的教育问题,给予单亲子女以关怀、同情、帮助,不要歧视、冷落他们。舆论宣传部门聘请一些心理学、社会学、教育学的专家、学者,编写单亲家庭教育子女的书籍、文章。其次,可以设立单亲家庭子女教育咨询机构,设立家长学校,开设咨询电话,目的是使单亲家庭的子女遇到问题,能及时与社会联系。通过影视、广播、报刊,传授教育单亲家庭子女的科学方法,形式要多样化,内容要新颖,寓教育于娱乐之中。最后,充分利用社区教育的力量,形成教育合力。社区、街道从各方面加强对单亲家庭的关心,在生活上照顾他们,在思想上关心他们,经常做一些上门家访,了解家长及孩子的思想动态,并及时和幼儿园、教师取得联系,共同商量、研究、关心、教育好单亲家庭的孩子。

第六节　重组家庭的学前儿童家庭教育

[案例]

在小宇3岁的时候,父亲在工地上扎钢筋不幸摔死,两年后,母亲又和城里的一个张叔叔结婚了。张叔叔家有一个女孩比小宇大两岁,照理说这两个家庭重新组合,一家四口人应当过得幸福,小宇也该快乐成长,但现实恰恰相反。小宇在幼儿园比别的孩子话少,不好动,上课注意力不够集中。妈妈在城里的一个超市上班,晚上就到继父家住,很少回家照看小宇。小宇每天回家只有外公外婆相伴,村里别的孩子都随父母进城入学了,没有同龄孩子一起玩。过春节应该是一家人团聚的时候,但过春节小宇照样也是和外公外婆一起过,妈妈到继父家去,继父不太欢迎小宇去他家玩,在这样的家庭环境里成长,小宇自然就会养成少言寡语、孤僻的性格,他哭着说:"妈妈不回家看我。叔叔不是爸爸,过年回来,叔叔给姐姐买衣服,我没有。叔叔陪姐姐玩,不陪我玩。我去跟姐姐玩,叔叔叫我走开。我在沙发上哭,只有妈妈对我好。"

重组家庭从概念上来说,就是指夫妻双方因某种原因离婚后,由至少一方带着自己的一个或多个子女与新的伴侣重新组成家庭,也可和新伴侣育有共同子女后一起生活。和其他家庭类型相比,重组家庭牵扯到的关系较多,家庭构成相对复杂,比较容易产生矛盾,而且这种家庭类型更为考验孩子的适应性与心理承受力,因为重组家庭涉及的不仅仅是原有家庭的亲子关系,还有新父母与无血缘关系子女的相处,甚至包括非亲生兄弟姐妹的关系等这些复杂的关系和互动。①

一、重组家庭学前儿童心理问题的主要表现

(一) 情绪不稳定,易激动或消沉

重组家庭中的学前儿童相比较平常家庭的儿童,情绪不稳定。有的孩子情绪外显,容易激动,无故愤怒、烦躁,具有逆反心理,容易出现攻击性行为,主要行为特征是针对他人;有的孩子情绪内隐,不轻易表现出来,情绪消沉,抑郁少动,少言寡语,缺乏自信,严重时还可能发生自虐行为,主要行为特征是针对自己。

(二) 性格孤僻,自卑感和不安全感较强

重组家庭的学前儿童可能经历了一些平常家庭的孩子体会不到的痛苦,包括原生家庭父母的争吵打闹、父爱或母爱的缺失、原生家庭的破灭以及重组家庭不幸福等,他们时常会毫无征兆地陷入情绪低迷,性格上不够开朗活泼,容易产生自卑感和强烈的不安全感,精神负担比较重。

(三) 敏感多疑,言行过于谨慎

重组家庭的学前儿童敏感和多疑的心理特征与正常家庭的儿童相比显得突出一些。他们对于别人的评价十分在意,非正面评价在他们看来可能就是一种负面评价。他们非常反感父母当着其他人的面给自己纠错,哪怕是一种提醒,他们可能认为这是对自己能力的质疑。他们经常会怀疑他人小声议论是在说与自己有关的话题或者在说自己的坏话等。

(四) 行为消极退缩,害怕失败

家庭情况的不同会使重组家庭的学前儿童感觉自己不如别人,自我感觉低人一等,在生活中,他们常常会觉得自己不受重视,于是觉得自己不管做什么、做得怎么样都无所谓,父母不理解或是一味地批评指责,会让孩子陷入"破罐子破摔"的境地,消

---

① 王译若. 重组家庭亲子关系问题的社会工作介入研究:以西安市为例[D]. 西安:陕西师范大学,2017:4.

极面对生活。与人交往过程中,他们也总是约束自己的言行举止,不敢表达自己的思想和感情,总是尽量逃避他人的视线,害怕成为他人谈论的焦点,更害怕由于失误而受到别人的嘲笑,他们认为做简单的事情是不容易出错的,所以也不愿尝试复杂和困难的新事物,这些想法会影响各方面能力的发展。

二、重组家庭学前儿童家庭教育的误区[①]

(一) 生父母一方对孩子过分溺爱

不管出于什么原因,亲生父母都或多或少地认为亏欠孩子,既然感到亏欠,就会想方设法弥补,在这种心理下,情感上的不足靠物质弥补,往往在物质上对孩子言听计从,百依百顺,造成孩子任性、骄横、不听话。

(二) 继父母一方对孩子听之任之

囿于传统观念的压力,继父母对孩子不敢也不愿管教。尤其是继母,在传统文化中,"后妈"俨然成为狠毒的代名词,人们谈后母色变。造成继父母对孩子放任自流,不敢管,不愿管。

(三) 多子女家庭中父母对某个孩子有失公平

重组家庭中如果一人带一个孩子,两人结合后再生育一个,就构成了多子女家庭。在这样的家庭里,父母很难一碗水端平,五个手指不一般长,父母总有偏爱的孩子,这样一来,被忽视的孩子很容易出现心理问题。

(四) "再婚"不反思等于"再昏"

沟通技巧是再婚夫妻的第一课,如果再婚后还是不反思,不注意沟通,就会重蹈覆辙。缺乏沟通和理解,是大多数婚姻失败的主要症结所在。在家庭教育中,许多家长不注意学习教育知识和教育方法,家庭教育完全是家长随心所欲,高兴就对孩子好,不高兴就对孩子发泄不满。有些原本可以说清楚的事情,由于误会或者受旁人"善意"影响,往往使得刚刚走上联合体的再婚夫妻心生隔阂、互相戒备。孩子许多不好的行为习惯,在家长的影响下逐渐形成。

三、重组家庭学前儿童家庭教育的对策

(一) 陪伴孩子

与普通家庭相比,重组家庭的孩子经历了原生家庭的破裂、新的家庭重组,陌生人闯入生活,他们得到的爱不再完整,心理受到创伤。如果在重组家庭中,继父母不对继子女投入感情或是投入不足,不与孩子进行充分的感情交流和互动,那么双方的情感就会更加疏离,关系更加敏感脆弱,也会导致继父母在对孩子进行教育时缺乏说服力。因此,生父母应该引导孩子正视现实,让孩子了解原生家庭破裂的真相,得到

---

① 王金辉.浅谈重组家庭背景下孩子的教育误区及教育策略[J].儿童大世界,2017(9):3.

孩子的谅解。同时,继父母应该和孩子多互动和交流,多陪伴孩子,了解孩子,教育时宽严适度,让孩子慢慢接受自己,接受新的家庭。在和孩子建立良好关系的阶段,继父母不盲目顺从和讨好孩子,不盲目满足孩子的物质需求。对孩子来说,更重要的是情感沟通,而不仅是物质上的满足。① 情感的疏离会使得继父母在子女的教育中缺乏说服力,而亲子沟通的不畅,也导致继子女对继父母的言行更为敏感,造成教育的失败。因此,继父母对继子女的爱及无私的付出是重组家庭子女教育的基础。

(二)理解和欣赏孩子

理解和欣赏孩子是重组家庭亲子沟通的桥梁。继父母更要懂得欣赏孩子,多发现孩子的亮点,肯定孩子,不要总是挑剔孩子,不要给孩子提过高的要求,更不要总是以"都是为了你好"为名义去绑架孩子,给孩子施加压力。父母要了解孩子不同发展阶段身心发展的特点,才能根据孩子不同的情况采取不同的措施。首先,家长必须把孩子视为朋友,不带自己的偏见(自己的价值观)看待孩子的行为。站在一个朋友的角度,了解孩子的内心感受,客观地分析孩子行为背后的心理原因,从而找到改变他外在行为的办法。在整个过程中,家长只是一个旁观者,而不是当事人或利害关系人。父母应该以放松的心情来与孩子进行交流,以此来消除孩子的恐惧、烦恼和孤独。使他们鼓起学习、改变、成长的勇气和热情。理解中既没有表扬也没有批评,理解是两个人之间心灵的沟通,不加评判地搞懂孩子心中到底在想什么。②

(三)与孩子平等对话

在重组家庭中,继父母更需要和孩子平等对话,多听孩子的意见,尊重孩子的权利,尊重是重组家庭教育的法宝。家长应该动之以情,晓之以理,通过耐心沟通告诉孩子怎样做会更好。只有和孩子平等对话,建立了良好的感情,教育孩子时才更有发言权。继父母对继子女要视如己出,公平对待所有孩子,树立父母在子女中的威信,强化教育效果。

特别提出,继父母与不同性别的孩子要有相处的艺术。③

继母对待儿子——爱与严格要相结合。继母想和儿子拉近距离,可以培养共同的兴趣和活动时间,展现母亲细致温柔的亲切感,比如早上起床可以给儿子准备好衣服、饭菜,让孩子感觉到妈妈的存在和真心的付出。给予孩子更多包容的同时,对孩子的错误也要批评指正。值得一提的是,在解决与继子的矛盾方面,也要讲求策略,切忌动辄就向孩子的父亲打小报告,以免激发起孩子的敌视心理。

继母对待女儿——要成为她的倾听者。继母想和女儿关系相处得融洽,相对要难些,在女儿的心里,自己妈妈的地位是没有人可以取代的,她或许会觉得有一个人"抢走"了爸爸。对待这样的女儿,妈妈需要宽容、大度,尽量多听女儿的言论,女孩子

---

① 操美林.重组家庭中儿童心理问题的表现及教育对策:基于家庭教育的视角[J].中国多媒体与网络教学学报,2019(1S):111.
② 李英霞.由《家有儿女》看重组家庭的子女教育[J].电影评价,2008(7):56.
③ 马莲."二爸""二妈"看这里[J].恋爱·婚姻·家庭:青春(下),2018(5):10.

更需要对人倾诉自己的想法,成为女儿的倾听者,就会渐渐地改变继母在女儿心中的地位。

继父对待儿子——要先成为朋友再教育。男孩子在成长过程中,难免与父亲存在着些许男性之间的斗争,更何况是一个完全陌生的男性。所以继父可以先与儿子成为朋友,或许当儿子在某次掰手腕赢了这位叔叔的时候,就会感觉熟悉和平等,感情浓厚才会上升为父子之情。男性如果不太善于表达自己对孩子的爱,可以用微信或书信的方式与孩子交心,把主动权交给孩子,同时要关注他的爱好,给他一些空间让他体验一些事情,做他背后的"好哥们儿"。

继父对待女儿——多给予她心灵上的呵护。女孩比男孩更敏感,心思也更细腻,对于"二爸"们来说,打动女儿的有力武器就是一颗温柔、体贴的心。当女儿心情不好的时候,可以和女儿谈心,给她做上一桌拿手好菜,让她有足够的安全感,觉得自己是有父亲的。适当给女儿买一些小礼物,增加全家同游的机会,过程中更多担当家庭重任,让孩子逐渐认可和接受继父在家庭中的角色。在女儿面前尽量避免吸烟、喝酒,不要引起女儿的反感。不要有身体上过于亲密的接触,尤其是青春期阶段的女孩子,要让女儿觉得自己受到了尊重。

(四) 与孩子和平相处

公平公正是重组家庭教育的前提。继父母要做到公平地对待双方的孩子,不要偏袒自己的亲生子女。在很多重组家庭里,男女双方各带一个孩子,组成四口之家,这样的家庭在处理子女教育问题上更为复杂。如果继父母偏袒亲生子女,忽略继子女,就容易导致孩子间的敌视,造成家庭冲突,严重时还可能酿成家庭悲剧。如果继父母为了避免家庭矛盾,各自教育和照顾自己的孩子,互不干涉,这种方式虽然表面上有利于避免由于情感倾斜引发家庭矛盾,但是实际上容易导致家庭成员之间情感疏离,从而引发更大的家庭矛盾。所以,继父母要做到公平地对待双方的孩子,不要偏袒自己的亲生子女,不管是物质还是情感,都尽量公平分配,并且教育孩子之间也要互相照顾,互相包容,制造更多机会共同活动。[①]

对于孩子来说,父亲就是父亲,母亲就是母亲,自己是没有兄弟姐妹的。当组合成新的家庭后,孩子往往需要一段时间与继父母还有另一个孩子建立关系。这个过程牵涉到适应对方的好恶、脾气,担心这是对亲生父母不忠,还有琐碎的生活习惯等问题;也有的孩子可能要修复内心存在的被抛弃感,平复继父母破坏了自己与亲生父母关系的愤怒等。即使勉强让孩子改口称继父为爸爸、称继母为妈妈,他在心里也不一定认同。如果孩子喜欢或已经习惯称呼对方叔叔、阿姨,尊重孩子才是最重要的。或许当孩子从内心中真正接受了,他自然就会改口了。[②]

---

① 操美林.重组家庭中儿童心理问题的表现及教育对策:基于家庭教育的视角[J].中国多媒体与网络教学学报,2019(1S):111.

② 马莲."二爸""二妈"看这里[J].恋爱·婚姻·家庭:青春(下),2018(5):10.

（五）教育目标保持一致

不同的家庭有不同的教育理念。在重组家庭中,可能会发生多种教育观念碰撞的情况。祖父母和生父母可能更倾向于强调给予和溺爱,试图弥补家庭创伤对孩子的伤害,甚至会纵容和迁就孩子的不良行为习惯;继父母可能会更加理性地面对孩子的成长。在一些复杂的教养环境中,对生父母而言,孩子成为他们的"战利品",他们将彼此的矛盾投射到孩子的教育上,相互争夺对孩子的控制权,而忽视孩子真正的需要;对于新家庭来说,孩子容易成为再婚夫妻矛盾的"导火索",教育的不一致性常常酿成剧烈的冲突,使得孩子要么谨小慎微,要么任性叛逆。这种差异如果不能协调统一,就很难形成和谐的养育环境。① 在这种情况下,生父母一方不仅自己要担负起教育子女的重任,也要调动原生态家庭和新家庭中的成员参与家庭教育的积极性,家庭成员之间形成合力,才能发挥家庭教育的最大效益。除此之外,家长应该主动学习儿童心理学和家庭教育的知识,积极地配合学校教育,让老师了解孩子在生活中的表现,及时发现孩子发展中的问题,家校同步进行针对性的心理疏导,减轻重组家庭的不利因素带给孩子的消极影响,帮助孩子成为一个积极乐观、充满正能量的人。

本章小结

本章主要介绍了不同家庭背景下的学前儿童家庭教育。随着社会经济的发展,"全面二孩"等一系列国家政策的出台,儿童生活的家庭呈现多种形态,如独生子女家庭、留守儿童家庭、流动儿童家庭、单亲家庭和重组家庭等。在不同的家庭背景下,对于学前儿童的家庭教育各有其特点。通过本章学习,我们应该知道生活在不同家庭背景下的学前儿童常见的心理问题及其主要表现,理解不同家庭背景下的儿童家庭教育存在的误区,把握不同家庭背景下的学前儿童家庭教育的对策,并根据不同家庭的实际情况做到灵活运用。

思考练习

1. 结合社会现状,谈谈"全面二孩"政策对学前儿童家庭教育的影响。
2. 结合社会现状,提出解决留守儿童教育问题的措施。
3. 独生子女家庭的学前儿童容易出现的"问题行为"及原因。
4. 根据实际分析流动儿童家庭教育存在的问题及原因,并提出教育对策。
5. 重组家庭对儿童会产生怎样的影响?谈谈家长应如何教育子女。
6. 阅读下面材料,试对案例中幼儿的行为进行分析,并提出教育建议。

悦悦那几乎可以穿破人耳膜的高八度哭声,今天已是第五次在教室里响起,孩子

---

① 崔竹云.重组家庭呼唤家庭教育的一致性[J].中小学心理健康教育,2013(9):50.

们听得正起劲的故事又被迫中断了。我叹了口气,走过去把她抱起来,轻声安抚她。开学两个月来,其他刚入园的孩子都很快适应了新的环境,可悦悦却一直对幼儿园生活不适应,不管老师用什么办法哄,悦悦就是喜欢哭。面对这种情况,我到悦悦家里进行了家访。奶奶告诉我,以前的悦悦爱说爱笑,是个活泼开朗的孩子。可自从她爸爸妈妈半年前离婚后,悦悦就变了,变得不爱说话,胆子小,看到生人就往奶奶身后躲,动不动就哭。

拓展阅读

1. T. 贝里·布雷泽尔顿,乔舒亚·D. 斯帕罗. 布教授有办法:读懂二孩心理[M]. 严艺家译. 北京:化学工业出版社,2018.

主要内容: 2015年中国实施全面二孩政策后,来自独生子女时代的父母们,大规模开始构建多宝家庭。然而大部分年轻父母的记忆中并没有自己父母养育多个孩子的记忆,那么当他们自己需要成为不止一个孩子的父母时,几乎连个参照物都没有。从这个意义而言,养育二孩的父母们都在真实演绎何为"摸着石头过河"。本书第一部分谈论的是多宝家庭中的共性体验,平实叙述每个家庭,甚至包括作者自己曾经历过的多孩养育中的困境。布教授在此关注的着眼点并不是孩子或父母个体,而是两者之间的"关系",也包括小家庭和其支持体系之间的"关系"(如医生、祖辈等)。第二部分谈论的是二宝在不同年龄阶段会给整个家庭带来怎样的影响,其中包括了布教授经典的"触点"理论——触点是指孩子在成长过程中发生行为倒退,以积聚能量为下个阶段的发展做准备的一些特定阶段。在心理咨询室中,经常有父母苦恼于一向乖巧的老大为何突然一下子对弟弟妹妹充满敌意,或者为何老大在弟弟妹妹到来之际开始出现诸如挑食、尿床等行为倒退的状况。布教授以二宝的年龄变化为轴线,带着父母们体验大宝们在弟弟妹妹不同成长阶段所面临的压力,以及弟弟妹妹在不同成长阶段因为更大孩子的存在而体验到的别样感受。布教授试图让父母看见的是,很多时候一些发展过程中的行为变化未必因为父母做得不够好,而是孩子在特定阶段需要父母做出养育上的调整,以更好适应孩子的发展需求。第三部分谈论的是二宝家庭中的常见挑战及应对策略。如果将本书作为工具书使用,这部分可以起到索引功能,在遇到具体问题时翻看阅读。例如,当二孩家庭中有一个孩子常年患病或有特殊需求,如何帮助其他孩子调节适应这个现实?妈妈如果不幸流产,要不要让其他孩子知道这个变化?孩子之间的年龄间隔如何影响他们的关系模式?两个孩子都上学后,在学校里总是被人比较怎么办?

2. 梁人文. 上海市郊区幼儿园流动儿童发展及家庭影响因素分析[D]. 上海:华东师范大学,2019.

主要内容: 学前流动儿童是国家和社会近年来重点关注的处境不利群体。本研究借助《亚太地区早期儿童发展量表(简版)》,对上海市郊区公立幼儿园的流动儿童和本地儿童的认知、语言、社会性、运动、健康安全知识、文化参与、活动参与和学习品质领域的发展进行评估和分析,通过家庭调查问卷和个案家长访谈,从量化和质性的角度探讨影响学前流动儿童认知和语言发展的家庭因素。研究发现:第一,上海市郊区幼儿园流动儿童存在部分发展弱势领域。他们的认知、语言、学习品质发展存在弱势,而认知和语言恰好也是对其他领域发展影响力较强的核心领域。在数概念、数运算、认知灵活性、前识字和自我调节能力几个方面,流动儿童发展水平不高的情况尤为突出。学前流动男童的多个领域发展较差。第二,流动儿童家庭的环境和教育问题突出。流动儿童家庭的环境和教育问题会影响流动儿童的认知及语言发展。流动儿童家长难以化解家庭教育的症结,在育儿理念、育儿焦虑、育儿知识上备受困扰。第三,优质的学前教育对流动儿童发展可能具有补偿作用。优质的学前教育可能缩小了流动儿童与本地儿童的认知、语言、学习品质领域的总体发展差距;可能缓和甚至抹除流动男童在认知、语言、健康安全知识领域和大部分社会性领域发展水平上的劣势状态。幼儿园教师为家长提供了可靠的育儿指导服务,对流动儿童家长的育儿行为和儿童发展产生了积极影响。基于上述结果,从流动儿童的发展弱势问题、家庭的环境和教育问题、学前流动儿童的教育补偿方面提出了相关建议。

第五章　学前儿童家庭亲子活动指导

【章节导入】

　　家庭教育是启蒙教育的开端,亲子活动更是家庭教育中不可或缺的一部分。在学前儿童的家庭教育中,亲子游戏不仅对于幼儿的认知能力、身心健康发展有积极的促进作用,同时也能够加强幼儿与父母之间的情感联系,帮助其建立安全的依恋关系。除了亲子游戏,亲子活动还包括亲子阅读,在亲子阅读的过程中,父母与孩子共同学习、成长,父母与孩子之间的沟通机会大大增加,共同体会到读书的乐趣。

【学习要点】

　　了解:学前儿童家庭亲子游戏的现实困境,以及亲子阅读的材料与选择。
　　理解:学前儿童家庭亲子游戏和亲子阅读的价值。
　　掌握:学前儿童家庭亲子游戏和亲子阅读的指导策略和方法。

第一节　学前儿童家庭亲子游戏指导

　　亲子游戏是儿童出生后最早出现的互动式的游戏形式,是父母与孩子之间,以亲子血缘情感为基础而进行的一种活动,是父母与孩子交往及情感联系的重要方式。父母在自然的情景下,与孩子结成平等的玩伴关系,在和孩子游戏过程中自觉不自觉地"寓教育于游戏"之中,从而促进孩子多方面的发展。

一、亲子游戏的独特价值

(一) 亲子游戏有助于增进亲子感情,促进良好亲子关系的形成

　　亲子游戏是孩子与最亲近的人,尤其是和父母之间展开的活动,带有明显的亲情性,从相互间的身体接触、视线交流与言语交流中,孩子得到的是爱与关注。而父母对孩子游戏信号的积极回应,使孩子产生了极大的信任和满足。经常进行这种游戏,使孩子长期处于一种积极的情绪体验之中,从而为他以后活泼、开朗、自信、积极的个性发展奠定了基础。在亲子游戏中,随着亲子之间的积极互动与良性交流,孩子的生理、心理等方面的需要都得到了很好的关照与满足,也大大巩固了亲子之间深厚亲密的情感,强化了父母和幼儿之间的情感联系。

(二)亲子游戏有助于锻炼儿童的动作,增强体质

父母可利用随手找到的材料,根据孩子的生长需要,在室内或户外进行各种亲子游戏。比如,体育类的亲子游戏,直接指向孩子的大动作发展。"跳房子",锻炼孩子的蹦跳能力;"老狼老狼几点钟",训练孩子的奔跑能力和反应能力;家长站在远处,又开双脚当作球门,让孩子踢球入门,训练孩子动作的协调能力;在门框上吊起一个纸球,带着孩子向上跳起触碰纸球,训练孩子的蹦跳能力……孩子在运动中发展大动作,增强体质。同时,还有手部动作的亲子游戏,锻炼孩子的精细动作,比如,传统游戏翻绳,和孩子一起串珠、拼图、剪纸、折纸、绣十字绣等以及做力所能及的家务,都是手部精细动作的练习。这个时期孩子是否聪明都反映在动作思维上,所以,一定要带着孩子多动手,在动手中了解事物的特质,在动手中探索事物之间的联系。

(三)亲子游戏有助于激发儿童的潜能,快乐学习

游戏是孩子最喜欢的活动,复杂、抽象的知识都可以用游戏的形式呈现给孩子,启发诱导并激发孩子的学习潜能。比如,学习10以内的加减法,父母就可以和孩子一起玩超市买东西的角色游戏,准备不同面值的玩具纸币,根据物品的标价,合理组合手中的纸币,这就比一遍遍做加减法效果好,既生动有趣,又在不知不觉中训练了加减法的速度。又比如,要发展孩子的语言表达能力,就可以和孩子一起举行家庭表演,请孩子做主持人,每个家庭成员都要上台表演节目,以孩子的节目为主,在这个过程中,孩子既锻炼了口才,又锻炼了勇气。亲子游戏还能够帮助孩子意识到自己与外在世界之间的密切联系,促进孩子想象力和创造力的发展。

(四)亲子游戏有助于发展儿童的社会性,学会交往

亲子游戏为儿童社会性的发展提供了一条重要的途径,在游戏过程中儿童必须学会与父母进行互动交流,控制自己的占有欲及以自我为中心的心理,学会遵守不同的游戏规则,学习建立合作、领导、分享、轮流等社交技巧,从而能更快地融入社会生活。① 孩子与父母的良性互动,有助于同伴之间的交往,比如,周末邀请几个家庭一起游玩,家长带着孩子一起游戏,既有孩子和成人之间的交往,又有同伴之间的交往。在此过程中孩子学习与不同的人交往,遵守规则,互相配合协调,也是孩子学习社会交往的途径。

二、亲子游戏的现实困境

(一)家长亲子游戏观欠缺

陈鹤琴先生在《家庭教育》中曾指出,幼儿具有好奇、好动、好游戏、好模仿的特性。《3—6岁儿童学习与发展指南》也提出,幼儿的学习是以直接经验为基础,在游戏和日常生活中进行的。可以说,游戏对于幼儿来说是非常重要的学习方式。但是,

---

① 王秀丽.幼儿亲子游戏现状调查分析[J].陕西学前师范学院学报,2018(1):65.

目前仍有许多家长认为只要把孩子放在幼儿园里,由教师传授知识,孩子的身心就能健康地成长,忽视了自己在孩子成长过程中的重要性。我国一些经济欠发达地区以及农村关于亲子游戏的宣传力度并不大,一些家长对于亲子游戏意义的认识还不够,对于亲子游戏,他们甚至存在一些不恰当的看法。此外,大部分家长在游戏的过程中不善于引导孩子养成良好的行为习惯,孩子得不到正确的指导,从而不利于孩子身心健康成长。同时,也有家长没有正确认识到开展游戏的时间长短、空间大小、材料以及不同游戏类型的特殊作用,家长亲子游戏观相当欠缺。当然,这与家长主要通过自己阅读或与周围的人交流来获得关于亲子游戏知识的途径有关,家长很少去咨询教育专家,其实用性和正确性无法检验,并且这种方式也不利于家长形成正确的亲子游戏观。

(二)家长与幼儿共同空余时间较少

充沛的游戏时间是保证游戏顺利进行的基本前提。但由于受到现代社会竞争压力的影响,家长和孩子同样面临着一定的压力,家长既要专心工作又要顾全家庭,孩子除了上幼儿园之外还要参加各种学习班、兴趣班,两者之间的矛盾直接导致亲子间共同空余时间、游戏时间减少,从而使家庭亲子游戏得不到很好的开展。而各种课外的学习班、兴趣班占用了原本可以开展家庭亲子游戏的时间,使可开展游戏的时间受到限制,不能满足孩子对游戏的需求,因此也不利于孩子的成长。农村留守儿童、城市流动儿童的亲子游戏时间更是不容乐观。留守儿童大多是爷爷奶奶隔代教养,亲子游戏一般只限于玩具的提供;流动儿童虽然跟随父母来到大城市,但因为父母工作比较繁忙,亲子游戏的时间与机会也是很少的。

(三)家庭亲子游戏内容单一、随意

不同类型的游戏对孩子的发展有不同的功能,例如,语言游戏能促进孩子语言表达能力、思维能力发展;益智游戏能促进孩子创造力、智力发展;体育游戏能促进幼儿身体和运动能力发展;角色表演游戏能增加孩子情感体验,培养积极情感,促进孩子社会性发展;建构游戏能促进孩子动手操作能力、空间想象能力的发展等。相关调查表明,大部分家庭常常开展同一种、两种游戏或者固定的几种游戏。这说明大部分学前儿童家庭开展的亲子游戏内容都比较单一、类型较少且重复性较高,起不到很好地支持孩子发展、开发孩子智力的作用。

此外,大部分家庭亲子游戏的内容选择比较随意。不同性别、不同年龄的幼儿需要和适合的游戏内容是不同的,为促进幼儿的身心健康发展,亲子游戏内容最好要符合幼儿的兴趣与年龄特点。总的来说,家庭亲子游戏内容的来源主要有:孩子自主生成、父母临时生成的游戏想法,父母想让孩子习得某方面的知识或能力,父母根据孩子的性别或者年龄简单确定。

(四)家庭亲子游戏材料不够丰富

大多数家庭都存在游戏材料种类单一、数量不够、使用和更换频率低等问题。有的家庭提供给孩子的材料以结构性游戏材料为主,比如方形、圆形积木或插塑玩具较

多,益智、体育类的玩具数量较少,种类比较单一。有的家庭玩具更换的频率较低,家长半年多不给孩子购置玩具,很多旧的玩具已经破损,孩子也不再去碰它了。有的家长认为幼儿园的材料已经足够,没有添置的必要了。还有的家长过于追求材料的精美度,反而忽略了材料其他方面更为重要的价值,以及孩子是否有游戏操作的兴趣。现实生活中,大部分家长在游戏中使用的都是购买的具有专门性、针对性的材料,原因在于大部分家长认为自己动手制作游戏材料比较浪费时间,"一般家长买玩具都是以孩子的喜好为主,较少考虑玩具的价格或者玩具是否适合孩子的年龄。事实上,有些玩具不仅价格昂贵,而且功能固着,玩法单一,有可能限制孩子的发展。"①如果家长可以根据孩子的特点提供一些具有可操作性、开放式结构的游戏材料,将会引发孩子不同的游戏行为,不但具有节约成本的好处,还能促进孩子想象力和创造力的发展,这对于亲子游戏的开展也能起到促进作用。

(五)家庭亲子游戏指导科学性不足

虽说大多数家长理解孩子,尊重孩子的自主权和选择权,放手让孩子自己游戏,并为孩子提供一定的游戏指导,但是家庭亲子游戏每次的内容大同小异,单调重复,易使孩子丧失兴趣。有的家长只关注到游戏的娱乐性,却没有对游戏进行合理的引导,忽略了游戏的教育性与益智性。甚至有些家长对游戏有着强烈的控制欲,让孩子按照成人的思路做游戏。当孩子在游戏的过程中遇到困难时,超过一半的家长会立即帮助孩子,这种强烈的引导意识会削弱孩子自主思考、自己解决问题的能力,这其实是剥夺了孩子自主游戏、自主探索学习的权利,是在"游戏儿童"。游戏的精神强调自由、自主、愉悦、创造,家长不应矫枉过正,孩子只要能够体验到游戏带来的愉悦感,游戏的价值就得到了体现。大部分家长在鼓励、表扬时只是使用"宝宝加油""真棒""真聪明""真乖"这样类似的词语,这种笼统、抽象的言语鼓励方式对孩子的引导作用其实并不大。但家长毕竟不是教师,缺乏专业的知识,亲子游戏指导时缺乏一定的科学性,干预的方式不够科学,他们需要幼儿园及社会上科学育儿的指导,但是幼儿园关于家庭教育和亲子游戏等方面的讲座或教育较少。幼儿园是幼儿学习的主要场所,是孩子除家庭之外的第二所学校,有为家长更好地科学育儿提供指导的义务。而据我们的调查,绝大部分幼儿园很少开展家长讲座,更没有开展过关于亲子游戏的指导。

(六)社会舆论导向的偏差

社会上关于家庭亲子游戏不够重视,且有部分家长认为游戏只是单纯地玩,没有正确认识到游戏是儿童的基本活动,是孩子的学习方式等重要价值。"勤学苦读""业精于勤荒于嬉"等名言警句告诫我们要以学业为重,家长把这种思想在无形中实施着,同时也教会了下一代沿袭传统文化,因此,孩子充分自由的游戏成为可望而不可及的梦想。

---

① 吴丽丽.幼儿家庭亲子游戏的现状研究[D].福州:福建师范大学,2016:59.

(七) 社会专为儿童建造的公共设施太少

我们的公共设施已经建造得很好了,但是专为孩子建造的游戏空间却少之又少,到底哪里才是孩子游戏的天堂?试想一下,如果全社会的公共设施有三分之一是为儿童而建,为孩子想到的多一点,家长自然就会多把眼光投入孩子的游戏上,亲子游戏也会自然而然地在大自然、大社会中进行。

三、亲子游戏的指导策略

(一) 创设和利用环境

亲子游戏需要在一定的时空中展开,这样孩子在自己的小天地里才敢放心大胆、无忧无虑地玩,也只有提供合适的游戏环境,孩子才能充分发挥想象,充实游戏内容。住房宽敞的家庭可以为孩子提供专门的"游戏室",为孩子设立不同的游戏区,并投放合适的玩具,比如,在建构区摆放积木,形状各异的几何体能发展孩子的动手能力和空间想象能力。住房条件受限的家庭可以腾出一个角落,用布隔开或用废旧材料为孩子布置一个特殊的环境以方便亲子游戏的开展。同时,家长要充分利用自然资源和社区资源,抽出更多的时间参与孩子的游戏。阳光、山川、树林等自然资源也应成为亲子游戏的重要资源,家长利用周末或假期多带孩子亲近大自然,在自然中尽情游戏,既可以开阔孩子的视野,又可以发展亲子关系,对孩子的身心发展有着重要的作用。

(二) 亲子共同制作玩具

在保证安全卫生的前提下,家长可以最大限度地利用废旧材料和孩子一起自制亲子游戏的玩具,同时根据孩子的年龄特点选择游戏内容和玩法。自制玩具,是一个动脑、动手,调动孩子积极参与的过程,有利于孩子更好地了解"玩具",同时发展孩子的想象力和创造力。例如,家长平时留心收集日常生活的废旧物品,将其消毒并简单分类,带领孩子从材料自身的特点出发,考虑自制玩具的可能性,它的外形像什么?怎样巧妙利用?内部是否有容积?怎样利用?其横截面、纵截面的形状和内层结构是否可以利用?多个物体从不同角度叠加或组合后是否可以利用?用废旧纸盒制作电话、棋盘,用易拉罐制作小车,空塑料瓶做保龄球……在制作过程中,尽量保持素材原有的特色,注意制作后的玩具美观安全,并保持材料原有的生命力。亲子一起制作玩具的过程可以锻炼孩子的手眼协调能力及小肌肉运动能力,养成与他人团结协作的习惯。除此之外,成品玩具的选择更应该重视玩具的功能,考虑玩具是否适合孩子的年龄特点和心理特点,是否结实耐用,不要选择外表华丽、价钱昂贵但无实用价值的玩具。

(三) 积累游戏经验

亲子游戏的开展也需要一定的知识和经验,家长要善于根据孩子的身心特点,创新游戏。总是玩"藏猫猫""丢手绢"这样的游戏,孩子也会慢慢失去兴趣,产生厌烦。

"幼儿家长应该通过书刊或者网络等途径多学习和积累有关亲子游戏的知识与经验",①结合孩子的年龄特点和本地区的实际情况,为孩子选择适宜的亲子游戏。比如,和小班的孩子,用水果外面的网兜,里面塞入报纸,做成"纸球",一起玩"丢沙包"的游戏,训练孩子灵活躲闪的能力;和中班的孩子,用贝壳作为材料,玩"抓石子"等游戏,训练小肌肉动作的灵活性;和大班的孩子,各种智力游戏、娱乐游戏、体育游戏、角色游戏等都可以开展,和孩子一起下棋,一起建构,一起故事表演,一起角色互动……家长要作为一个真正的游戏者,与孩子共游戏,与孩子的生活世界相交融,悬置成人的观点和视角,倾听和理解孩子内心的需求,根据不同的游戏类型和游戏情境,选择和切换自己在游戏中的角色。"在孩子无所事事时,家长去做一个游戏的发起者,与幼儿共同协商一个可行的游戏想法;在孩子游戏行为简单、重复、混乱时,家长以游戏伙伴的身份丰富游戏的情节,保证幼儿游戏体验的完整性;当孩子独自游戏,全神贯注地尝试自己面对挑战时,家长静静地做一个观察者、隐匿者,避免打破幼儿游戏的完整。"②

四、亲子游戏的实景解读

场景一:挫冰进行曲,快乐无止境

时间:6月20日 晚上7:30~8:30

地点:书房

人物:华华(小班,女)、妈妈

过程:

妈妈在上网,华华从楼下跑上来,看到妈妈在听音乐。

华华:"妈妈,幼儿园里做操的歌我们家有没有啊?我要听!"

妈妈:"妈妈不知道是谁唱的呀,这样吧,我问问这位阿姨啊!"

妈妈对笔者说:"华华在小班做早操的音乐是'红豆、大红豆,芋头'什么的。华华特别喜欢,一直说要我给她在网上找这首歌,可是我又不知道那歌叫什么名字,所以一直找不到。"笔者听她念了几句,原来是阿雅的《挫冰进行曲》。于是笔者帮华华妈妈在百度上搜到了这首歌,妈妈开心极了!

妈妈:"华华,快点过来,洁阿姨帮你找到你喜欢的歌啦!过来听听是不是这首?"妈妈开始放歌。

华华跑过来,听了一下歌的前奏:"耶!妈妈,就是这首歌!"说着开始做起操来了。

妈妈:"华华,你到前面的空地上来跳操吧!"

华华:"好的!"华华在书房前面的空地上跳起操来,天真质朴的动作把我们都逗

---

① 于爱华,李倩.论幼儿亲子游戏的指导策略[J].大连教育学院学报,2016(3):85.
② 吴丽丽.幼儿家庭亲子游戏的现状研究[D].福州:福建师范大学,2016:61.

笑了。只见她挥舞着双手做切芋头的动作……可是做到一半她忽然停了下来,"妈妈,我忘记怎么做了!"

妈妈:"那妈妈跟你一起做吧,你再仔细想想!"妈妈走到华华的身边,跟着音乐跳起来,华华见妈妈跟自己一起跳,脸上笑成了一朵花,特别开心。两个人都不会的地方,妈妈就根据歌词自己编几个动作,华华就模仿起妈妈的动作来。

华华:"妈妈,不对!我想起来了,这里的动作是这个样子的。"说着就把想起的动作做给妈妈看。

妈妈:"嗯,还是华华最棒!这个动作真好看,你教教我好吗?"

华华:"好的!妈妈你这样做……"华华像小老师一样手把手地教妈妈,妈妈则对华华做的动作加以指导,让她做得更好。

妈妈:"华华,我们从头开始放音乐,把操连起来做一遍好吗?"

华华开心地说:"好。"音乐起,妈妈和华华一起跟着音乐跳起来……

图 5-1　华华教妈妈做早操

评析:

本次亲子游戏属于音乐游戏,游戏的发起者是成人。妈妈对华华回家说的话很重视,并且一旦有机会就想帮女儿实现,可见妈妈非常用心,平时很重视对女儿的教育。妈妈在游戏中的表现有以下几点可借鉴之处:

1. 注意倾听孩子的需求。在有可能的情况下尽量满足孩子的愿望,因为妈妈知道生活中的每一个细节都是孩子成长的机会。

2. 主动参与游戏,讲究指导策略。在孩子想不起来怎么做早操动作的时候,妈妈的指导策略相当好,和孩子一起游戏,让孩子在游戏中主动积极地探索,最后得到了非常理想的效果,孩子自己想出了原来的动作。可见,给孩子思考的时间和机会,不管在孩子的游戏中还是在孩子的学习中,都是非常重要的。此外,妈妈的指导策略还注意了让孩子发挥主观能动性,即让孩子教自己做早操动作,妈妈扮演学习者的角色,增强了孩子参与游戏的兴趣,同时孩子也享受到了成功的喜悦。

3. 注重游戏中的情感体验。妈妈给孩子主动探索的机会,和孩子玩在一起,亲切自然。亲子游戏的最终目的并不是孩子学到什么,而是孩子在游戏中得到快乐、丰富的情感体验,笔者觉得妈妈在这点上做得非常好。

场景二:有趣的国际象棋

时间:7月8日　晚上7:00~8:00

地点:客厅

人物:阳阳(中班,男)、妈妈

过程:

阳阳周末会去少年宫上国际象棋和画画兴趣班。一段时间下来,阳阳的学习效果显著,经常晚上回来缠着妈妈和他下几盘棋。

阳阳:"妈妈,我想下国际象棋,我找不到我的棋盘了!"

妈妈:"好,我拿给你!"妈妈拿来一个棋盘。

阳阳:"不是这个,是另外一个!爸爸给我做的那个!"

妈妈:"哦,知道了!"妈妈又从房间里拿出另外一个棋盘:这是一个用硬纸板做的棋盘,爸爸很聪明,把棋盘做得很精致,一格一格的,黑格子用记号笔涂满,涂得很均匀。

阳阳:"妈妈,我们来下一盘吧!你拿黑棋,我拿白棋,我们这次就用兵走!"说着拿了8个黑棋、8个白棋分别摆好,"妈妈你先走!"

妈妈:"哦,呵呵! 阳阳今天看到老师来了,懂事了!"

妈妈转向笔者说:"他平时下棋的时候都是自己抢着先走的,今天看到你来了,知道谦让了,真是太难得了!"

阳阳:"妈妈,你走呀!你走第一步的时候,可以先走两格,以后就只能一格一格走了。"

妈妈:"嗯,我先走!"妈妈把她中间的一个兵先向外移出了两步。

阳阳:"我也要走啦!"阳阳也从他的8个兵中挑了一个往前走了一步。

妈妈:"哈哈,你小心哦! 我要靠近你的兵啦!"妈妈又挑了一个兵往前走了一格。

阳阳:"妈妈你才要小心一点呢! 我的兵要靠近你的那个兵啦!"阳阳把刚才走出来的那个兵又往前移了一格。

妈妈:"我才不怕呢!"说着把第一个兵往前移了一格。

阳阳:"吃!"阳阳把他的兵直进一格,旁边刚好是妈妈的兵,阳阳赢了一个棋子。

妈妈:"哎呀! 我太不小心了! 怎么没注意到要被你吃了呢?"

阳阳:"哈哈! 妈妈,没关系的,下一次我让你,我在少年宫学的,你没有学嘛!"

妈妈:"嗯,阳阳还真是懂事了! 懂得谦让了!"

阳阳和妈妈继续下棋,下了一盘,最后还是妈妈输了。妈妈摸着阳阳的头,夸阳阳在兴趣班学得真棒。

阳阳："妈妈,老师还教了一个新的走法呢!"说着拿起象棋跟妈妈解释刚学的新走法……游戏一直持续了一刻钟。

评析:

本次亲子游戏属于智力游戏,笔者觉得游戏材料的使用是本次游戏的亮点。阳阳的棋盘是爸爸亲手制作的,因为原来买的棋盘不够大,阳阳在下棋的时候总觉得地方太小,稍微不注意就会碰到其他棋子,所以爸爸给阳阳做了一个新的棋盘解决了这个问题。妈妈在游戏中有以下几点值得我们借鉴:

1. 妈妈就阳阳在游戏中谦让这一品质及时给予表扬,从而强化了阳阳谦让的概念。表扬的效果在后面的游戏中也体现出来了,如阳阳说:"妈妈,没关系的,下一次我让你!"

2. 本次游戏中笔者觉得阳阳的表现是亮点,如他向妈妈介绍游戏规则;提醒妈妈小心下棋,不要输掉了;跟妈妈解释新学的象棋走法等。笔者觉得阳阳之所以会有这些表现原因有两点:一是妈妈在游戏中引导得比较好,对孩子说出的话都能用很好的话语来回应;二是中班幼儿有想说的愿望,不管在游戏中还是在学习中,幼儿都有强烈的表达欲,让别人来了解自己,可见幼儿的语言表达能力和情感发展都向前迈了一大步。

可以深入的地方:亲子游戏除了让幼儿动起来之外,幼儿语言表达能力也可以在游戏中得到锻炼,特别是益智类的亲子游戏,父母与孩子的交流是非常多的。在这个过程中,我们可以看到孩子成长的进步。笔者觉得妈妈可以就这个游戏跟孩子说说国际象棋的历史,扩大幼儿的知识面。

场景三:小牙医

时间: 10月2日 晚上7:00~8:00

地点: 家庭游戏房

人物: 笑笑(大班,男)、妈妈

过程:

家里专门的游戏房中,笑笑在用小积木进行建构游戏,他一边搭一边不时地说出自己的想法。

笑笑:"这个是椅子,这里要放一个灯,要不然看不清。桌子上要有病历本和笔。"

妈妈:"这个要做什么呢?"

笑笑:"就是看病,医生坐在里面,病人在椅子上躺下。我现在是牙医哦。"

妈妈:"那牙医你可以看看我的牙齿有什么问题吗?"

笑笑做出打开灯,拿起器材的样子:"躺好了,张开嘴哦!你的牙齿坏了,不能吃糖咯!"

妈妈:"好的,那我就先回家了。"

笑笑:"等等,你没有拿药呢,牙疼是要吃药的。"

妈妈:"那我要去哪里拿药呢?"

笑笑:"一楼就可以拿药了,你走吧。"

妈妈:"好的,不过医生你没告诉我要拿什么药呀。"

笑笑:"哦,那你再回来一下,我再看看你的牙齿,应该是吃一些治牙疼的药就好了,一定不要吃糖哦,不然小朋友会不喜欢你,爸爸妈妈也会不高兴的。"

妈妈:"好的。谢谢你。"

笑笑:"不客气。那么你觉得我这个医生看得怎么样?"

妈妈:"嗯,很好啊,医生再见。"

咚咚咚,妈妈模拟有人敲门的样子。

笑笑:"请进!"

笑笑:"你怎么又来了,牙疼了吗?是不是又偷偷吃糖了?"

妈妈:"嗯。"

笑笑:"叫你不听医生的话哦,妈妈有没有骂你啊?"

妈妈:"我保证下次不吃了,说到做到。"

笑笑:"过来吧,躺在椅子上。"

妈妈:"好的。"

笑笑:"张开嘴,啊——你的牙齿坏掉了,要拔牙了!"

妈妈:"会疼吗?"

笑笑:"可能吧,鳄鱼也会疼的,你等下不要咬我哦。"

妈妈:"好的,我会注意的。"

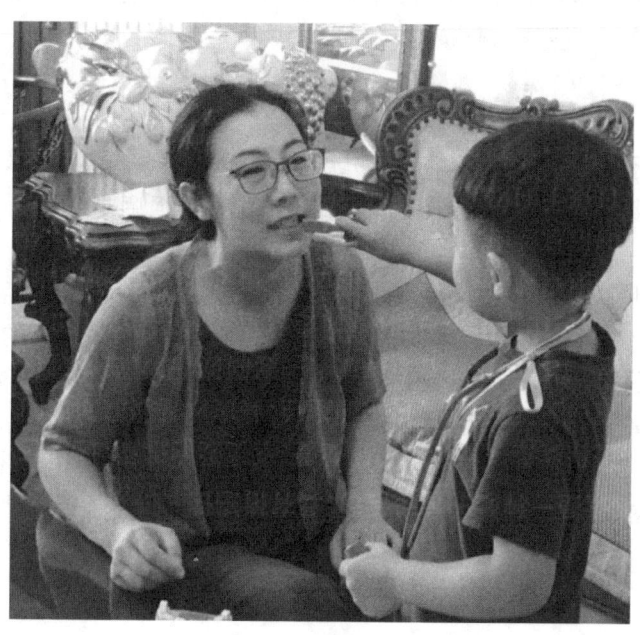

图5-2 笑笑当牙医

笑笑拿起工具假装对妈妈的嘴动了几下:"好了,你的牙拔好了,疼吗?"

妈妈:"挺疼的,我下次再也不想来了。"

笑笑:"拔牙肯定会疼的,不过你下次不要再吃糖了,我也不想帮你拔牙了。"

妈妈:"好的医生,你也不要多吃糖哦,拔牙真的很疼的。"

笑笑:"我是牙医,肯定不会多吃糖。医生才不会生病呢!"

评析:

这是一次以建构游戏为基础,以角色游戏为主体的家庭亲子游戏。在这次游戏当中,笑笑主动开展游戏,妈妈以病人的身份主动参与游戏。角色游戏一般是生活经验的反馈,在这次游戏中妈妈的引导策略很有借鉴意义:

1. 家长主动参与孩子的游戏。在孩子独自游戏时,家长以游戏中的身份参与游戏,可以帮助孩子增强游戏体验感,更加积极主动地表达。妈妈以病人的身份请小牙医看牙,利用各种形式,如提问、建议等让孩子愿意与自己交流,配合孩子的要求,适当进行引导。

2. 在游戏中,家长善于用角色的身份引导游戏的开展。在游戏时,医生忘记给病人开药单,家长对医生进行询问,有助于增加孩子的经验,使游戏更加完整。家长与孩子多进行语言交流可以让孩子在直接的语言环境中学会用语言交往,提高孩子的语言表达能力。

3. 家长积极引导孩子体验不同角色所履行的职责,增强游戏体验。角色游戏是现实生活的再现,通过开展角色游戏,让孩子体验到不同的角色。家长适时的介入、提醒和引导让孩子体验了看病流程的同时,还学会了关心他人,帮助他人。在以后的活动中,家长还可以通过视频、亲身体验等方式丰富孩子经验,让角色游戏开展得更有效。

4. 家长善于挖掘游戏中具有教育意义的片段,及时对孩子进行教育。家长通过牙疼请医生拔牙,强调拔牙的疼痛,潜移默化地增强孩子拔牙的体验,从医生的角度提醒病人不要多吃糖,这样的方式比家长在生活中反复强调要更有效,具有很好的教育意义。

5. 家长拓展孩子多种经验,将生活经验、绘本阅读经验和游戏经验相连接。多吃糖会牙疼,牙疼了要看牙医,严重的时候还要拔牙,以及牙医看牙的流程等都是孩子生活经验的积累。家长灵活运用之前与孩子共同阅读过的绘本故事《鳄鱼怕怕牙医怕怕》,来丰富游戏中的对话,增强趣味性的同时,还可以引起孩子的共鸣,引发孩子的联想,提高孩子参与游戏的兴趣。例如,游戏中的对话"我再也不想拔牙了"和"我也不想帮你拔牙了"。家长可以通过增加绘本阅读量,灵活运用曾经看过的故事情节加入游戏等方式,引起孩子的兴趣,从而提高游戏的质量。

第二节 学前儿童家庭亲子阅读指导

吉姆·崔利斯《朗读手册》上有这样一段话:"你或许拥有无限的财富,一箱箱珠宝与一柜柜的黄金。但你永远不会比我富有,我有一位读书给我听的妈妈。"由此可见,亲子阅读对于学前儿童来讲有着特别重要的意义。

一、亲子阅读的独特价值

美国人本主义心理学家马斯洛将人的需要层次分为七个层次,从低到高依次为:生理的需要、安全的需要、归属与爱的需要、尊重的需要、认知的需要、审美的需要、自我实现的需要。我们将儿童的需要和亲子阅读做个简单的对应:

表 5-1 儿童的需要与阅读

需要的层次	需要与阅读
生理的需要	儿童有发展小肌肉和精细动作的需要。阅读过程中拇指与食指一页页翻书,眼睛注视图片与文字,用小手指点文字等正促进了儿童小肌肉的发展和手眼协调能力的发展。
安全的需要	儿童希望有一种心理的安全感,尽量减少心理矛盾与情绪压力。儿童头脑中的世界就是一个完整的诗意的童话世界,图书带他们走进的正是这样一个"灵性的世界"。
归属与爱的需要	儿童希望得到成人的关注与爱,这是他们成长的情感动力。成人和孩子一起阅读,弥漫的就是浓浓的亲情。
尊重的需要	儿童年龄虽小,但他也有自尊心、自信心,希望得到别人的尊重、信赖及肯定。阅读并不是父母的一厢情愿,儿童才是阅读活动的发起者、组织者、行动者、评价者及受益者,尊重儿童的主体性。
认知的需要	婴幼儿从一个自然人过渡到社会人,需要不断地扩充对社会的认知。阅读带儿童进入的是一个更加丰富多彩的世界,扩充儿童的经验,发展儿童的想象力。
审美的需要	儿童对美好的事物有一种天生的偏爱倾向,他们的美感总是和具体的、形式的、外在的美联系在一起。阅读将形象艺术与语言艺术结合起来,引发儿童的审美情趣。
自我实现的需要	伴随着儿童的成长,自主性、独立性也在不断增长,他们希望有控制环境的力量,希望处处能体现自己的能力。讲故事、编故事、演故事、玩故事、看图书、做图书……这些探索之旅给儿童带来了体现自我,实现自我的满足感、成就感。

(一) 亲子阅读是一种爱的传递活动,具有情感性

亲子阅读的过程就是一个让孩子感受爱、享受爱的过程,这是它突出的特点。阅读对于孩子而言,首先是得到爱与快乐的途径,其次才是获取知识的手段。孩子带着听有趣故事、看有趣图画的积极心态和成人一起阅读,成人在此过程中不伴随具体的评判活动,其目的不是让孩子学习知识,而是营造一种轻松愉快的氛围。家庭之中,孩子依偎在父母怀抱里,倾听父母温柔的话语,和父母一起畅游书的世界。这些来自视觉、听觉、触觉的信息经由孩子的大脑就会被诠释为慈爱、安全、温情,同时父母也深切地感受到来自孩子的依恋之情。阅读之中弥漫着浓浓的亲情,缩短了两代人的距离,产生共同的欢乐,达到相互的理解与信任。阅读应该成为孩子和父母甜蜜的享受。反之,如果在这个过程中,孩子的第一需要——父母的爱缺乏的话,那么在孩子看来,这次阅读就是没有意思的、失败的。

(二) 亲子阅读是一种快乐的活动,具有愉悦性

阅读对于孩子来讲,与其说是一个掌握知识的过程,不如说是一个和成人共同游戏的过程。和孩子一起看书,并不是简单地将图书上的字一个一个地念给孩子听。亲子阅读很重视阅读情境的陶染,借助各种游戏的手段激发孩子的阅读兴趣,比如角色扮演、延伸想象、猜猜认认、改编情节等,互动交流,其乐融融,从而提高孩子参与阅读活动的主动性,使阅读成为孩子的内在愿望与动机。

愉悦性还体现在让孩子感受到阅读的舒适。如老师布置的家庭作业是让小朋友找一棵阴凉的大树,靠在树干上,拿一本书很惬意地读。强调阅读的舒适,并不是为了滋养懒惰,目的是让孩子觉得阅读是一件很美好、很享受的事情,日后就容易成为一个喜欢阅读的人。家庭之中的阅读正可以让孩子体验到这种舒适,比如,孩子有充分的看书时间,有足够大的阅读空间,可以向父母随时提问,得到父母及时的回答,也可以和父母一起靠在柔软的沙发上看书,边听音乐边看书,甚至可以在阅读之余品尝到父母精心准备的可口茶点。阅读活动总是和愉快的情绪体验联系在一起,那么幼儿对阅读的喜爱之情将是深刻且持久的。

(三) 亲子阅读是一种养成性活动,具有可持续性

亲子阅读和普通阅读的目的不同,在亲子阅读中,我们强调的是让孩子学会阅读,而不是通过阅读来学习。"学会阅读",我们可以称之为"前图书阅读经验"——体验阅读的乐趣,掌握阅读的技能,培养阅读的习惯。处于学前期的孩子,其兴趣以直接兴趣为主,他们只会主动从事令他们感到舒服、愉快的行为,我们强调成人与孩子之间创设轻松、快乐、和谐的氛围,强调亲子阅读不以识字为主要目的,就是为了激发孩子阅读的兴趣。只有孩子喜欢阅读,愿意阅读,真正阅读了,才谈得上阅读技能的掌握与提高,才谈得上阅读习惯的养成与巩固。简单的阅读技能与良好的阅读习惯都是通过亲子阅读、师幼共读习得的。这些简单的技能和习惯包括:了解书的组成部分;学习观察画面;分析书中的图片、标记、文字之间的关系;熟悉并掌握从上到下、从左到右以及按画面排列顺序阅读的规则;培养正确的阅读姿势;爱护图书,不在书上乱涂乱画，不拆、不撕图书；看完后将图书放回原处并收拾整齐等。由此可见，亲子阅读的出发点与落脚点都是让孩子在与成人的互动中喜欢阅读，并有终身阅读的愿望与能力，形成看、听、读、写一整套终身养成性教育，即亲子阅读之意不在于"书"，而在于"阅读过程"。

（四）亲子阅读是一种社会性活动，具有互动性

亲子阅读非常强调阅读之中成人与孩子的相互作用，这是亲子阅读能否成功的关键，也是其独特价值得以体现的主要条件。在阅读之前、之中、之后，成人和孩子随时都可以就故事所涉及的内容进行各种非正式的讨论。成人和孩子的互动可以分为平行式、交叉式和垂直式。平行式亲子阅读，成人主要以观察者的身份出现，进行主动的观察，倾听孩子自己对故事的描述，观看孩子对图书的翻阅，鼓励孩子大胆想象，让孩子尽情展示想象力，自由发挥。在观察中，成人可以了解孩子现有的阅读发展水平，使自己的指导有的放矢。交叉式亲子阅读，成人主要以参与者的身份出现，孩子有需要的话，成人和孩子共读一本书，一起角色扮演，一起讨论问题，一起制作小图书等。在参与之中，孩子和成人共享阅读的快乐，同时也加深了对故事的理解。垂直式亲子阅读，成人主要以指导者的身份出现，引导孩子有序地观察图画，示范如何对图画进行观察与描述，提高孩子的观察力、表达力、思维力；当孩子就自己不理解的情节或概念提出问题时，成人可以结合孩子的日常经验，以合适的方式给予及时的解答。

由此可见，亲子阅读对孩子而言，是一次和成人成功交流的有益的社会实践，在与成人的互动中，不仅可以促进孩子对相关概念、情节的理解，对故事做更深入的思考，增长知识，还有助于孩子学会倾听和理解别人的语言和观点，尝试组织语言来提出自己的疑问，表达自己的观点，提高社交能力，并建立起自己的知识网络与价值观。

（五）亲子阅读是一种渗入式活动，具有默化性

一本优秀的图书，本身就蕴涵着丰富的发展因素，它运用丰富的想象力，通过色彩美丽的插图和浅显生动的文字，把孩子生活世界中有趣的事物和他们渴望知道的东西一一展现，从而满足孩子的需要，扩展知识经验，陶冶情操，发展初步的审美能力。成人和孩子一起遨游图书的世界，借用书中的人物和故事教育孩子，比起枯燥的灌输、简单的说教，其效果有效、深刻、持久得多。

亲子阅读还是一个让孩子从"口头语言"向"书面语言"过渡的安全桥梁。孩子能进行自主阅读活动之前，他们的故事来源主要是父母、教师的讲述，成人讲故事主要使用的是日常口头语言，遣词造句不固定，具体用语有很大的灵活性。而读故事，是以书籍中的文字为蓝本，书面用语的句式相对较固定，符合语法规则，语言规范。成人富有感情的朗读，为故事中的书面语提供了语音信息，孩子结合自己已有的口语知识经验，从而达到对故事的理解，同时也让他们接触了正式的书面用语。

需要指出的是，在亲子阅读过程中实现的识字是阅读活动的副产品，不是活动本身的目的。亲子阅读活动中，同样的文字，孩子可能会在不同的语境中多次遇到，一方面,看到似曾相识的"老朋友",孩子会倍感亲切,甚至兴高采烈;另一方面,在不同的上下文中理解同一个字的不同意义,可以让孩子加深和丰富对该字的理解。同时,孩子在反复接触图书的过程中,通过成人的引导,可以认识汉字的独特书写风格,知道汉字的基本间架结构,甚至可以尝试用有趣的方式练习基本笔画,在自己动手写写画画的过程中,了解书写的初步规则,认识书写的工具,掌握正确的书写姿势。以上种种,我们称之为"前识字经验"和"前书写经验",这些经验的获得有助于提高孩子对文字的敏感性,认识到汉字的美,并为幼儿进入小学后的正式学习书写做好准备。

二、亲子阅读的指导方法

亲子阅读是在轻松、愉快的亲密气氛中,父母和孩子并非以学习为目的,共同阅读图书的类似游戏的活动。在阅读过程中,家长都在自觉不自觉地采用着一些指导方法,常用的方法有:

(一) 儿歌吟唱法

含义:家长配合图片吟唱儿歌的阅读方法。儿歌可以是图片或图画书本身配有的,也可以是根据情景自编的,关键是读出儿歌的韵味,给予孩子一种节奏感,让孩子感知语言的韵律美。这种方法比较适合婴幼儿。

指导要点:(1)选择有语言韵律感的儿童读物,便于读出语言的节奏美;(2)调动孩子视觉、听觉、触觉等多通道参与阅读。

(二) 点读识认法

含义:在孩子阅读时,家长借助图书中的画面及有关文字材料,引导孩子在指指认认、讲讲说说过程中学习阅读,是一种融识认与阅读为一体的阅读方法。点读识认法的适用年龄没有明确界限,家长可根据阅读的内容来选取此种方法,比如认识各种图片、数字或者汉字等。

指导要点:(1)创设安静适宜的阅读环境,有助于孩子集中注意力;(2)引导孩子体会文字的奥妙,把文字当作一种图画来认识;(3)在大自然、大社会中学习,认读各种标志、路牌等。

(三) 朗读感受法

含义:在孩子阅读过程中,成人将静止的画面、无声的文字转化为有声的语言,通过诵读的方式帮助孩子欣赏和感受图书的阅读方法。成人用生动的语言配上形象的动作,并与孩子展开对话,从而加深孩子对阅读内容的了解,提高阅读兴趣。

指导要点:(1)家长要注重朗读时的语言艺术和情感表现;(2)精心挑选适宜的阅读材料,绘本情节有趣生动;(3)创设舒适的阅读环境,让孩子享受阅读的乐趣。

(四) 讲做结合法

含义:家长与孩子一起做手工,或将听过的故事用图画、剪贴、泥工等方式表达出来的阅读方法。借助于绘画、手工等手段,使孩子的思维有一个形象的载体,在说说做做中增强动手能力,将阅读动态化、多元化。

指导要点:(1) 结合阅读的需要,重在孩子的表现与表达;(2) 把做的主动权交给孩子,孩子为主体,家长做辅导。

(五) 随机引导法

含义:家长在日常活动中发现阅读的契机,通过对话交流、亲子游戏等形式对孩子进行指导的阅读方法。这既是孩子发现问题、提出问题的过程,又是在家长引导下明确问题、解决问题的过程。

指导要点:(1) 精心寻找进入话题的契机,和孩子共同讨论;(2) 创建亲子阅读的平台,在阅读中增进亲子关系。

(六) 故事表演法

含义:家长与孩子以作品中提供的人物、情节和场景为基础,分别扮演不同的角色,通过对话、动作、表情等来再现作品内容的阅读方法。

指导要点:(1) 选择合适的表演作品,即作品中有具体的场景、性格突出的角色以及跌宕起伏的情节;(2) 家长重在配合与引导,为孩子的表演提供物质、精神的帮助。

(七) 观察理解法

含义:家长指导孩子观察图片、文字,配合适当的讲解,帮助孩子理解的阅读方法。这种方法以引导孩子关注图书内容和结构为主,帮助孩子初步掌握阅读图书的基本技能和方法。

指导要点:(1) 帮助孩子学会观察的技巧,学习观察画面与文字,理解图书的构成;(2) 教给孩子阅读的方法,从上到下,从左往右,图文结合。

(八) 创编情节法

含义:通过创设一定的假设情境,鼓励孩子根据故事提供的线索创编,并用口头语言表达自己的经验和创作,让孩子有较大的自主性的阅读方法。

指导要点:(1) 把握契机,提出假设,如果你是故事中的角色你会怎样;(2) 对孩子的创编以肯定与鼓励为主,增强自信,提高创编能力。

(九) 讨论交流法

含义:家长和孩子就阅读内容展开讨论、交流想法,以此扩大孩子的知识面和想象空间,更好地促进孩子语言和思维的发展的阅读方法。

指导要点:(1) 创设情境,引导表达,亲子共同讨论,交流心得;(2) 角色转化,学会移情,真正理解阅读的内容。

(十) 自主阅读法

含义:家长营造温馨、宽松的环境,孩子独立地阅读讲述的阅读方法。这种方法比较适合年龄较大的孩子。

指导要点：(1)给孩子提供相对稳定的自主阅读的时空，最好有自己的阅读空间；(2)家长做一个阅读示范者，潜移默化地影响孩子。

三、亲子阅读的主要材料——绘本

阅读材料，泛指一切传递信息的符号，包括文字、语音、图画、标识等，亲子阅读中，最主要的材料就是绘本（图画书），因为它和儿童的本能相契合，对于绘本的选择，也要有科学的指导。

（一）绘本的种类

关于绘本有一个普遍的说法：图画书适合0—99岁的人阅读。日本的纪实文学家柳田邦男说："一生有三次阅读图画书的好时机。第一次是自己还是孩子的时候；第二次是自己做了父母抚养孩子的时候；第三次是人生过半，面对衰老、疾苦、死亡的时候。"

关于绘本的分类，我们可以按其内容、制成形式、作家的国别、产生的年代等标准进行分类。本节将按照图画书的内容进行分类，首先分为故事类和知识类两大种类，同时结合图画书对儿童身心发展的价值，再进行细分。

表 5-2 绘本的种类及示例

按内容分	按价值分	示例
故事类	生活经验	《第一次上街买东西》《彼得的口哨》《让路给小鸭子》《好脏的哈利》《小房子》《小种子》等
	心理成长	《杰西卡和大野狼》《生气汤》《我变成一只喷火龙了》《小黑鱼》《勇敢的小锡兵》《到处都有大妖怪》《大卫上学去》等
	亲情同伴	《猜猜我有多爱你》《和我玩好吗？》《逃家小兔》《妈妈的红沙发》《小恩的秘密花园》《我爸爸》《我妈妈》《南瓜汤》《好朋友》《大手握小手》《嘉嘉》等
	儿歌	《迟到大王》《小图和小言》《我们去抓狗熊》《全都睡了100年》等
	创造想象	《我的地图书》《大野狼》《100层楼的家》《当熊遇见熊》《鼠小弟的小背心》《蜡笔盒的故事》《好饿的毛毛虫》等
知识类	知识概念	《奇妙的种子》《是谁嗯嗯在我的头上》《进入数学世界的图画书》《小蝌蚪睡哪里》《蚯蚓的日记》《鸟巢大追踪——50种鸟巢内幕大公开》《需要什么》等

（二）绘本的选择

顺利地开展家庭亲子阅读活动，第一步就是选择适合孩子发展的优秀绘本，优秀的绘本是亲子阅读的重要载体。松居直先生认为，挑选优秀的儿童书籍"最好的方法就是阅读大量的图画书，亲自体验书中的文字如何与插图相协调，故事又是怎样清晰地展现给读者的"①,这也是作为父母为孩子选择读物用心的表现。接下来,就如何为孩子选择合适的、优秀的图画书提供几个有效建议:

1. 最简便有效的方法,是根据优秀的推荐书目选择好书②

推广亲子阅读的网站、儿童图书馆、专家学者等都为亲子阅读列出了各种推荐书目,这些推荐书目便于家长在浩瀚书海中,挑选出适合自己孩子年龄阶段和兴趣所向的绘本。同时一个完整的推荐书目,通常也会考虑各类绘本的合理比例,不让阅读"乏载"也不"超载",比如,有童话类、科普类、生活类绘本。比较著名的有红泥巴读书俱乐部的推荐书目和亲近母语课题组关于儿童分级阅读的书目推荐等。

2. 根据儿童的经验和需要选择好书

选择儿童本位的图画书,遵循各年龄段幼儿的身心发展特点和需求,选择与孩子经验相关的,色彩鲜明,插画与内容文字密切相关的图书。要根据孩子的年龄和性别特点来选择阅读材料。就年龄来说,小班幼儿注意力集中的时间较短,可以为其选择色彩鲜艳、情节简单、图案清晰的图画书,通常以故事类图书为主;中班幼儿阅读能力发展比较迅速,可以为其选择每页有多幅画面的图书,图书的选择可以增加知识类图书;大班的孩子知识面逐渐扩大,充满求知欲,可选择一些文字较多的阅读材料,适当增加科普类读物,以满足孩子的阅读需求。就性别来说,男孩多喜欢知识类、科普类的阅读材料,女孩多喜欢具有丰富情节的故事类的阅读材料。

3. 根据作者的名气和童书的获奖选择好书

家长要多花点心思去阅读推荐书目,查阅相关书评,了解一本优秀绘本的影响力。在全球童书领域,有几个重要的奖项:国际安徒生奖、美国凯迪克大奖和英国凯特·格林纳威奖。

国际安徒生奖(Hans Christian Andersen Award)由国际少年儿童读物联盟于1956年设立,由丹麦女王玛格丽特二世赞助,以童话大师安徒生的名字命名。该奖每两年评选一次,以奖励世界范围内优秀的儿童图书作家,从1965年起,也授予优秀的插图画家,它是儿童文学的最高荣誉,被誉为"儿童文学的诺贝尔奖"。例如,中国的曹文轩在2016年获得国际安徒生作家奖,英国的安东尼·布朗在2000年获得国际安徒生插图奖。

美国凯迪克大奖(The Caldecott Medal),始于1938年,是为了纪念19世纪英国绘本画家伦道夫·凯迪克(Randolph J. Caldecott,1846—1886)而设立的。凯迪克大奖是美国最具权威的绘本奖,被认为是图画书的"奥斯卡"奖。着重于作品的艺术价值、特殊创意,以及"寓教于乐"的功能,让孩子在阅读的过程中,开发另一个思考空间。出版商会在获得大奖、荣誉奖的图书封面,贴上印有凯迪克著名插画"骑马的约翰"的奖牌,金色代表凯迪克大奖,银色代表荣誉奖,得奖书籍会像获颁荣誉勋章的爵

---

① [日]松居直. 我的图画书论[M]. 郭雯霞,等译. 乌鲁木齐:新疆青少年出版社,2017:50.
② 邱冠华. 亲子阅读[M]. 北京:国家图书馆出版社,2010:11.

士一样风光。比如,美国作家莫里斯·桑达克的《野兽出没的地方》1964 年获得凯迪克金奖,1970 年获得国际安徒生插图奖。美国作家大卫·威斯纳的多部绘本获得凯迪克金奖,比如《疯狂星期二》(1992 年获金奖)、《三只小猪》(2002 年获金奖)、《海底的秘密》(2007 年获金奖)。

凯特·格林纳威奖(Kate Greenaway Medal)是由英国图书馆协会(The Library Association)于 1955 年为儿童图画书创立的奖项,主要是为了纪念 19 世纪伟大的童书插画家凯特·格林纳威女士所创设。凯特·格林纳威女士是英国维多利亚时代最贴近儿童心灵的艺术家之一,她奉献给大家的儿童读物不仅温馨感人、风格优雅,而且善于用儿童的眼睛来看世界,从而使平凡的生活充满了浪漫的想象和缤纷的色彩。奖项有"凯特·格林纳威奖大奖"及"提名奖",虽然是英国儿童图画书的最高荣誉,但得奖者不仅限于英国国籍的插画家,除鼓励英国本土的创作人才之外,亦不忘兼顾国际性,这也使得"凯特·格林纳威奖"在挟其历史性权威之余,气势格局益加宏伟磅礴。比如,安东尼·布朗的《大猩猩》在 1983 年一经问世就获得该奖项,英国作家罗伦·乔尔德的《我绝对绝对不吃番茄》于 2000 年获此殊荣。

图 5-3 国际安徒生奖

图 5-4 美国凯迪克奖

图 5-5 英国凯特·格林纳威奖

4. 根据绘本的组成要素选择好书

一本绘本在手,父母首先要阅读,从绘本本身去评判它是否适合孩子,包括:"(1)人物数量不要太多;(2)情节要简单;(3)话题应该为孩子所熟悉;(4)故事里的语言是押韵的;(5)故事的可预测性以及意外的结尾;(6)插图要清晰;(7)故事长度合适,叙述节奏明快。"①我们还建议父母去读一读绘本的导读,从导读中,我们可以看到作者和画家的创作意图,可以帮助我们更好地了解绘本,也能在绘本—成人—孩子之间形成生态互动。比如,中国台湾作家方素珍的《我有友情要出租》,由台湾专业插画家郝洛玟绘图,新疆青少年出版社出版。一开始阅读这本绘本时,作为成年人,首先关注的是字,读完文字,有一种淡淡的忧伤。后来看了导读,才发现错过了好多精彩的画面,比如,整本绘本运用大量的暖色调让友情持续升温,构成温馨感人的画面;比如,在黑猩猩身边有一个朋友自始至终跟随着它,那是一只小老鼠,而且每一页还有其他小动物在不远处看着黑猩猩和咪咪游戏;比如,咪咪的洋娃娃和咪咪的打扮及表情都是一样的……其实,大猩猩很友好,很善良,他的幸福不是那五块钱,也不是那一块钱,和那个"牌子"无关,更不是输赢,而是陪伴。但他为什么没有朋友?在每一个瞬间,都有不同的小动物在一旁羞怯地望着大猩猩和小女孩,只要大猩猩转身,只要他微笑,只要他张开臂膀,只要他勇敢地说一声:"我们交个朋友吧。"那么,他便不会是那个孤独的背影。所以,在阅读过程中,不妨鼓励孩子细心找找图画里的动物,细致观察人物、动物的表情,通过这一游戏让他明白:朋友是要去找寻的,而且,他们都在附近,就等你去发现,诚心诚意,主动大胆,一定能交到好朋友,整个故事的基调也就没有那么忧伤了。

图5-6 《我有友情要出租》内页之一:右侧都是动物的剪影(这些动物在前面的画面中都出现过),小老鼠在树丛中头抬着看牌子,洋娃娃被黑猩猩紧紧握在手中

---

① 吴念阳.绘本是最好的教科书[M].北京:北京大学出版社,2015:34-35.

图 5-7 《我有友情要出租》内页之二:前一页翻过来,在左侧就出现了同前一页一样的动物,同时树林里还藏着其他动物,小老鼠紧紧地跟在黑猩猩的后面

四、亲子阅读的实景解读

场景一:小老鼠上灯台

视频

书香满家庭

时间:6 月 11 日　下午 5:00

地点:卧室

人物:雅雅(6 个月,女)、妈妈

婴儿特点:0—6 个月的婴儿,听觉较敏锐,对语音较敏感,对环境中的各种声音非常感兴趣。2 个月的婴儿尝试语音模仿,主要是单音节发音;4 个月的婴儿正处在辨调阶段,她们能分辨出不同的语调、语气和音色;6 个月的婴儿已能听懂成人日常生活中很多语言,会指认一些日常用品。

过程:

妈妈抱着雅雅,温柔地说:"现在我们来看书好不好,读一个《小老鼠上灯台》的故事,妈妈上次读过的对不对?"

雅雅盯着妈妈手里的图书,看着图片。

"小老鼠,上灯台,偷油吃,下不来,喵喵喵,猫来了,叽里咕噜滚下来。"妈妈语调平缓地读了一遍。

"故事说了什么呢?说有一个小老鼠,想去偷油吃,它就爬呀爬呀,爬在了灯台上。"妈妈一边说着一边拿着雅雅的手指着图画,让雅雅去触摸书。

"结果它遇见了一只大花猫,害怕的就叽里咕噜、叽里咕噜地滚下来了。""我们再来读一遍好不好？这次我们用小脚读。"说着妈妈就两只手分别握着雅雅的两只脚，轻轻地有节奏地跟着儿歌的韵律相互打节拍，"小老鼠，上灯台，偷油吃……"

图 5-8　妈妈带着雅雅读儿歌

评析：

此次阅读中家长主要采用儿歌吟唱法。家长配合图片吟唱儿歌，儿歌可以是图片或图画书本身配有的，也可以是根据情景自编的，关键是读出儿歌的韵味，给予孩子一种节奏感，这比较适合小月龄的孩子，让他们感知语言的韵律美。让宝宝体验的阅读内容不必频繁更换，而是视婴儿的兴趣情况而定。选取的阅读内容可以是节奏感很强的儿歌，朗朗上口，使婴儿对儿歌、童谣有初步的感知，便于日后的阅读学习。

本次阅读活动可以借鉴的地方：

1. 注重亲情的传递。妈妈声音温柔，很注意孩子的感受，用了很亲切的语调来吟唱这首儿歌，让宝宝在感受儿歌韵律美的同时，也感受到了妈妈的爱。

2. 注重对图片的观察理解。《小老鼠上灯台》这首儿歌里面附有一幅精美的图片，妈妈着重引导雅雅看色彩鲜艳的图片，然后跟着图片唱出儿歌，让雅雅在听觉与视觉上进行了很好的融合，可以培养婴儿的感知能力。

3. 多感官参与。妈妈注意了运用宝宝多种感官来参与阅读，如通过拍小手、拍小脚等形式跟着儿歌有节奏地吟唱，可以大大提高宝宝的兴趣。

场景二：拔萝卜

时间：4 月 15 日　晚上 6:00

地点：客厅

人物：琪琪(16 个月，女)、妈妈

婴儿特点：1—1.5 岁的婴儿处在单词句阶段，语言理解力迅速发展，会给常见的

物体命名,继续讲"小儿语",常用省略音、替代音和重叠音。

过程:

晚饭过后,琪琪和爸爸妈妈一起在客厅里玩耍。父母在两个月前开始让琪琪接触图书,讲故事给她听,父母认为这样可以培养她的阅读习惯。结果发现琪琪很喜欢看书,经常会自己拿着书跑到爸爸妈妈面前,指着书让妈妈讲给她听。

《拔萝卜》这本故事书是妈妈新买的,琪琪很感兴趣。妈妈指着色彩鲜艳的图书画面问:"这是谁啊?"妈妈小声地引导着"爷爷",琪琪也随着妈妈说道"爷爷"。

"爷爷请谁来拔萝卜呢?"妈妈翻着书。

"哦,是婆婆是不是?"

"婆婆。"琪琪继续跟随着妈妈。

"她们是怎么拔萝卜的?"妈妈嘴里一边说着"嘿呦嘿呦……",身体一边做拔萝卜状,气喘吁吁的,琪琪也随着妈妈前后摇动。

"爷爷又请了谁来拔萝卜?"妈妈提高声音,很高兴地说:"哦,是小姑娘!"

"小姑娘美不美?"琪琪看着妈妈手指的地方,然后抬起头微微笑,很害羞的样子,说:"美!"

"嗯,小姑娘真美,琪琪也很美。"琪琪很高兴,妈妈问道:"还有谁也来帮忙的?"琪琪依然沉浸在刚才的喜悦中,说道:"美!美!"妈妈笑着引导着:"狗狗也来帮忙了,狗狗怎么叫的?""喔喔。"琪琪随口叫着。

"大家一起拔萝卜咯……拔呀拔呀。"

琪琪手举起来摆手。

"拔不动吗? 你看,扑通……"妈妈手指着大红萝卜说:"拔出来了!"

图5-9 妈妈带着琪琪阅读

138

紧接着,妈妈按照人物的顺序,一个一个指着说:"你看,老爷爷、老婆婆、小姑娘、小狗、小白猫、小老鼠……"妈妈上扬声调,"全部倒在地上咯。"琪琪这时候两手举起来,哈哈大笑。妈妈也开心地笑道:"大家多开心啊,你开不开心啊?"琪琪又调皮地"哈哈"笑起来。

评析:

此次阅读中,妈妈主要采用了朗读感受法。朗读感受法是指在婴儿阅读过程中,成人将静止的画面、无声的文字转化为有声的语言,通过诵读的方式帮助孩子欣赏和感受阅读作品。在孩子聆听阅读的过程中,成人通过与孩子对话以加深孩子对阅读内容的了解,从而提高孩子阅读的兴趣。

本次阅读活动可以借鉴的地方有:

1. 语言的情感表现力很强。语言艺术和情感表现是朗读讲述的关键,在阅读的过程中,妈妈的语言生动有趣、形象易懂,做到了绘声绘色,同时注重了语调的变换,使之富有感染力和节奏感,语气亲切而自然。同时,适当地借助表情和动作,增强了语言的表达效果。

2. 精心挑选适宜的阅读材料。这个时期孩子的直觉行动思维使他们很注重对作品的形状、声音、色彩的描述,对于生动、形象、鲜明的人物和故事情节特别感兴趣。妈妈挑选的《拔萝卜》故事语言文字生动,篇幅不长,而且重复性的话语多,所以宝宝很感兴趣。

场景三:我最喜欢灰太狼

时间: 3月13日 晚上7:15

地点: 客厅

人物: 晋儿(26个月,男)、妈妈

婴儿特点: 婴儿到了3岁左右,随着好奇心、求知欲的发展,变得好问,对新词句表现出较大的兴趣。婴儿逐渐喜欢听故事,能理解故事的简单情节,对文学语言也非常感兴趣,并且愿意模仿。这时候,家长要创设一定的言语交际环境和机会,训练和发展婴儿的语言。儿歌、故事一类的儿童文学作品,具有生动形象、富有节奏感等特点,易于被孩子理解和接受。文学语言的早期输入,对于提高婴儿对语言艺术的兴趣和敏感性,早期"创作欲"的激发,艺术思维的萌发都具有积极的作用。

过程:

妈妈收拾好桌上的玩具,拿出来好几本图书,"现在我们看书,你想看哪一本呢?"晋儿非常喜欢《喜羊羊与灰太狼》,还经常扮成灰太狼,和家人做游戏。妈妈和晋儿一起坐在客桌旁,看起了《喜羊羊与灰太狼》。

妈妈:"沸羊羊脸特别黑,对不对啊,你看它手里拿的是什么东西啊?"

晋儿很快回答:"打的。"

妈妈用手指着图片:"你看它手里拿的是什么?扫地的对不对啊?"

晋儿也跟随妈妈说:"扫地的。"

妈妈开始提问:"你说是爷爷扫地的还是奶奶扫地的?"

晋儿抬起头望望爷爷奶奶:"奶奶扫地的。"

"是怎么扫的?"晋儿不作声。

妈妈用着非常生动的语言说:"哎哟哟,沸羊羊倒在地上咯,怎么会倒在地上呢?"

讲到沸羊羊被谁打时,妈妈变化语气,用比较粗壮的声音念道:"被谁打的呢,让妈妈翻过来看看,有没有找到啊?"

晋儿也在画面中搜索着,指着右下角说:"在这儿!"

妈妈惊讶道:"真的呢,是灰太狼啊,灰太狼藏到哪里去了?"

晋儿和妈妈一起翻着书,找寻着灰太狼,"在打灰太狼",妈妈紧接着说:"对的,打他屁股,你听他在惨叫。"说完妈妈就用憨憨的声音模仿灰太狼的惨叫:"哎哟,疼噢……"

"咦,红太狼的老公是谁?"

"灰太狼。"

妈妈紧接着问道:"那妈妈的老公是谁啊?"

晋儿抬起头,眼睛落到爸爸身上,手指着微笑着说:"是爸爸。"

图5-10 妈妈和晋儿一起看连环画

评析:

本次活动主要运用了悬念提示法、朗读感受法。悬念提示法,是在指导孩子阅读时,在故事情节的发展之处(或关键点)突然停住,促使孩子去想象和猜想,引发孩子的阅读期待。活动中妈妈也充满感情地进行了朗读活动,声音以及肢体语言的丰富表现为孩子的阅读增添了不少色彩。

本次活动中妈妈的指导可以借鉴的地方有:

1. 语言丰富,形象逼真。妈妈是电台的主持人,所以声音模仿很像,很能吸引晋儿的注意力,每次都能绘声绘色地讲故事,还在原本故事的基础上进行再创作,启发

第五章 学前儿童家庭亲子活动指导

晋儿的想象力。

2. 注重思维的转换。妈妈及时地将故事中的角色关系转换到现实生活中,注重语言在现实中的应用。

可以改进的地方:在读书的场景中,提供的图书太多,不利于孩子集中注意力于一本书;在孩子情绪不稳定或注意力分散时,应停下来休息或调整,以免影响阅读的效果。

场景四:欢迎来到童年有声图书世界

时间:5月7日 上午10:00

地点:外婆家客厅

人物:淘淘(33个月,女)、妈妈

过程:

妈妈脱下外套,蹲下来对淘淘说:"妈妈陪你读易读宝。"

"我们今天读一个《小红帽》的故事,小红帽在哪里呢?"淘淘手里拿着点读笔,指着:"在这里。"

"好,你点一下。"

点读本里发出了"你好呀,小红帽"的稚嫩童声。

"小红帽是一个非常可爱的小姑娘。"淘淘坐到妈妈的面前,很舒服地倚在妈妈的怀里,"大家见了都很喜欢她……"

"她戴着一顶红帽子,大家都叫她什么?"

"小红帽。"淘淘答道。

"一天,妈妈让小红帽给奶奶送一些好吃的东西,妈妈怎么说的,点一点。"妈妈握着淘淘的手点在图画妈妈的身上,出现了和蔼可亲的声音:"在路上要小心,不要乱跑……"

"大灰狼是怎么说的?"淘淘点了大灰狼,狰狞凶险的声音出现了:"小红帽,你要去哪里呀?"

淘淘又点了小红帽、花朵,每点一个都会出来相应声音。

妈妈继续读着:"大灰狼想吃掉小红帽,可是又怕猎人看见,猎人在哪里?"淘淘快速地点到猎人,妈妈点头"嗯"了一声表示赞同。

"小红帽,你去采点鲜花。"淘淘立刻将点读笔点在旁边美丽的鲜花上,"小红帽听了大灰狼的话,去采了鲜花,哎呀,不得了!"妈妈惊声叫道,淘淘在妈妈的帮助下点到了大灰狼,"小红帽上当了……"

妈妈学着大灰狼,声音粗犷邪恶,拖长了音:"我先吃掉你,然后再吃小红帽。""哎哟,真恐怖!"

……

"你的耳朵怎么这么长啊,你点一点。"淘淘点在了大灰狼的耳朵上,一个尖尖的声音出现:"为了更好地听你说话呀。"妈妈也模仿着书中的声音,捏着嗓音:"为了更

好地听你说话呀。"

……

"最后怎么样?"淘淘点着胀大肚子的大灰狼,"最后,大灰狼掉在河里淹死了。"

"最后大灰狼淹死了。"妈妈讲着故事的结尾。

最后淘淘还演唱了《小红帽》这首儿歌,与妈妈、小姨一起,很生动地表演了这个故事。

图 5-11　妈妈带着淘淘用点读笔阅读

图 5-12　淘淘表演小红帽

评析:

此次阅读中,家长接借助了多媒体产物——点读笔,点读笔在有声图书上轻轻一点,就能让书本开口说话。可以讲故事、读英语、学成语、玩游戏、听儿歌、念唐诗;点到哪、读到哪,可以陪伴孩子在玩中学,在学中玩。要注意的是,家长在指导过程中,不能单纯地依靠点读笔,它只是起一个辅助的作用,家长要借鉴书中的内容,把它转化为自己的语言,然后传达给孩子,让孩子感受到这是爸爸妈妈在陪我读书,体验到父母亲的情感。妈妈在此次活动中可以借鉴的地方有:

1. 大胆利用有声读物。有声读物有很多静态读物所没有的优点,可以营造一个很好的故事氛围,逼真的语言表达也会吸引孩子的兴趣。

2. 丰富自己的语言,增强语言表现力。妈妈在利用点读笔的前提下,丰富了自己的语言,指导宝宝按顺序去阅读,起到一个很好的引导效果。

3. 注重孩子的表演能力。在活动结束后,妈妈还准备了小篮子、苹果等道具,淘淘与小姨、妈妈一起表演了这个故事,培养了孩子的艺术表现力。

场景五:我想听小土拨鼠的故事

时间:10 月 2 日　晚上 8:00

地点:卧室

人物:成成(小班,男)、妈妈

过程:晚饭过后,成成边玩玩具边看中央电视台 12 套的少儿节目。妈妈说:"成成,电视今天就看到这儿吧。我们一起来讲讲故事。"说着,妈妈拿出几本书:"你想听哪本书上的故事?"成成看了看,指着一本书:"听这里面的小土拨鼠的故事。""哦,那个故事的名字叫《第二十四个故事》,我们看看在第几页?"于是,母子之间开始了下面的阅读——

妈妈关掉电视,和成成翻到目录,"在第 66 页,我们一起翻到 66 页。"成成在妈妈的帮助下,找到相应的目录和页码,自己翻到第 66 页。故事梗概:粗心的小土拨鼠把大象的腿当成了柱子,拴上绳子,把洗好的衣服晾到上面,大象走不了了,一只小兔很同情大象,就给它讲故事解闷,一连讲了 23 个故事,小土拨鼠才来收衣服,了解了事情的经过,它们成了好朋友,小兔子又给大家讲第 24 个故事——《一只在大象腿上晒衣服的小土拨鼠》。

妈妈和成成坐在床边,一手搂着成成,一手拿着书娓娓道来:"今天,小土拨鼠特别勤快,他洗了满满一桶衣服,有上衣,有什么?"妈妈拖长音。

成成接上:"裤子。"

"还有呢?"

"不知道。"

"哦,有上衣,有裤子,有衬衫,有短裤,有小背心,还有两条花手绢。外面的阳光真好,他想把衣服晒到森林边上……"讲到大象说话时,妈妈变化语气,用比较粗壮的声音念道:"'这小东西就这么走了?'柱子突然开口说话了,可是小土拨鼠一点也没听到,原来刚才小土拨鼠把绳子拴在了大象的两条腿上,它以为就是柱子呢。"

"哈哈……错了!"成成听到这儿,哈哈大笑。

"为什么错了?"妈妈问。

"那是大象的腿,不是柱子。"

"嗯,真聪明。"

妈妈接着往下讲,她用温柔的声音模仿小兔子的语言,用憨憨的声音模仿小土拨鼠说话,并且配以相应的动作和表情。成成时而看看书,时而看看妈妈,神情比较专注。妈妈很少中断,成成也没有提问,结尾处,妈妈又让成成回忆、接句。

"……小兔子开始讲它的第 24 个故事,这个故事叫作……"

"嗯……"成成一时没想起。

"一只在大象腿上……"妈妈提示了前半句。

成成立即接上:"晒衣服的小土拨鼠。"

"对了,一只在大象腿上晒衣服的小土拨鼠。好了,故事讲完了,你觉得怎么样?"

"很好听,我还想听一遍!"

"那你最喜欢故事里哪个小动物?"

"小土拨鼠。"

"为什么?"

"它很好玩,把大象腿当成柱子了。"

"哦,这里面的小动物都很可爱,小土拨鼠很勤劳,洗衣服、晾衣服、收衣服。大象很善良,怕弄脏了小土拨鼠的衣服,就一直一动不动地站着。小兔子也很好,怕大象一个人孤单,给它讲故事。它们三个小动物都很好,他们成了好朋友。成成也要向他们学习。"

"嗯……"成成使劲点点头。

图 5-14 成成和妈妈的晚间亲子阅读

评析:

此次亲子阅读中,妈妈主要采用朗读感受的方法,以妈妈朗读、孩子聆听为主,同时辅以简单的问答。故事选自《幼儿经典枕边故事》,成成很喜欢这本书里的故事,每晚睡觉之前都要妈妈讲。《第二十四个故事》成成已经听了很多遍,他还是想听,而且他每次都叫这个故事是"小土拨鼠的故事",这个题目更直观,更容易让他接受,而原题目具有一定的抽象意义,孩子不太能理解。妈妈也没有强迫孩子记住故事的原名,妈妈认为题目是次要的,关键是孩子能理解故事内容。妈妈的指导方法值得借鉴之处,主要体现在以下几点:

1. 妈妈注意阅读应该有一个相对安静的环境。在阅读前征求了孩子的意见,并关掉电视。对于孩子来说,他们行为的自觉性、坚持性和自控能力都较差,行为和注意力很容易受外界的影响,所以,阅读时要尽量避免噪音、电视的干扰。

2. 妈妈注意培养孩子看书先看目录的习惯。讲故事前,先从目录上找到故事的具体页码,让孩子自己翻图书找故事,初步了解图书目录、页码的位置及作用。

3. 妈妈注意朗读讲述时的语言艺术和情感表现。妈妈用不同的声调表示不同的角色,还借助表情和动作,增强语言的表达效果,深深吸引了孩子。

4. 妈妈注意阅读过程中的互动。这个故事,孩子已经听过多遍,对故事情节比较了解,在一些段落,妈妈采用让孩子接句子、简单问答的方法,调动孩子已有的经验,参与故事讲述与讨论,发挥孩子的主动性。

5. 妈妈注重阅读过程中亲子感情的交流。亲子阅读更重要的价值,就在于阅读过程中亲子情感的密切和交流,妈妈在阅读中,搂着成成,亲亲成成,用温柔的语气讲述,都是很自然的感情流露。孩子体验到阅读中的浓浓亲情,对阅读留下美好的印象,会期待下一次阅读。

可以改进的地方:这本书以文字为主,图画作为零星的点缀,对于小班的孩子,可能还缺乏吸引力,妈妈可以和孩子一起按照故事情节的发展画出几幅图画,帮助孩子更好地理解故事,体验故事的美感。

场景六:我的故事表演会

时间:11月20日 晚上8:20~9:00

地点:客厅

人物:晓晓(中班,女)、一家人

背景:今天,爷爷、奶奶、小姨都过来了,吃完晚饭后,大家在一起吃水果、聊天,晓晓看了一会儿动画片。妈妈决定趁大家都在,让晓晓给大家讲故事,看看她最近阅读的效果,同时也锻炼晓晓的胆量,为幼儿园的讲故事比赛做准备。

过程:

妈妈:"晓晓,你给我们大家讲个故事吧,我们家的晓晓会讲好多好多的故事呢。"

晓晓被激起表演的欲望:"好吧。你们坐在下面是小朋友,我站在的前面就是舞台。"晓晓边说边比画,还搬了张小椅子到前面。

妈妈:"你讲,我们大家听!在台上应该怎么说?"

晓晓:"大家好!我叫晓晓,我给大家讲个故事,故事的题目叫《丁当狗》,谢谢大家!"

（大家鼓掌）

晓晓坐在小椅子上绘声绘色地讲起来："性子急的丁当狗，做什么事情都……"口齿清晰，面带笑容，语速语调类似于说快板，富有节奏感，流利顺畅。讲完后，晓晓站起来鞠躬："谢谢大家！"

（大家鼓掌）晓晓走下来，很高兴地围着沙发转圈。

妈妈："再表演一个吧。"

晓晓又走上前："大家好！我叫晓晓，我给大家唱首英文歌，谢谢！"

晓晓唱了《新年好》的英文和中文版。

唱完后，晓晓继续表演："我要念儿歌。大家好！我叫晓晓，我给大家念首儿歌，儿歌的题目叫《春天》，谢谢！"

大家还没鼓掌，晓晓连忙说："拍手呀！"大家立即鼓掌。

晓晓高兴地朗诵起儿歌："春天，晨光叫醒了风，风叫醒了树，树叫醒了鸟，鸟叫醒了太阳，太阳叫醒了春天，春天叫醒了小花小草，到处花花绿绿，到处热热闹闹。"

"谢谢大家！"

大家一起鼓掌："念得可真好！"

晓晓更来了兴趣："我再给你们猜个谜语吧，谜语就不能告诉你们题目了，告诉你们，你们就知道答案了。"

妈妈："好，你说吧。"

晓晓："身穿绿衣裳，肚里水汪汪，生的儿子多，个个花脸膛。"

妈妈装出无奈的样子，摇摇头："不知道。"

晓晓走到茶几旁指指西瓜："我们吃的是什么呀？"

妈妈："哦，是西瓜呀。那你给我们解释一下吧。什么是'身穿绿衣服'？"

晓晓又指指西瓜："你看，西瓜皮不就是绿的嘛。"

妈妈："那什么是'肚里水汪汪'？"

晓晓："切开西瓜都是水，一咬也都是水。"

妈妈："'生的儿子多'呢？"

晓晓："儿子就是它的籽呗。"

妈妈："'个个花脸膛'，是不是说西瓜皮有条纹呀？"

晓晓立即纠正："不是的，还是说的籽，西瓜籽上是有花纹的。"

晓晓："我再出一个谜语……"一连出了三道谜语。

晓晓："我讲得好多，怕喉咙哑了，妈妈你上台表演吧。"

妈妈很爽快地答应了："好！"

妈妈大方地走上前："小朋友好！我是晓晓的妈妈，我给大家讲个故事，故事的题目叫《被剪舌头的小鸟》……"妈妈用口语化的语言讲述，并且配上动作，还注意了不同的角色用不同的语音语调表演。

晓晓在下面围着沙发转来转去，看似不定心，实际上是在用心听，不理解的地方，立刻打断妈妈的讲述："妈妈，为什么被剪舌头的小鸟要给老爷爷礼物？"

妈妈:"因为老爷爷一直照顾着它,它很感激老爷爷养育了它,所以,它要给老爷爷礼物。"妈妈回答完晓晓的问题,接着往下讲。

晓晓听着听着,走上前和妈妈一起手拉手,转转圈。

……

晓晓:"妈妈,老奶奶为什么选择了大的礼物?"

妈妈:"因为老奶奶贪心。"

晓晓:"贪心是不是生气的意思?"

妈妈:"不是!贪心就是要好多东西,总是不满足。老爷爷不图回报,老奶奶就不一样了,她总是想从别人那里得到好处。"

妈妈接着讲故事,讲完后:"谢谢大家!我的故事讲完了!"

(大家鼓掌)

妈妈走下来,坐到沙发上和晓晓展开了讨论:"晓晓,老奶奶和老爷爷哪个好?"

晓晓:"老爷爷好!"

妈妈:"是呀,老奶奶总是想得到好多东西,做事情总是图回报,你以后要做一个诚实的孩子,要有爱心。晓晓,你刚才问妈妈,贪心是什么意思,现在你理解了吗?"

晓晓好像还不太理解,没有回答。

妈妈进一步解释:"就像晓晓吃西瓜,你把西瓜带到幼儿园去,是一个人全吃了呢?还是分给大家吃呢?"

"分给大家吃!"

图5-14 晓晓的故事表演会

"这是大方的表现,不小气。如果,我们晓晓把西瓜全吃了,这就是贪心,一个人要那么多东西,这样就不好!刚才,你吃西瓜时,有没有让爷爷、奶奶和小姨吃呀?"

晓晓不好意思地摇摇头,马上又补充道:"妈妈,还有半个西瓜没吃,让爷爷、奶奶和小姨吃!"

妈妈:"以后吃东西,要先让大人吃,自己最后吃,要把好的留给别人,这才是好孩子!"

晓晓:"妈妈,我知道了。"

评析:

此次阅读中,我们看到了一个动态的场景,妈妈主要采用故事复述、舞台表演、讨论交流等方法。妈妈和孩子营造了一个"小舞台"的场景,孩子和妈妈"上台"讲故事、表演节目,将好听的故事讲出来大家分享,锻炼了孩子的语言表达能力、在他人面前大胆讲述的能力。妈妈的指导方法值得借鉴之处,主要体现在以下几点:

1. 妈妈利用时机,将孩子的"听"转变为"说"。妈妈认为,阅读除了家长讲,孩子也要讲,妈妈给孩子讲完故事之后,总是鼓励孩子自己把故事讲出来,复述故事能培养孩子的语言综合能力。妈妈还注意讲述过程中与孩子的互动,有感情上的,有行动上的。妈妈对孩子的讲述常提出反问,比如要求孩子对谜语做出解释,孩子在妈妈讲述过程中有什么不懂的也及时提问。

2. 妈妈结合阅读,培养孩子良好的性格特征。妈妈认为应该从小培养孩子活泼开朗的性格,孩子能力比较强,但比较胆小,于是,父母借各种机会让孩子参与各种活动,锻炼孩子的胆量和与他人交往的能力。所以,妈妈总是鼓励孩子在众人面前复述故事、表演节目,激发孩子的表演欲,体验成功的喜悦。"表演"结束后,妈妈还就故事中的情节和孩子联系实际生活进行讨论,其实也是在进行粗浅的道德教育,让孩子从小造就养成良好的品性和行为习惯。

3. 妈妈能全身心地融入阅读之中,积极参与此次"舞台讲述"。妈妈为了给孩子讲好故事,每次阅读前都要先熟悉故事,还经常听、看故事碟片,这个故事就是妈妈看碟片背下来的。当孩子提出让妈妈也"上台讲故事"时,我以为妈妈会推脱,毕竟那么多人在场,但妈妈很爽快地答应了,并且绘声绘色地在大家面前讲述表演,妈妈的专注说明,亲子阅读中家长投入了才会在孩子的收获中结出累累硕果。

可以深入的地方:妈妈和孩子投入了故事表演,主要以讲故事为主,如果能在此基础上,适当地做些简单的头饰,分角色表演,将语言的形象转化为动作的形象,可能效果会更好。一方面加深对作品内容的理解,按照故事的要求进行角色对话、旁白,促进孩子想象力和创造力的发展;另一方面,家长与孩子之间角色的配合与协调,孩子接受并学习人与人之间的交往与合作,亲子之间共同努力合作,有利于亲子关系的建立与加深。

场景七:爸爸讲故事

时间: 5月3日 上午9:20

地点: 客厅的地板上

人物: 同同(大班,男)、爸爸

背景: 五一期间,爸爸从北京回来,同同很高兴,我到同同家时,他正高兴地吹着爸爸买给他的竖笛。妈妈见我来了,对同同说:"同同,该看书了。"同同立刻安静下来,拿起新买的《哆啦A梦》(黑白连环画,一页上有好多幅小画面,最多的一页有11

幅小图),很专注地一个人坐在地板上看,时而紧锁眉头,时而笑出声音,最近同同对这一系列的书特别感兴趣。因为同同之前看过机器猫的动画片,对故事情节比较熟悉,他问一下每一章的题目,然后就自己去看书,基本都能看懂,有时还主动讲给爸爸妈妈听。妈妈:"不过,有大人讲给他听,他更开心。"爸爸看着儿子认真阅读的样子,很是欣慰,自己也拿了本儿童读物在一旁看起来。

过程:

同同自己看了十多分钟的书,看完四五个小故事,合上书:"看完了!"

爸爸放下书:"爸爸给你讲个故事吧。"

同同高兴地跑到爸爸身边:"太好了!"

爸爸翻出以前的杂志《儿童漫画》,对我说:"有段时间,同同对上面的故事游戏特别感兴趣,故事里蕴含着小知识的测验,回答对了就顺着故事的情节发展,回答错了,游戏、故事都就此结束。不知道现在同同对这样的故事还感不感兴趣。"

爸爸翻到图书的最后部分开始和同同看《奈奇的大冒险》(长篇连载)。

爸爸:"在巨人村的摔跤比赛中,吉吉进入了决赛,对手是强大的面具人。比赛开始!"爸爸边讲边指向图与字,并带上讲解:"看吉吉的朋友一起替吉吉喊加油! 战斗开始了,跳到1,1在哪里?"爸爸将画面做了缩减,去掉不重要的图画和对话。

同同很快地指向相应数码的小图:"1在这里!"

爸爸将故事中的对话念出来:"你还不服气吗? 请回答:干冰是由什么凝结而成的? 水,跳到18;二氧化碳,跳到16。"

同同立刻回答:"二氧化碳,跳到16。"

爸爸:"你自己找到16。"

16在另外一页上,同同终于找到了。爸爸读第16幅小图上的文字:"答对了! 面具人说:居然答上来了,再问一题,鸦片战争发生在哪一年? 1840年,跳到6;1850年,跳到13;1950年,跳到18。"

同同脱口而出:"1840年。"

爸爸:"好! 那就跳到6。"

……

如此在故事中穿插一些各类知识的问答,跳来跳去,爸爸会不断地变换语速,集中同同的注意力,有时还会在讲述中增添乐趣,比如,同同回答对了,爸爸故意用沮丧的口吻说答错了,同同很疑惑地看看爸爸,又看看书,突然爸爸提高语调,欣喜地说:"骗你的! 是你胜了!"同同也会有"耍赖"的时候,当自己错了时,不承认失败,立刻重新修改答案,或者先翻到后面看看结果,选择正确的答案,继续游戏。在父子阅读过程中,妈妈一直在一旁充满爱意地看着他们,同同也不忘一边的妈妈,不时拿着书给妈妈看:"妈妈,你看猫的幽灵等级99,奈奇它们只有28,这个猫好厉害!"在阅读过程中,父子的身体姿势也在不断地改变,父子坐在地板上——同同蹲到一边,时而趴在地板上,爸爸的身体开始前倾——父子都趴到地上——爸爸坐直,同同骑到爸爸肩上,跳上跳下。

听完了这一集故事,同同兴趣盎然,强烈要求再讲一个,而且保证就多讲一个,爸爸又陪着同同讲了一集,同同也很守信用,听完后没有继续要求讲,而是请爸爸妈妈陪他出去买贴纸。

图5-15 父子共读连环画

评析:

此次阅读中,我们看到爸爸和孩子阅读的场景,爸爸喜欢和孩子阅读一些智力类、科学类的故事,在阅读中也呈现出多样性和活泼性。爸爸的指导方法值得借鉴之处,主要体现在以下几点:

1. 爸爸对故事做适当的增减,使故事的脉络更清晰。《奈奇的大冒险》是长篇连载的漫画,一页上有许多的小图,而且人物众多,对话零散,爸爸认为故事的设计还是很新颖的,寓知识于故事中,又有游戏的性质,但需要家长事先将故事通读一遍,并且要看懂设计意图,熟悉主要内容,才能搞清楚来龙去脉。爸爸在讲的过程中,将无关的情节、对话省去,增添一些连接词和小的情节将画面串起来。虽然是听过的故事,但孩子在听的过程中还是兴趣盎然。

2. 爸爸在阅读过程中体现出更多的自由与轻松。如果说妈妈和孩子一起阅读看到的更多的是温情,那爸爸和孩子一起阅读,看到的更多的是随意与自在。爸爸用轻松愉悦的语气讲述,还故意在阅读中制造一些小插曲,在身体姿势上也呈现多样性,或坐或趴。故事中很多的知识问答,有些是孩子知识的积累回答正确,有些就是猜出来的答案,但爸爸觉得孩子在这个阶段阅读主要是体验乐趣,没有必要让孩子记住这些知识,过早地涉及对孩子意义不大,所谓的记住也是死记硬背,不理解真正的含义,长大后孩子自然就会理解,现在主要让孩子对各方面知识有一个初步的印象。

可以深入的地方:如果同同对其中重要的知识比较感兴趣,可以进一步展开,而不仅仅是停留在对答案的猜测上,因为同同有比较强烈的求知欲望,思维活跃,又快进入小学,知识面的拓展有这个可能,也有这个必要。

本章小结

亲子活动是一种以亲缘关系为基础,建构良好的亲子互动关系,实施亲情影响的、有目的、有计划的教育活动,具有情趣性、娱乐性,吸引家长与儿童参与其中。亲子活动包括亲子游戏和亲子阅读,本章阐述了亲子游戏的独特价值、亲子阅读的特点,简单介绍了亲子游戏目前面临的困境以及指导策略,还介绍了亲子阅读的方法和材料。亲子阅读作为开展家庭教育、密切亲子关系、促进儿童发展的有效方式,能够培养儿童的学习兴趣,锻炼口语表达能力,拓展思维等,更重要的是,给父母创造与儿童沟通及分享的机会,近年来受到越来越多教育工作者的关注。学完本章,我们可以结合这一章节中关于亲子游戏和亲子阅读的实景解读,思考怎样做好学前儿童家庭亲子游戏和亲子阅读。

思考练习

1. 学前儿童家庭亲子游戏的价值是什么?现实困境是什么?
2. 学前儿童家庭亲子游戏的指导策略有哪些?
3. 学前儿童家庭亲子阅读的价值是什么?方法有哪些?
4. 怎样选择亲子阅读的材料?
5. 分别列举一个亲子游戏和亲子阅读的案例,并解读。

拓展阅读

1. 西西.有一种陪伴叫游戏:藏在亲子游戏中的启蒙教育[M].上海:上海科技教育出版社,2019.

主要内容: 本书包含40多个亲子游戏活动,涉及语言、思维、科学、艺术、体育等多种多样的主题。本书以妈妈的口吻讲述了自己育儿过程中遇到的各种难题,然后巧妙地通过一些亲子游戏将难题一一化解,既达到对孩子进行启蒙教育的目的,又避免引起孩子的反感。不管是多么令人头疼的问题,只要采取游戏的方式,孩子就容易接受得多。于是,培养行为习惯、增进亲子交流、调节情绪等方面的内容也就成为本书作者的自创游戏的一部分。孩子热爱游戏,这是孩子的天性,也是成长的需要。孩子在游戏中可以发展智力、健全人格、练习最初的社交能力。被游戏滋养长大的孩子具备更旺盛的生命力和更充沛的创造力。同时,孩子也非常需要有爸爸妈妈参与的亲子游戏。在亲子游戏中,孩子可以拥有父母全部的注意力,与父母进行最直接最充分的交流。在如今这个被智能手机占据几乎全部空闲时间的时代,父母和孩子面对面进行亲子游戏的意义显得尤为重要。孩子的童年时光转瞬即逝,每一段亲子间的共同回忆都弥足珍贵。那些曾让我们和孩子一起玩过、闹过、笑过、叫过的游戏时光会成为彼此一辈子的宝贵记忆。本书所载游戏全部适合全家一起进行。爸爸在孩子的成长中有着跟妈妈同样重要的不可忽视的作用。这些亲子游戏正好提供了一个机会,让爸爸们更积极主动地也更便利地参与到对孩子的陪伴养育中去。

2. 张燕.陪孩子爱阅读:20个家庭的亲子阅读之旅[M].上海:华东师范大学出版社,2018.

主要内容:阅读是最长情的陪伴。好的亲子阅读能够给孩子一个书的世界,培养孩子的阅读兴趣,在阅读中大人和孩子一起成长。这本书就是想让大家看到很多很好的亲子阅读。本书有三个分类——"读什么""怎么读""为什么读"。每篇案例之后都有点评,点评专家有教研部门的博士后,也有一线的普通教师,还有同为亲子阅读践行者的家长,他们提炼案例中最具有代表性的尤其是可供读者借鉴的观念、思路、方法、策略、书目等。阅读不是一件任务,而是让孩子爱上阅读。

第六章 学前教育机构家庭教育指导

【章节导入】

我国颁布的《幼儿园工作规程》《幼儿园教育指导纲要(试行)》等文件中明确提出幼儿园应与家庭、社会密切配合,共同为幼儿创造一个良好的成长环境。2015年教育部发布《关于加强家庭教育工作的指导意见》,进一步明确了家长在家庭教育中的主体地位,提出中小学幼儿园要建立健全家庭教育工作机制,强化家庭教育工作指导,并对中小学幼儿园开展家庭教育指导的内容和形式提出了明确要求。可见,国家对家庭教育和家庭教育指导工作的重视,做好家长工作、指导家庭教育应该成为幼儿园等学前教育机构工作的重要组成部分。

【学习要点】

了解:学前教育机构家庭教育指导的含义和意义。
理解:学前教育机构家庭教育指导的任务与内容。
掌握:学前教育机构家庭教育指导的原则与艺术,家庭参与幼儿园教育形式和方法。
应用:联系实际运用学前教育机构家庭教育指导的原则与方法解决实际问题。

第一节 学前教育机构家庭教育指导的任务与内容

20世纪90年代初,"家庭教育指导"这个概念被正式使用,标志着家庭教育工作进入了一个新时期。2010年,随着《全国家庭教育指导大纲》(以下简称《指导大纲》)和《国家中长期教育改革和发展规划纲要(2010—2020年)》(以下简称《规划纲要》)的相继出台,各地家庭教育建设事业迅速推进,2015年10月教育部发布的《教育部关于加强家庭教育工作的指导意见》(以下简称《指导意见》)明确提出,要不断加强家庭教育工作,加快形成家庭教育社会支持网络。家庭教育指导正是社会支持网络中的关键一环。《家庭教育法(草案)》第十条明确"国家鼓励和支持企业事业单位、社会组织及公民个人依法开展家庭教育指导服务活动",依法促进家庭教育。

一、学前教育机构家庭教育指导的含义及意义

(一) 家庭教育指导的含义

"家庭教育指导"一词在学术界并没有统一的界定,李洪曾教授认为,"家庭教育指导一般是指:由家庭外的社会组织及机构组织的,以儿童家长为主要对象,以提高家长的教育素质、改善其教育行为为直接目标,以促进儿童身心健康成长为目的的一种教育过程。"①"家庭教育指导的主要对象是作为儿童家长的成人,指导一般在家长工作之余的时间内进行,指导是为作为教育的重要组成成分的家庭教育服务的,因此我们把家庭教育指导看作是一种带有师范性的、业余的成人教育。"②

这种界定方法确定了家庭教育指导的主要对象是家长,但是家庭教育是家庭成员之间的相互作用和影响,儿童作为家庭教育中具有主体意识的受教育者,在家庭教育过程中也发挥着自己的主动性。所以,不能强调家长(父辈和祖辈家长)的影响作用而忽视了儿童对家长的力量,儿童也是家庭教育指导的不可忽视的指导对象。

美国教育中用"家长参与"这个大概念来包含家庭教育指导以及家、校、社区合作共育。尽管教育者和教育机构都赞成和拥护"家长参与"这个概念,认同它对儿童发展的积极影响,但仍然有很多人没有把知识和理念转换成切实的计划,付诸行动并产生相应的效果。约翰斯·霍普金斯大学的乔伊斯·爱普斯坦恩(Joyce Epstein)与同事合作创建的"全美伙伴学校网络"开发了六种家长参与类型,分别是:家庭的基本责任、交流、志愿者、在家学习、决策、与社区合作。③ 每种类型中都有活动样例和成功计划并实施的建议。这六类体现了"以家庭为本""以学校为本""以社区为本"的家庭教育指导。"这种界定是从促进教育公平、提升学校效能的角度,界定了家长在家庭、学校和社区的协同教育过程中应该享有的权利和履行的义务,指的是学校教育体系下的家庭教育指导,而不是完整的家庭教育指导。"④

综合各位专家的观点,我们对家庭教育指导做具体分析:

指导的对象:家长与子女。既然家庭教育是家庭内家长与子女的双向互动过程,那么,家庭教育指导的对象就应该既包括家长又包括子女,这里的家长包括不同身份的家长,学前儿童的家长包括学前儿童的父亲、母亲,与孩子生活在一起的祖辈老人、无血缘关系的监护人及保姆等。

指导者:教育机构、社区、企事业机关单位等。在教育机构里面,全体教职员工都是具体的指导者,教师是最主要的、具体的指导者。

指导目的:直接目的是提高家长的教育素质和家教水平,最终目的是促进幼儿身

---

① 李洪曾. 近年我国学前家庭教育的指导与研究[J]. 学前教育研究,2004(6):10.
② 李洪曾. 近年我国学前家庭教育的指导与研究[J]. 学前教育研究,2004(6):10-11.
③ [美]格雷恩·奥尔森,玛丽·娄·福勒. 家校关系:与家长和家庭成功合作[M]. 朱运致,译. 南京:南京师范大学出版社,2013:125-136.
④ 晏红. "家庭教育指导"概念辨析[J]. 江苏教育,2018(9):51.

心的健康和谐发展。

指导的重点或核心:"助其自助",即家长不断提升自我并提高家庭教育的意识和相应能力。因为家长不可能一直依靠指导者手把手地教。

指导工作的宗旨:指引家庭发挥促进人的发展的潜能,既包含为家庭发挥正面教育功能提供援助与引导,又包含为家庭功能失调提供补救与矫正。①

北京师范大学赵忠心教授指出:"家庭教育指导是开展家庭教育工作的中心环节,是促进家庭教育事业发展的关键。这个关键环节抓不好,家庭教育工作就不可能落到实处。"

(二) 学前教育机构与儿童发展

教育机构工作人员的观念也会影响儿童的学习和发展。美国的教育反馈机构(Institute for Responsive Education)就教师对低收入家庭看法的调查研究显示:"许多老师对这些家长不抱期待,认为他们不会有效地参与孩子的学习。反过来,这些家长认为他们对于孩子的学习起不到多大作用,因而对学校也保持着消极的态度(Heleen,1990)。这种相互轻视的态度被儿童内化了,他们的自我价值观随着学校工作人员对他们家庭生活模式或家庭文化的看法而削弱或增强着,工作人员的这些观念为儿童将来能否接纳他人播下种子。"②

罗森塔尔虽然是在小学做的实验,但其实同样适用于学前阶段的儿童,教师期待效应可以看作是"自证预言"(self-fulfilling prophecy),是"教室里的皮格马利翁效应",就好比"安慰剂效应",医生给病人提供的是安慰剂有时却能将病人治愈,这其实是病人自身预期药物会起作用。对教师的期待效应可以这样解释:教师形成对儿童的最初预期,会通过一系列复杂的言语和非言语线索传递给儿童,被传递的预期为儿童预示了什么行为是合适的,随后儿童就会表现出相应的行为。一旦教师形成预期,这些预期就会通过以下途径传递给学生(见图 6-1):

教室里的情绪氛围: 教师对待那些给予高预期的孩子会更有耐心、更友善,这种积极的情绪状态会通过更多的正向体态语言如微笑、点头和关注等传递给儿童。

儿童接收到的信息: 如果教师对某些孩子有高预期,就会无形中给他们提供更多的机会和资料,比如图书资料,让他们完成更难的任务,这样这些孩子就有更多的表现机会。

教师输出的信息: 教师会不自觉地更多地接触那些他给予高预期的孩子,比如,这些孩子经常在课堂上被提问,在公开课时是老师们的首选对象。

教师的反馈: 当老师对一个孩子有高预期时,他会更积极地评价儿童的付出,也会更容易接受他们的观点;反之,教师对他低预期的孩子会有消极的评价,批评会更多,甚至在一些情况下不给这些孩子反馈,即便他们表现好也得不到相应的肯定。

---

① 晏红."家庭教育指导"概念辨析[J].江苏教育,2018(9):51.
② [美]钱德勒·巴伯,尼塔·H.巴伯,帕特丽夏·史高利.家庭、学校与社区:建立儿童教育的合作关系[M].丁安睿,等译.南京:江苏教育出版社,2014:7.

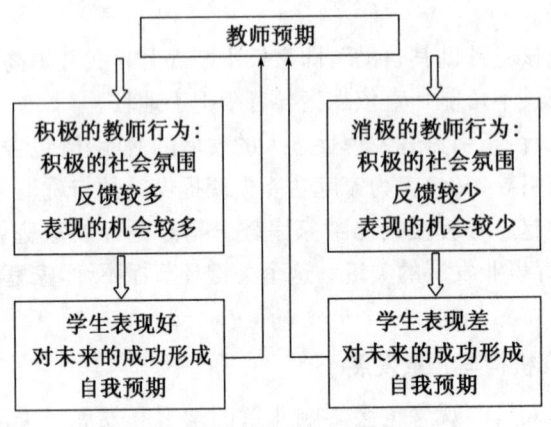

图 6-1　教室里的皮格马利翁效应①

[案例]

麦琪和她的天才班

[美]琳达·凯夫林

麦琪是学期中间被调到这个公立学校的,而且一开始校长就要她当 4 年级 B 班的班主任。麦琪听说前任班主任半途辞职了,但校长没有告诉她为什么,他只是说这个班级的学生都很"特别"。

第一天走进教室,麦琪先被吓了一跳:横飞的纸团、架在桌子上的脚、震耳欲聋的吵闹声……整个教室活像混乱的战场。麦琪翻开讲台上的点名册,20 个学生的名字呈现在眼前。点名册上还记录着每个学生的 IQ(智商)分数:140、141、160……在美国,学生入小学都要测试智商,按智商分快慢班。正常人的智商在 130 左右。麦琪恍然大悟,噢!怪不得他们这么有精神头,原来小家伙们个个都是天才!麦琪微笑着请大家安静下来,为能接手这么高素质的班级而暗自庆幸。

刚开始,麦琪发现很多学生不交作业,即使交上来的也是潦草不堪,错误百出。麦琪找孩子们单独谈话。"凭你的高智商,没有理由不取得一流的成绩,你要把潜力发掘出来。"她对每个学生这样说。

整个学期里,麦琪不断提醒同学们,不要浪费他们的聪明才智和特殊天赋。渐渐地,孩子们变得勤奋好学,他们的作业准确而富有创造力。

学期结束时,校长把麦琪请到办公室。"你对这些孩子施了什么魔法?"他激动地问,"他们统考的成绩竟然比普通班的学生还好!"

"那很自然啊!他们的智商本来就比普通班学生要高呀!您不是也说他们很特殊吗?"麦琪不解地问。

"我当时说 B 班学生特殊,是因为他们有的患情绪紊乱症,有的智商低下,需要

---

① [美]罗伯特·费尔德曼.发展心理学:人的毕生发展(第四版)[M].苏彦捷,等译.北京:世界图书出版公司,2007:414.

特殊照顾。"

"那他们的 IQ 分数为什么这么高?"麦琪从文件夹里翻出点名册,递给校长。

"哦,你搞错了,这一栏是他们在体育场储物箱的号码。很遗憾,麦琪老师,你的学生并不是天才。"原来这个学校的点名册,在一般学校标智商分数的地方,注的是储物箱号码。

麦琪听了,先是一愣,但随即笑道:"如果一个人相信自己是天才,他就会成为天才。下学期,我还要把 B 班当天才班来教!"

——选自《现代交际》2006 年第 1 期

(三) 家庭教育与儿童发展

家庭是孩子的第一个课堂,父母是孩子的第一任老师,儿童的价值观在很早的时候就受到家庭的影响。家庭成员会潜移默化地向儿童传递关于自身、关于邻居、关于教育机构以及社区的想法。

[案例]

小区里年龄差不多的孩子都要上幼儿园了,两个家庭对孩子上幼儿园的反应是不一样的。一个是核心家庭,爸爸妈妈为主带孩子,妈妈很高兴地对女儿说:"朵朵,你肯定会很喜欢这个幼儿园,幼儿园里有很多小朋友和你一起玩,老师也年轻漂亮,你会喜欢幼儿园里所有有趣的事情。"另外一个家庭是主干家庭,爷爷奶奶和一家三口生活在一起,妈妈本身在大学学前教育系工作,和幼儿园老师很熟,爷爷奶奶宝贝孙女,总是唠叨:"淘淘,你再玩两天就要去上幼儿园了,幼儿园可不比家里自由,要听老师的话。"奶奶直接和妈妈说:"孩子刚上幼儿园肯定不适应,中午接回来,下午就不去了。"妈妈对奶奶说:"您放心,孩子的老师是我的学生,她们会对淘淘很好的。上幼儿园刚开始所有的孩子都会有些不适应,坚持每天送过去就会慢慢好起来的。"不管妈妈怎么做工作,奶奶就是坚持自己的意见。毫无疑问,这两个孩子第一天上幼儿园的反应是不一样的,朵朵开开心心进了幼儿园,虽然后来也哭了一会儿,但很快就安稳下来,入园适应很快。淘淘从进幼儿园就哭,一直哭到中午奶奶来接,午饭也不肯吃。后来淘淘上幼儿园就是三天打鱼两天晒网,起晚了不去,下雨了不去,有点不舒服不去,奶奶说:"他爸爸小时候也这样,没关系的。"最后导致淘淘天天在家念叨:"明天下雨吗?我可以不去幼儿园吗?"奶奶说:"这孩子不能再去幼儿园了,再去要得精神病了。"妈妈为此和奶奶发生了争执,万般无奈之下,请班级老师直接到家做工作,淘淘在家歇了一段时间,入园焦虑一直到中班才有所好转。

由此可见,两个孩子对幼儿园的看法受到家长态度的影响,尤其当家里成人态度不一致时,孩子更是无所适从。后来淘淘慢慢适应了,主要是妈妈坚持自己接送,不让奶奶插手,淘淘慢慢觉得幼儿园的活动很好玩,妈妈每天接淘淘时问的最多的是:"今天在幼儿园有什么开心的事和妈妈说说吗?"淘淘一下子就带入快乐的情绪,和妈妈滔滔不绝。后来奶奶也意识到自己的问题,教育的责任交给妈妈,家庭教育达成一致。

家长在工作和阅读等事情上的兴趣爱好也为孩子在各方面的成长提供着榜样和

支持。就像前面我们所做的关于亲子阅读的研究,如果家长有良好的阅读习惯,坚持做好亲子阅读,必然会让孩子爱上阅读。国外的研究也证实了这一点,"家长关于阅读的态度和榜样模型是影响儿童发展的关键因素","如果家长能和孩子进行高于孩子水平的读写互动,并且认同这些互动的重要性,一般这样家庭的孩子对于图书持更加积极的态度"。①

[案例]

源源在小班升中班的暑假时选择了画画兴趣班,因为年龄小又黏妈妈,一定要妈妈陪在身边,妈妈和老师沟通了一下,陪伴了一段时间慢慢退场。老师为了巩固孩子的学习效果,要求家长拍照回家后让孩子照着再画一幅,下节课交家庭作业。刚开始,源源在家不肯画画,画一会儿就说累了,妈妈说:"不可以,一定要画完,这是你的作业。"源源一生气就把画笔扔出去了,妈妈不发火,捡回来,让她继续画,她又扔,妈妈再捡,反复几次后,源源知道妈妈不会让步,乖乖地画起来。这样坚持做了三次家庭作业,源源终于不用妈妈盯着,养成了坚持、注意力集中做事情的好习惯。在幼儿园,老师们都表扬源源上课特别专注。现在源源上五年级了,一直跟着老师学画画,从蜡笔画到水粉画到素描到写生,参加各种画画比赛也常常获奖。源源在画画中找到了乐趣和自信。

良好的家庭教育,为孩子的成长助力。马斯洛的需要层次理论可以很好地与家庭养育的实践结合起来,首先满足孩子的生理需求,确保他们的身体安全,给予孩子关爱和情感支持,培养孩子的自尊心,支持孩子取得成功,最终为将来自我实现的能力打下基础。

二、学前儿童家庭教育指导的任务

2010年的《指导意见》中明确提出:"充分认识加强家庭教育工作的重要意义","进一步明确家长在家庭教育中的主体责任","充分发挥学校在家庭教育中的重要作用","加快形成家庭教育社会支持网络","完善家庭教育工作保障措施"。《指导意见》中指出:"当前,我国正处在全面建成小康社会的关键阶段,提升家长素质,提高育人水平,家庭教育工作承担着重要的责任和使命。"2018年9月10日,习近平总书记在全国教育大会上强调:"办好教育事业,家庭、学校、政府、社会都有责任。家庭是人生的第一所学校,家长是孩子的第一任老师,要给孩子讲好'人生第一课',帮助扣好人生第一粒扣子。"

结合我国学前儿童家庭的实际情况,家庭教育指导的任务主要包括以下几个方面:

(一)优化家庭环境

家庭环境包括物质环境和精神环境两个方面。在物质环境方面,家庭环境应当

---

① [美]钱德勒·巴伯,尼塔·H.巴伯,帕特丽夏·史高利.家庭、学校与社区:建立儿童教育的合作关系[M].丁安睿,等译.南京:江苏教育出版社,2014:7.

整洁、美观,物品有固定的位置,家务有合理的分工。儿童有属于自己的空间,家长根据其年龄特点,设计儿童的学习、游戏、生活空间,并让孩子参与力所能及的家务劳动,如整理床铺、衣物、擦桌椅、摆放碗筷等。在精神环境方面,营造民主、平等、和谐的家庭氛围,家庭成员和睦相处,尊老爱幼,夫妻互爱互助,且家庭成员之间有一致的教养态度,形成良好的亲子关系、夫妻关系、婆媳关系等;乐于助人,邻里关系融洽。另外,"各家庭成员都应有较高的生活目标和精神追求,有浓厚的好学上进的氛围,形成良好的家风"。①

(二)提升养育水平

指导家长阅读关于学前儿童家庭教育、儿童心理发展、儿童卫生保健等书籍,深入浅出地向家长传授基本的教育理论、教育原则和方法,同时指导家长要将家庭教育的理论知识转化为家庭教育的实际能力,结合《指导大纲》中的指导要点,对不同年龄阶段儿童的家庭、不同需求的家庭给予合适的指导,比如,了解0—3岁婴幼儿的身心特点,提倡母乳喂养、鼓励主动学习、加强感知训练等;针对4—6岁幼儿园阶段的儿童,加强营养保健和体育锻炼,抓好安全教育,防止意外伤害,培养良好的交际水平等。从整体上提升养育的水平,增强儿童体质,达到身心健康。

家庭科学环境的创设

(三)提高家庭教育能力

家庭教育是一门科学,也是一门艺术。学前儿童无论生理发育还是心理发展,都与其他年龄阶段的儿童有着不同之处,因此,通过家庭教育指导全面提高家长的教育能力。家长要想教育好孩子,首先,要准确认识孩子、了解孩子,科学合理地设计孩子未来的发展方向和发展目标;其次,学会与孩子有效沟通,用孩子能够听懂的语言、能够接受的方式进行交流和沟通,并且一定要用心倾听孩子的心声,和孩子亦亲亦友,平等相处;再次,能够管理和掌控自己的情绪,学前阶段是一个容易情绪化的年龄阶段,也是个性形成的时期,要让孩子成为情绪平和的人,家长自己要具备情绪控制的能力,这才是对孩子最好的影响和教育;最后,具备主动学习的能力,在现代社会,终身学习的观念逐渐深入人心,家长要保持对学习活动的兴趣,有认真的、不怕困难的学习精神,和孩子共学习共成长,这些都会对孩子产生直接的、显著的影响,有助于孩子学习品质的养成。Beaty、Jacobs通过对参与家庭文化项目(家中的文化发展包括听、讨论、编故事、读写练习的发展以及模仿更复杂的演讲)的儿童研究表明,父母经常读书给孩子听,帮助他们完成家庭作业,通过向他们和他们的老师提问来监督孩子的在校表现,督促孩子守时、行为谦恭,孩子就会在学校里取得成功。②

---

① 郑益乐.学前儿童家庭教育[M].西安:西安交通大学出版社,2016:215.
② [美]钱德勒·巴伯,尼塔·H.巴伯,帕特丽夏·史高利.家庭、学校与社区:建立儿童教育的合作关系[M].丁安睿,等译.南京:江苏教育出版社,2014:225.

三、学前儿童家庭教育指导的内容

以幼儿园为主阵地,开展的家庭教育指导一般有以下内容:

1. 学前儿童身心发展的特点和规律

首先,包括幼儿期一般的发展特点和规律,如喜爱大自然的天性,具体形象的思维特点,经验虽贫乏但求知欲旺盛、好奇心强等。其次,包括各个年龄阶段幼儿的发展特点与规律,如3—4岁、4—5岁、5—6岁幼儿的身心发展特点与规律。最后,幼儿的个别特点与实际水平。如有的幼儿性格内向敏感,有的则活泼开朗;有的喜欢阅读,有的则喜欢动手操作;有的幼儿语言水平低于同龄孩子的水平等。只有了解这些特点和规律,才有可能进行恰当的教育。

2. 幼儿园教育的有关知识

包括幼儿园教育的依据、目标、任务、内容、特点、方式,以及伴随社会发展和教育改革,幼儿园的改革动向与要求等。目的是让家长了解后,能对幼儿园教育达成理解,有效支持、参与幼儿园的教育,并对幼儿园教育起一定的监督作用。

3. 家庭教育的知识

包括家庭教育的功能、特点、任务、内容、原则、方法、影响家庭教育的因素、家长教育素质和能力的提高、家庭教育中现存问题的分析与解决等。这一部分内容在实际中有较大需求,是指导的重点内容。

4. 家园合作共育的知识和要求

为什么要实施家园合作共育、怎样实施,家长对家庭教育指导怎么认识,家长参与幼儿园教育的权利与义务等,都是此部分应该包括的内容。

5. 关于托幼衔接和幼小衔接的指导

(1) 婴幼儿入园(托)适应指导

上幼儿园是孩子成长中的重要事件,从家庭迈入一个社会机构,孩子们会经历一个心理适应期。一方面是因为幼儿园和家庭有诸多不同,另一方面是因为孩子年幼,对亲人的依恋感比较强烈。幼小的心灵经历分离、混乱、重建、平衡,最终能比较平静地踏入幼儿园。

从实际观察来看,约有1/3的幼儿存在明显的入园适应性问题。上海市的研究证明,入园(托)不适应的表现主要有:

① 情绪方面:哭闹——有的大声哭叫,有的边哭边唠叨,有的无声流泪。压抑——如抱着自己的东西(玩具、小被子等)不放,若被取走便会大哭。有的待在某一角落吸吮手指,一言不发地望着窗外……通常性格内向的孩子会有这样的表现。拒绝和发怒——不接受别人的要求,不让别人靠近自己,甚至打、咬试图接近他的教师,或有摔东西等破坏性行为。

② 生活方面:食欲减退、食量减少、偏食甚至呕吐,喝水少或不喝水,午睡困难,

排便异常等。

③ 活动方面:不会或不愿意表达自己的需要,不接受教师的要求或不参加班级活动,有陌生感和恐惧感。①

家长的教养态度与方式、家庭人际交往的特征、孩子的个性特点、教师的态度等,均会影响孩子的入园适应。指导时应分析原因,对症下药。

(2) 幼小衔接的指导

孩子从幼儿园到小学,从"以游戏为主"转变为"以学习为主",这两个教育阶段之间有一个坡度,孩子存在生理、心理、学习习惯、人际交往等方面的适应问题。幼小衔接工作需要家庭的配合,幼儿园要指导家长在整个幼儿园阶段重视孩子学习习惯、生活自理能力、交往态度及能力、体能等方面的培养锻炼,在临入学前,更要配合老师突出培养小学生需要的各方面能力和习惯。指导形式与其他指导形式大致相同。

6. 围绕社会热点问题和幼儿园中心工作与家长交换意见

社会发展迅速,教育改革活跃,新生事物层出不穷,人们的思想、价值观念也趋于多元化,对许多教育问题非常有必要进行共商,以便达成共识。如社会上各种儿童教育方案繁多,幼儿园要不要开蒙台梭利班,要不要孩子学珠心算,还有学英语的问题,等等,许多家长跟风而动却不明就里。幼儿园都可以与家长商讨,首先使家长明了这些事情的实质,形成正确的看法,再商量如何运用科学的方式和内容去促成孩子真正意义上的发展。

7. 有关儿童保护及教育的国际、国家法规、政策、文件

家长作为幼儿的法定监护人及第一任老师,法盲是不行的。要让家长知法、懂法、遵法,从而知道自己在孩子的养育上应该做些什么、怎么做,这在21世纪特别重要。如《儿童权利公约》《中华人民共和国未成年人保护法》《幼儿园工作规程》《幼儿园教育指导纲要(试行)》《3—6岁儿童学习与发展指南》,还有一些有关孩子伤害事故处理的规定文件,以及近期颁布的《家庭促进教育法》,家长都有知晓的必要。这样,一方面可以使家长更好地履行自己的责任和义务,另一方面出了问题方便处理,特别是幼儿伤害事故的处理。幼儿园应通过恰当的指导形式来进行这一工作。

8. 指导家长提高个人的一般素质和教育素质

我国著名儿童教育家陈鹤琴1937年写有《怎样做父母》一文,他指出:"父母,不是容易做的,一般人以为结了婚,生了孩子,就有做父母的资格了,其实不然。我们知道,栽花的人,先要懂得栽花的方法,花才能栽得好;养蜂的人,先要懂得养蜂的方法,蜂才能养得好;育蚕的人,先要懂得育蚕的方法,蚕才能育得好;甚至养牛、养猪、养马、养鸟、养鱼,都先要懂得专门的方法,才可以养得好。难道养小孩,不懂得方法,可

---

① 华爱华,黄琼.托幼机构0—3岁婴幼儿教养活动的实践与研究[M].上海:上海科技教育出版社,2006:120-125.

以养得好吗？可是一般人对自己的孩子,反不如养蜂、养牛、养猪看得重要。对于养孩子的方法,事先既毫无准备,事后又不加研究,好像孩子的价值,不及一头猪、一只羊。这种情况,在我国目前,到处可以看见,真是一件奇怪的事。"陈先生指出的现象,其实在今天仍然很普遍,这么多年来我国的家庭教育没有发生革命性的变化,并且产生了一些新问题。

四、家庭教育指导形式的借鉴、改革与创新

多年来,幼儿园在家庭教育指导实际工作中,探索出了多种多样的指导形式。一般有下面几类:

个别形式:家访,来、离园接待,专家咨询,电话联系,约谈,书信,电子邮件、QQ、微信、短信等,家园联系册,入户指导(特别是对于未入园的 0—3 岁儿童及其家长的指导),家长访园(可允许家长随时进行,同集中的开放日不同),等等。

集体形式:家长会、专题讲座、报告会、家长学校、开放日、园内外亲子活动、家庭友好小组、家长沙龙、家长俱乐部、网络平台(如 QQ 群、QQ 论坛),等等。

利用大众传媒指导:黑板报、墙报、宣传橱窗,自编家教小报,报刊、书籍(幼儿园开辟家长图书借阅室,或帮助家长订阅相关报刊),音像资料(介绍、组织观看有关幼儿活动及家庭教育的电影、电视、录像、录音等),网络资料(建立幼儿园网站,建立家长网上资源库,通过电子信箱向家长发送有关资料,创设班级 QQ 群、微信群,创设园所论坛,利用苹果及安卓商店中的 App 等),等等。

随着社会的发展和幼儿教育改革的不断深入,家长对指导的需要也在发生变化。幼儿园需要借鉴国内外其他幼儿园好的做法,或是将原有的形式进行加工组合、改造综合,或是采用新的渠道和方式,从而使指导形式更加灵活、丰富而有实效。

美国幼儿园的"父亲日"活动可以为我们提供参考。

为了使父亲更加积极地参与幼儿教育,提高参与水平,美国许多幼儿园都开设了"父亲日"活动。其作用是:加强父亲和孩子之间的关系,使父亲更好地了解幼儿,特别是自己子女的特点;使父亲能有更多机会接触和联系幼儿;使父亲能得到幼儿园的支持和指导;使父亲拓宽教养幼儿的知识,增长与幼儿交往的技能,发展参加幼儿活动的能力。一般每周六上午活动一次,每次两小时。第一小时是小组游戏时间,父亲和幼儿一起参加设计好的小组活动,如玩玩具、制作食品、艺术创作、做游戏等。第二小时是小组讨论时间,此时幼儿继续进行游戏,而父亲们则聚集起来和教师一起讨论有关幼儿教育方面的问题。这种活动使父亲们能够更加主动地、正确地与幼儿接触,更注意与孩子谈话、一起阅读、唱歌和游戏等,而不再以粗暴的、苛刻的体罚方式来对待孩子,不再对孩子提出过多的、不切实际的要求。父亲参与水平的提高,还能够密切夫妻关系,更好地促进孩子的健康发展。[1]

在这个方面借鉴、变通地使用国外的经验是有益的,比如,在邀请中加上父亲,一

---

[1] 王兆先,程昌柱,高学贵.家庭教育辞典[M].南京:南京大学出版社,1992:127.

个笼统的"家长"称呼可能被理解为母亲的代名词,父亲需要得到明确的邀请,表明学校希望和欢迎他们参加;提供只邀请父亲的活动或父子活动,发一份给父亲的特别邀请,可以包括男性父亲角色(如伯伯、叔叔、祖父等);建立父亲友好的家庭资源中心,能够在必要时帮助个人和夫妻提高技能以更好地养育孩子;鼓励父亲参与家长教师协会或家长教师组织;邀请父亲和儿童生活中其他重要男性参加早期干预服务,如为残疾儿童提供的服务。①

我国香港地区的做法也很值得学习。香港教育统筹局于2002年设立的"家长网上资源库",有多项家长服务资讯,如学校及教育、家庭、福利服务、亲职教育、儿童照顾及发展服务管教子女锦囊等。现在许多幼儿园有自己的网站,可以专设此类栏目,为家长提供指导和服务。

有些指导形式则需要进行改革为其注入新的活力才能符合现实的需要。就拿"家长学校"来说,传统的家长学校以单向给家长讲授儿童成长发展及家庭教育知识为主,主要是孩子的父母参加(确切地说主要是母亲参加)。现在看来,从内容上需要扩展,如给家长讲讲多媒体、推介、研讨一本好书(如陈鹤琴的《家庭教育》、日本黑柳彻子的《窗边的小豆豆》)等;另外可进行分类指导,如父亲家长会、祖辈家长会,甚至是家长与孩子一起参加家长会;不一定是在室内开,也可以在室外等教育现场,还可以在QQ群开网络会。形式与内容的创新可以使家庭教育指导开展得更加生动活泼而成效卓著。上海市金鹭幼儿园开展的"以合唱为载体"的家教指导形式就十分有创意。

目前有必要新增一种个别方式——家长访园,即根据园所实际情况,以更加开放的心态做好家教指导与沟通,这是幼儿园需要开发的形式。通常的集中开放日总会有一些家长因故不能前来,教师可以与他们沟通,在空闲的时间约好个别来园,或观察孩子情况,或与老师沟通,或学习科学教育理念与方法,这种新形式应当被幼儿园积极使用。

第二节 学前教育机构家庭教育指导的原则与艺术

学前教育机构的家庭教育指导是一门科学也是一门艺术,做好家庭教育指导,能够给予幼儿成长一致性的环境。

一、家庭教育指导的原则

(一)儿童为本原则

家庭教育指导应尊重儿童身心发展规律,尊重儿童合理需要与个性,凡是涉及与

---

① [美]格雷恩·奥尔森,玛丽·娄·福勒.家校关系:与家长和家庭成功合作[M].朱运致,译.南京:南京师范大学出版社,2013:278.

儿童有关的事,要以儿童利益为最大,关注女孩的合法权益(特别是农村地区或偏远地区),指导的内容和方法要注意科学性和操作性。

(二) 尊重家长原则

尊重家长是开展好家庭教育指导的前提。首先要尊重职业身份、自身条件不同的家长。有的家长是外来务工人员,有的家长是教师、医生;有的家长收入微薄,有的家长则家产百万;有的家长文化程度只有初中,有的家长则是博士。针对这些不同职业、不同社会地位、不同经济条件、不同文化程度的家长,指导者要一视同仁,给予应有的尊重。其次要尊重孩子不同情况的家长。孩子的情况各异,擅长不同,指导者要用平等的眼光看待这些不同发展水平、不同发展状态幼儿的家长,特别是对发展暂时落后的幼儿的家长,更应保护家长和孩子的自尊心。如有家长提出要让自己的孩子参加幼儿园的合唱团,但教师觉得这位小朋友音准不够好,如果直接说出来,家长和孩子都难以接受,于是教师夸孩子的想象力丰富而且坐得住,画画得好,如果参加画画班,能更好地激发孩子的兴趣,发挥孩子的潜能。家长很愉快地接受了教师的建议,给孩子报名参加了少年宫的绘画兴趣小组活动,绘画进步很快,家长很感谢教师对孩子特点的把握。

(三) 分类指导原则

指导对象存在不同的类别,不同类别对象本身的特点不同,家庭教育的观念、态度和行为不同,对指导的需求也不同,对不同类别的对象应该进行不同的指导。

从子女的年龄段,分为新婚夫妇、孕妇和她们的先生、0—3 岁婴幼儿家长、3—6 岁幼儿家长;从家长的身份,可分为父母亲、与孩子生活在一起的祖辈老人、非血缘法定监护人、教育保姆等。此外,由于家长本身的某一特点不同,可分为高学历家长、高龄父母、个体户家长等;由于家庭某一特点不同,可分为独生子女家长、单亲家长、贫困家庭家长、外来流动人口家长等;由于家庭教育的某一特点不同,可分为教育观念上的现代型家长、教养态度上的权威型家长、教育方法上的简单粗暴型家长、教育能力上教育无能型家长等。所以,对不同类型的家长要有不同的指导策略。

(四) 多向互动原则

家庭教育指导应建立指导者与家长、儿童,家长与家长,家庭之间,家园之间的互动,应用多种指导形式,如家长随时访园、家长沙龙、假日活动小组等,创造在指导活动中的多角色(指导者、家长、儿童)互动机会,努力形成相互学习、相互尊重、相互促进的环境与条件。

二、教师与家长沟通的艺术

所谓的"艺术"其实就是:真诚、爱心、责任感、换位思考和智慧(巧妙)。所有这些,以"用心"来运作,便成就了教育艺术。用一个简化的公式就是:爱心+用心+智慧=艺术。当然,不要忘记专业知识这个基石。

以下20句沟通用语会对我们有用,请把它们记下来:①

1. 您的孩子最近表现很好,如果在以下几个方面改进一下,孩子的进步就更大。
2. 请家长不要着急,孩子偶尔犯错是难免的,我们一起来慢慢引导他。
3. 您有什么事情需要老师做吗?
4. 您有特别需要我们帮助的事情吗?
5. 谢谢您的提醒!我查查看,了解清楚了再给您答复好吧。
6. 您有什么想法,我们可以坐下来谈谈,都是为了孩子好。
7. 孩子之间的问题可以让他们自己来解决,放心吧,他们会成为好朋友的。
8. 这孩子太可爱了,老师和小朋友都很喜欢他,继续加油。
9. 谢谢您的理解,这是我们应该做的。
10. 很抱歉,孩子受伤了,老师也很心疼,以后我会更关注他。
11. 我想这件事该由××负责,我可以帮您联系一下。
12. 我们非常欣赏您这样直言不讳的家长,您的建议我们会考虑的。
13. 您的孩子最近经常迟到,我担心他会错过许多好的活动,我们一起来帮他好吗?
14. 您的孩子最近没有来园,老师和同伴都很想他,真希望早点见到他。
15. 请相信孩子的能力,他会做好的。
16. 幼儿园的食谱是营养配餐,为了他的身体健康,我们一起来帮他改掉挑食的习惯,让他吃饱吃好。
17. 您有这样的心情我很理解,等我们冷静下来再谈好吗?
18. 近期我们要举行××活动,相信有您的参与与支持,会使活动更精彩。
19. 幼儿园(班级论坛)内容丰富多彩,欢迎您经常浏览,及时沟通。
20. 我们向您推荐好的育儿读物,您一定有收获的,孩子也会受益。

(一) 沟通从"心"开始

美国学者沃伦·韦弗指出:沟通是一个心灵影响另一个心灵的全部程序。任何沟通中,真诚、让对方感到友好与爱都是前提性因素,更何况因为教育对象与教育阶段的特点,家园沟通有着比任何学段更加密切的特点,因而家园沟通受"心"的影响更大。在家园沟通当中,教师的爱心、诚心和责任心是最重要的要素,这"三心"彼此不同又相互嵌入和影响。在我们看来,诚心是沟通的"敲门砖"和"通行证",俗语说"心诚则灵";爱心是沟通工作的长期养料;责任心是沟通的基本保障。三心当中"爱心"最为核心,准确地说,有此一"心",其他皆会有之。

(二) 肯定、赞扬孩子,尊重、体谅家长

"老师常常主动和我沟通,态度也不错,只是每次都说孩子的缺点。我现在感觉我的孩子真的是没有什么优点了,有点失望。""老师都是好意,把孩子的问题及时告

---

① 常瑞芳. 家庭与社区教育[M]. 北京:高等教育出版社,2019:162-163.

诉家长。但是,我也挺想多听听孩子的优点的,家长都是愿意听好话的。当然,我也不是说像有的老师那样,总是说挺好、不错,类似这样的话。"说明有些教师在与家长沟通时并不是缺乏主动和热情,但的确不太懂得"艺术",不能体谅家长的感受,致使传递给家长的信息带上了消极"倾向",即使家长能够理解教师的初衷,他们的心里也是不舒服的,也必然会给以后的沟通造成一定隔阂。

社会角色互动理论认为,在人际沟通中,只有超越自己角色的观点,理解他人的思想情感,才能营造出良好的沟通环境。那么,幼儿教师与家长在沟通过程中除了互相了解对方,按照自己的角色规则行事,还要做到角色互换,能够从对方的角度考虑问题。教师可以借鉴的策略有:先报喜后报忧,尊重、体谅家长,换位思考,学会用请教的态度和商量的口气向家长提出自己的看法;对家长提出意见要注意场合,不要在别人在场时更不要当众批评家长;尽量不要谈别的孩子,除非家长问及;肯定与表扬孩子要具体,避免"今天孩子表现不错"等笼统评价,不要让家长觉得敷衍。

(三) 善于倾听并做出反应

倾听并不只是用耳朵听,更是用心理解对方的信息并建构积极的意义。卡耐基说:"如果希望成为一个善于谈话的人,那就先做一个致意倾听的人。"首先,可以让家长感到自己受到了尊重;其次,有助于抓住说者的漏洞,争取主动;最后,为自己准备答案预留时间。我们试着给出一些倾听的具体策略:

目光平和注视,专心听。认真专心、有兴趣地听,让家长感到温暖、放松、受到良性暗示,愿意把真心话说给老师;不要表情严肃或冷漠,或者边忙着工作边跟家长交流,或者不时左顾右盼,让家长觉得他不受欢迎或不受重视。

注意观察解读,留心听。注意观察家长说话时的表情、体态、姿势,还有语气、语调等,准确解读家长想表达的信息。

不要随便打断或急于指导家长,耐心听。很多时候只有听完家长的话才能完全明白其真实含义。

有反应地倾听,诚心听。沟通不能只是倾听,而是积极的双向参与,所以应适当地以不同的方式做出恰当的反应,如轻轻点头表示认同;或"哦,原来是这样啊!"表示听懂;"听到这里我的心一下子被揪起来了,您快说说孩子怎么样了?"表示询问;"您刚才提到了……,您是说……"表示确认等。

总之,倾听不仅可以使家长产生亲近感,保持放松,还可以使老师更深入地了解家长及其要表达的意思,更多地获得家长方面的信息,达成有效的沟通。

(四) 选择合适的时间与场合

国内研究发现,大多数家长倾向于在不受干扰的、较为私密的场所进行个别沟通,但是目前沟通的地点多数集中在教室门口或走廊,时段是接送幼儿期间。有家长反映:"接送孩子的时候,通常都是人最多的时候。各个班级的家长和各个班级的老师都忙成一团,幼儿园里出出进进好多人。这个时候能谈出什么呀,就是一些很皮毛和表面的东西。"沟通地点是影响沟通情绪的重要环境因素,优化沟通地点能够为沟通效果起到积极的"建设性"作用。因此,沟通时间与地点的选择应是幼儿园需认真考虑的问题。

幼儿园可以尝试设立家长接待室、园内小凉亭等专用功能区室,这些区室平时可用于幼儿及教师活动,需要时可以接待家长,可以配备茶具等设施,接待家长时态度热情、真诚,为家长沏茶倒水,营造舒心氛围。这样的环境好于在园长或者教师办公室。另外幼儿园可以安排家长随时访园以及利用约谈方式,以增加个别沟通的机会。

(五)使用简化的语言,表达切入主题后尽量快速人情化

心理学研究证明:人的注意力只有10分钟。如果10分钟之内抓不住对方的注意力,他就很容易失去听的兴趣。所以沟通前需要在心里提炼、组织语言,学会在三五分钟内将问题谈明白。沟通时应避免使用专业术语、艰涩的用字遣词,要尽量言简意赅,通俗易懂。特别对于祖辈家长的沟通,更要像拉家常一样,态度亲切,富于人性化关怀,注意表达的语气及语句组合顺序,如:

平常要求孩子自己的事情自己做非常重要,不是吗?(严肃而生硬地说)

平常要求孩子自己的事情自己做非常重要,您说是吧?(微笑而亲切地说)

前者反问的语气可能传递出对家长无知的不满、不耐烦、不尊重,并可能增加理解的难度,因而一般应该使用正面语气,传递友好、积极的情感信息。

(六)善于运用非语言因素

美国加利福尼亚洛杉矶大学(UCLA)的研究显示,沟通效果的55%取决于外表(包括衣着、举止、表情、手势),38%取决于传达的方式(包括语音语调、感人的小故事、幽默的开场白、清晰的逻辑推理),只有7%取决于传达的内容本身。因而在某种程度上说,"讲话形式比讲话内容更重要"。

教师与家长沟通时,提倡运用多重手段传递思想、观念与情感。沟通者利用言语(口头或书面的)和非言语(动作、表情、身体接触、空间距离等)两种方式一起向对方发出信息时,会收到较好的效果。比如当我们接待一位奶奶时,可以挽着她的胳膊;沟通时,可以坐在一起促膝交谈;即使与一位父亲沟通,面对面坐也会拉近距离,而尽量不要坐在自己办公的座位上,以免给家长一种居高临下的不平等之感。

(七)控制情绪

中国台湾学者张召雅认为,沟通是一种情绪管理的艺术。教师也是有七情六欲的普通人,在不同的环境下有相应的喜怒哀乐是正常的,但在与家长沟通中,对控制不良情绪还是有比较高的要求。比如在一次离园接待中,老师烦恼于毛毛小朋友近期的调皮捣蛋还咬人,毛毛妈妈来接时,老师当着很多家长和幼儿的面,冲口说道:"毛毛这段时间不知怎么搞的,集体活动时间总是不安静,影响其他孩子活动,刚才还咬了××一口呢!"毛毛妈妈一听,也很生气地说:"我家孩子从来不弄别人的,肯定是别人先欺负他了。况且老师也不能那么凶,把我家小孩骂得都哭了。"

可见上述沟通是失败的。态度不好,场合也不对。如果教师在避开众人的场合与毛毛妈平和地呈现"毛毛咬人"事情的本来面貌,毛毛妈本来可能会感到歉意,进而

与教师进一步沟通,但这样一种抱怨、气恼等负面情绪使毛毛妈妈也难以接受而"当场回击",使教师瞬间陷入被动,也为下一步的沟通带来一定障碍。

强调重视控制情绪,不仅是为事情的沟通与处理争取主动,更需要的是防止不理智的冲动导致的严重伤害。实际中已经有教师被冤枉后难以控制情绪、不会迂回解决问题,致使家长将老师的耳膜打伤送医手术的极端事件。因而,老师们应提高自己的心理素质,学会控制情绪,克制冲动,防止极端恶果出现。

(八) 了解家长特点,因人施策

每一位家长都有不同的性格特点和个人素质,这是对沟通工作的客观挑战。教师应当注意了解班上家长的家庭情况、性格特点等,可以按一定维度如性格、文化水平等将家长进行分类,对某一类家长采取一类的方法策略,对比较个别、特殊的家长更要专门研究对策。比如,对于急于求成的家长,教师应耐心沟通,讲授幼教知识;对于寄希望于教师的家长,教师应多宣传家园合作的重要性;对于不讲究教育方法的家长,教师应逐步观察、了解孩子,帮助他们寻找适合的教育方法;与祖辈家长沟通,应尊重长辈,语气委婉,让祖辈家长看到教师对幼儿的关心。教师可以多留心学习一些"家园共育中教师与不同类型家长的互动策略"之类的经验。

(九) 坚持原则,守住底线

很多家长甚至整个社会都误将教师的"教育者"角色和家长的"监护人"角色相混淆,认为只要将孩子送到了幼儿园,教师就是孩子的监护人,出任何差错都去问责教师,甚至教师也不清楚自己是不是监护人。此种做法显然损害了教师和幼儿园的尊严和利益。教师被家长甚至社会的错误责任定位所"绑架",不切实际地承担了一些监护人的责任,这并不是法律所界定的。当然教师作为教育者,必须负好自己的责任,尽最大可能保护幼儿。我们建议在这个前提下,对特别不讲道理的家长,先忍后导,适当学会拒绝;出了事故有必要分清责任,判明有无过错。遇到难以沟通的家长,教师和幼儿园应坚守"底线",必要时寻求法律帮助,不能轻易损害自身权益。

(十) 注重反馈

反馈是教育行动的重要环节,在与家长沟通当中也应注意有效反馈。反馈有三种情况:(1)正面的反馈。对家长或孩子做得好的地方予以肯定、表扬,希望好的行为再次出现。注意适度,不要太夸张。(2)建设性反馈。家长做得不足的地方,给他提出建议而不是批评。(3)负面的反馈。如:"小怡妈妈,上次不是给你说过了吗?你怎么没有听啊!"这种反馈不仅没有帮助到家长,反而使人心情不快,给双方都带来负面影响,要尽力避免。

第三节　家庭参与幼儿园教育

家长是影响幼儿教育质量的重要因素，家长要保持学习的心态，努力和幼儿园在教育理念上达成共识，尽可能全面细致地观察幼儿的在园生活，主动友善地和老师沟通育儿话题，多渠道地参与幼儿园活动，做到看、问、做三位一体，最大限度地配合幼儿园工作。

一、家长在家园合作中的角色定位

《幼儿园教育指导纲要（试行）》中指出："家庭是幼儿园重要的合作伙伴。"《家长教育行为规范》中规定："家长要和学校、社区密切联系，互相配合，保持教育的一致性。"孩子的发展需要家园共育，家长在其中起着不可替代的作用，具体而言，家长要实践好观察者、咨询者、参与者的角色。

（一）看：成为幼儿在园生活全面的观察者

案例：今天是幼儿园的家长开放日，乐乐妈妈做了充分的准备，相机、摄像机、手机等一应俱全。带着儿子来到幼儿园，妈妈就忙开了，一会儿拍照，一会儿摄像，一会儿传微博，视线全部集中在儿子身上。妈妈说："看到儿子在幼儿园这么开心，我也放心了！但光顾着拍呀、摄呀，倒没有注意老师讲了些什么，儿子和其他小朋友的交往怎样？"

为什么要看：观察者这个角色，家长一直在不自觉地承担着，通过观察，我们可以获取丰富、系统、具体的信息，了解幼儿园的生活环境与学习方式，了解孩子的发展水平与心理需求。

看什么：除了网上的观察，家长要对幼儿园的实际环境进行细致观察。一看幼儿园的静态环境布置，了解幼儿园的教育内容与途径；二看师幼之间的动态互动，了解幼儿园的教育过程与孩子的发展状况。

怎么看：环境是第三方老师，家长通常会忽视幼儿园和班级的环境布置。其实家长从进幼儿园开始就可以看一周食谱、走廊环境，进入班级可以看课程安排、活动记录与展示、幼儿作品、家长园地等。仔细阅读，我们就能知晓近期的保教活动和教育成果，做到心中有数，合理安排孩子的学习和饮食，有针对性地和孩子一起谈谈幼儿园有趣的生活，配合幼儿园活动进行家庭教育。

在日常生活中和家长开放日中观察也很重要。在这些动态活动中，家长通常关注的是自己孩子的表现，往往会忽略老师的言行、孩子和其他小朋友的互动。就如乐乐妈妈一样，一到家长开放日就忙个不停，但忽略了开放日活动中最重要的是看幼儿园的教育活动，看孩子的活动过程。比如，观察晨间接待中老师和孩子的言行，听到老师说"乐乐来了，先洗手，再和小朋友去玩玩具"，家长就知道要教育孩子养成勤洗手的好习惯，回到家第一件事也是洗手。

家长开放日也是家长向老师汲取教育营养的"家长学习日"。如家长观看一位老师组织的"快乐的生日"谈话活动,首先请孩子回忆过生日的情景;接着自由结伴,谈过生日时收到哪些礼物和祝福的话,自己心里是怎样想的,有什么感觉;最后拓展谈话经验,请小朋友谈谈爸爸妈妈过生日时,准备怎样表示祝贺,长大后想怎样为他们庆祝生日。家长用心去感受教育过程,就能看到老师的引导与推进,学习科学的教育方法,同时也看到自己孩子在同龄孩子中的知、情、意、行等方面的发展水平,有针对性地进行家庭教育。

(二) 问:成为幼儿成长主动的咨询者

案例:宝宝妈妈总爱和老师聊几句,问问孩子在幼儿园的情况,和老师交流孩子在家的表现。她问老师:"老师,我发现宝宝对数字不敏感。宝宝很喜欢你们老师,也最听你们的话,请你们多教教他。"老师很细致地解答:"不用担心,数字对孩子来说的确比较抽象,我们会在活动中慢慢渗透数学知识。妈妈也不要让孩子死记硬背数字、做数学题,应该在生活中自然而然学数学,比如,分碗筷时的一一对应……"老师一指点,妈妈就知道该怎样去努力了。

为什么要问:沟通是双向的,家长要善于做个主动的咨询者。有些家长来也匆匆、去也匆匆,连老师也搭不上一句话;有些家长要等孩子出了事或有了问题,才会去找老师问,这些家长都没有摆正自己和幼儿园的位置。宝宝妈妈就深有体会,常主动与老师聊聊天,真诚互动的过程就是一个学习与成长的过程。试想,全班那么多孩子,哪个家长经常与老师沟通,老师自然就会多观察、多了解孩子,这样和家长交流起来才会有话可说。老师有较丰富的教育理论和经验,与老师多沟通,无形之中也在增长家长科学育儿的知识。

问什么:家长和老师沟通的内容是多方面的,如早晨入园时,和老师说一些有关孩子的情况:"孩子有点咳嗽,请老师多注意。""这两天孩子没有大便,老师多关心。"……这些看似简单的信息,既不影响老师的正常工作,又能使老师及时有针对性地关注孩子。家长还可以问问幼儿园最近的活动,需要家庭做好哪些准备工作,聊聊家庭教育的困惑和烦恼,与老师共商教育策略。

怎么问:沟通的渠道是多方位的,除了面谈,还有电话、短信、QQ、便条等,关注孩子的变化,定期主动交流。我们可以利用接送孩子的机会与老师沟通,方便及时;我们可以利用幼儿园发起的家访、约谈、家长接待日等活动,与老师深入交谈,全面了解孩子的发展水平与个性特征。

家长和老师沟通如何才能提高效率、解决问题呢?首先,家长态度要诚恳、友善。有些家长盛气凌人——既然我把孩子送到幼儿园,出了问题,当然由教师解决——这样的态度,老师难以接受。

其次,家长在提问时最好能确定主题,不散不漫,知道要解决什么问题。如果在交谈中天马行空,一会儿说孩子没有耐心,一会儿说孩子的午睡问题,只能泛泛而谈,没什么收获。家长如果能像宝宝妈妈那样围绕一个突出问题与老师深入探讨,效果就不一样了。

最后，家长在和教师沟通时一定要实事求是、全面具体。家长和老师围绕孩子的中心问题沟通时，一定要给老师提供全方位的信息，实事求是，正确面对现实。比如，孩子的入园适应期特别长，家长就需要向老师说明孩子的特点、家庭成员的情况、家庭教育的方式，以找到问题的症结，促进孩子身心健康发展。

（三）做：成为幼儿园活动积极的参与者

案例： 淘淘妈妈平时工作很忙，但幼儿园布置的各项任务一定保质保量完成好，和女儿制作灯笼、设计亲子装、做春游手抄报。幼儿园需要带什么材料、资料，总是第一时间带到，幼儿园有什么活动，总能看到妈妈积极的身影。老师总是表扬淘淘，把淘淘家的亲子作品摆在显眼位置，号召其他家长向淘淘妈妈学习，而淘淘得到表扬，学习的积极性就更高。

为什么要做： "看"让我们知道了幼儿教育是什么，"问"让我们知道了幼儿教育为什么、怎么做，"做"则让我们亲历幼儿教育，由"局外人"变为"局内人"。就像淘淘妈妈说的那样："女儿三年的幼儿园生活，似乎让我回到了童年时代，一起准备材料，一起做，一起玩，很开心，见证了女儿的成长！"而家长的积极参与，也会给孩子带来积极影响。华东师范大学做的一项实证研究表明，家长"总是"给予幼儿园援助，孩子在班级的总体发展水平处于"上层"；家长"很少"给予幼儿园援助，孩子在班级总体发展水平处于"中层"及"中下层"。因此，家长要充分发挥家园共育支持者、参与者的作用。

做什么： 家长是教师最好的合作者，可以直接参与教育活动，为教育活动提供材料；可以参与主题交流，比如，来园观摩开放日活动、参加家长会、聆听家庭教育讲座等；可以参与幼儿园的管理活动，比如，加入家长委员会等。

怎么做： 家长参与的途径多样，家长可以给予幼儿园物力支持，比如，暑假过后，老师发出通知，请家长做一张旅游小报，有照片、有旅游中的趣事，用来布置教室环境。家长也可以给予幼儿园人力支持，比如，在亲子活动中，家长志愿者积极配合老师的工作，维持秩序，拍照留念等。而不同职业的家长本身就是一种教育资源，如消防员爸爸为孩子们上一堂火灾逃生演习课、生物学老师妈妈带领孩子们认识各种动植物。家长还可以给予幼儿园财力的支持，比如，幼儿园开展的各类捐赠活动，给灾区小朋友捐款表爱心，给福利院的孩子捐助衣物献温暖等。

家园共育需要合作双方有积极主动的态度，教育孩子更是我们家长的重要工程。家长是影响孩子人生的关键人物，同时也是影响幼儿教育质量不可忽视的因素。家长要做到看、说、做三位一体，最大限度地发挥家庭教育的作用，拥有对孩子的爱心与责任感，抱有对幼儿园教育的信任与支持，推进家园合作，促进幼儿成长。

二、家长参与幼儿园教育的层次和形式

（一）家长参与幼儿园教育的层次

家长因认识水平、能力、需要等方面的差异，在参与幼儿园教育的程度和主动性上都会有不同的层次。

那么,多大程度的参与才会取得成效呢?参与程度随着层次的不同而有所不同,在富有成效的合作中,最关键的一点是每个人都要参与一两个层面。当然,也有一部分人能参与所有层面。

(1)最低层面。幼儿园寻求父母以及社区对幼儿园一日生活的支持,呼吁大家宣传幼儿园的活动,幼儿教师希望家长及社区成员能够响应号召并行动起来。

(2)联合层面。许多教师都要求家长以及社区成员能够经常自主参与课堂活动,成为课堂活动的志愿者。这些志愿者能在各方面帮助教师的教学。仍然有许多人成为"父母助教",组织其他社会成员,帮助照管上学路上的儿童,或者与幼儿园联系,寻求帮助。

(3)决策层面。这一最高层面上,家长、商人、专业人士以及社区领导都要参与到教育决策中。父母不仅要扮演儿童利益支持者这一角色,更重要的是,他们需要同其他决策者共同承担起保障自己及其他孩子享受良好教育的责任。他们参与课程设置,确定教学目标并且决定如何实现这些目标,还要参与到师资力量的组建中去,帮助进行宣传组织工作,以保障来自民间、政府的必要资金支持。参与到决策层面的家长及社区成员在数量上并不需要太多,但是这些代表们必须能够代表社区中各类成员的不同需求。

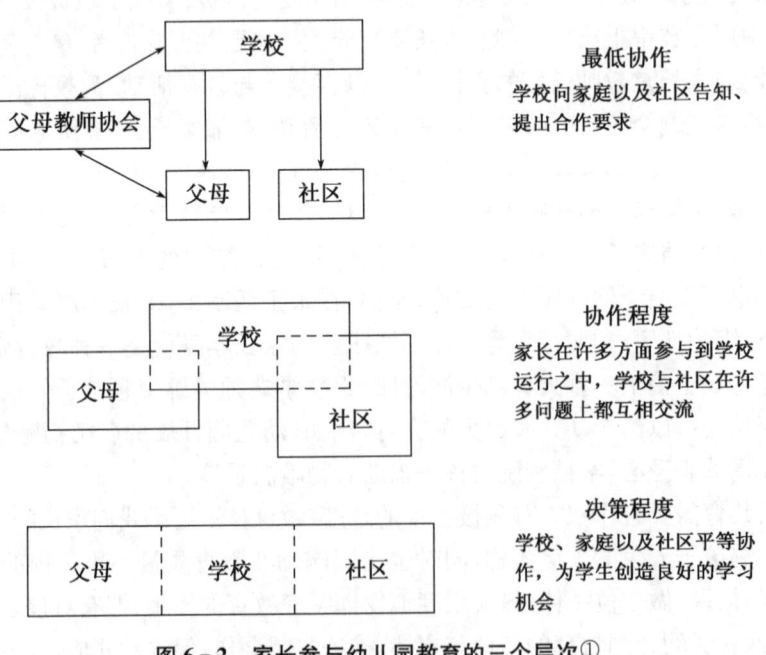

图6-2 家长参与幼儿园教育的三个层次①

---

① [美]钱德勒·巴伯,尼塔·H.巴伯,帕特丽夏·史高利.家庭、学校与社区:建立儿童教育的合作关系[M].丁安睿,等译.南京:江苏教育出版社,2014:422.

(二) 家长参与幼儿园教育的形式

家长参与的形式丰富多样,与家教指导的形式基本相同,如家访,来、离园接待,咨询,电话联系,约谈,书信,电子邮件,QQ、微信交流,家园联系册,家长会,报告会,开放日,园内外亲子活动,座谈会以及为家长提供各类资料等,只不过在内容上更倾向于幼儿园教育的内容。如山东省济南市章丘实验幼儿园在宣传橱窗里张贴海报,让家长参与家园小报的定名及投稿等。再如幼儿园利用讨论会的形式商讨孩子们冬季食谱中粗粮的添加问题等。

半日开放活动是一种向家长全面展示幼儿园生活教育的良好时机,也是帮助家长了解幼儿园一日生活流程的重要途径。教师在组织各项活动时,可以更自然地将教育理念、教育方式展示给家长,争取家长的理解、支持与积极参与。幼儿园半日开放的对象是家长,上午半日开放内容主要包括早操、早点和上午的集体活动。

[案例]

中班家长半日开放

活动时间:4月1日

活动缘由:半日开放活动是幼儿园的传统,每个月向家长开放一次,帮助家长了解幼儿在园情况,同时配合幼儿园做好相关工作。

活动过程:开放的前两天,教师通过家校通通知家长开放活动及具体的到园时间。在开放前一天,幼儿离园之后,教师布置教室,摆放椅子,分成内外两圈,幼儿在内,家长坐在自家孩子后面。在公告栏上将具体的活动流程写下来,同时附上具体的举行地点。

开放日的早晨,家长或直接留下来等活动开始,或稍后赶过来。老师先带幼儿到操场进行晨间活动,由孩子们自由选择活动器械,在爸爸妈妈的关注下,孩子们都玩得很开心,家长也抓住这一契机,为孩子留下宝贵的影像资料。在等待做操的时候,组织了一场亲子版"贴烧饼"游戏,调动起幼儿的积极性。做完操,吃完早点,由教师组织集体语言活动《搬过来,搬过去》,这是一个关于鳄鱼先生和长颈鹿小姐结婚的故事,孩子们听得津津有味,积极动脑思考:为什么鳄鱼先生和长颈鹿小姐要不停搬家,他们适合住在哪里呢?孩子们也能积极举手,发挥想象力,将故事补充完整。约10点左右,由于教室空间限制,教师组织家长前往其他教室开家长会,大部分幼儿已经能够平静地对待分离,还能说出安慰人的话。但还有少数幼儿对家长过于依恋,号啕大哭,在老师的耐心劝导下才逐渐停止哭泣。

这样的半日开放,家长是不把孩子直接接回家的,而是要求孩子继续待在幼儿园,完成当天的活动。因此在纪律的组织方面,老师表示有些吃力,会需要付出比平时更多的精力,才能将幼儿的注意力转移。

活动效果:半日开放,向家长展示了幼儿园上午的活动安排,使家长了解了幼儿园一日生活的流程,家园协调一致,对于幼儿在家生活常规的养成有重要的辅助作用;亲子活动调动了大家的积极性;家长亲身参与幼儿园的集体活动,了解幼儿园的实际教学水平,也能更加信赖幼儿园,支持幼儿园活动,为以后家长工作的开展奠定基础。

图 6-3 亲子"贴烧饼"游戏

家长参与还有一些独特的形式,例如:

1. 家长助教活动

家长助教作为家园共育的一种形式,一般通过个体的形式参与幼儿园的活动,使家庭教育资源与幼儿园教育形式形成互补。幼儿园一般在幼儿入园前对家长的职业、特长、兴趣爱好和时间安排进行调查,填写教育资源库,并说明教育资源库的用途。然后根据需要,安排家长志愿来园参加活动,教师要做好相关的管理工作。家长助教主要是家长利用自己的特长或专业,根据班级活动的需要,同老师一起设计和组织教育教学活动。如幼儿园请医生家长来园为孩子们讲"怎样保护牙齿",请有艺术专长的家长教孩子们"蔬菜雕刻""沙画制作"等。

[案例]

山东省青岛市实验幼儿园在实施主题教育活动的过程中,围绕主题的拓展,老师平均每周要向家长发布 2~3 个通知,告知需要家长参与的信息。例如:

家长朋友们:周末好!

从下周起,我们将以"快乐的夏天"为核心,开展丰富、有趣的主题活动,欢迎大家和孩子们一起在多样的夏天活动中感受快乐。

周末家庭活动:请您周末和孩子一起去发现、寻找"夏天的影迹",让孩子从多个方面(如夏天的花朵、树木、昆虫的变化,人们生活的变化,自然现象的变化等)发现季节特征。观察要求:

(1)幼儿观察时,家长不要直接告诉孩子答案,让孩子以自己的视角去发现。当孩子的发现有局限时,您再及时点拨,以拓展孩子的观察视角。

(2)观察的内容要多元丰富,不要局限在某一方面。

(3)观察后请引导孩子用绘画来表现观察内容,并能清楚地讲给他人听。

(4)倾听孩子的感受:"你喜欢夏天吗?为什么?"

(5)请您填写《夏天主题活动调查表》,周一准时带来。

衷心感谢您的合作!

中一班

2019年6月9日

下面是某幼儿园大班开展的"好书分享"活动,每周五下午请1~2位幼儿家长到班级为孩子们讲故事。

[案例]

《我有友情要出租》

分享人:方籽允妈妈

我们班的读书节"好书分享"活动在今天下午正式拉开帷幕,第一位分享人方籽允妈妈,为孩子们带来了绘本《我有友情要出租》。

图 6-4 妈妈讲故事

方籽允妈妈是当地大学学前教育系的专业老师,她精心准备了电子书、PPT和绘本中重要的物件——沙漏,并清新而自然地讲述,深深吸引了孩子们,他们仔细地观察,发现了很多绘本中藏着的小细节,并能一下子感受到画面细节所传递的信息和感情。

这就是我们在引导孩子阅读绘本时可以借鉴的要诀——透过孩子的眼睛看绘本,我们也会受益良多。

再次对参与我们"好书分享"活动的家长,表示衷心感谢,孩子们期待您的到来!

2. 家长委员会

家长委员会是由家长代表成立的组织,它是增进幼儿园与家长、幼儿之间沟通的桥梁。2012年2月颁布的《教育部关于建立中小学幼儿园家长委员会的指导意见》中明确了家长委员会应在学校的指导下履行以下职责:参与学校管理、参与教育工作、沟通学校与家庭。2021年1月公布的《家庭教育法(草案)》第三十一条提到:"家长委员会可以向中小学校、幼儿园及其家长学校提出家庭教育指导服务的需求。中小学校、幼儿园及其家长学校应当根据需求,邀请有关人员传授家庭教育理念、知识和方法,组织开展家庭教育指导服务和实践活动,促进家庭与学校共同教育。"

3. 家长志愿者协会

协会中的家长负责了解幼儿园的需要,并从广大家长中寻找可以为幼儿园提供帮助的资源。

4. 家长网络和家长教师会

幼儿园或各班都可建立一个家长网络,可以借助家长网络向家长传递制定政策的原则并听取家长的意见。可以成立家长教师会,在决策时可多咨询家长的意见。这种形式我国香港地区运用得比较好。

5. 意见箱

幼儿园在适当位置设一个意见箱,家长可以在任何方便的时候将自己对幼儿园各方面工作的意见和建议以记名或不记名的方式向幼儿园提出。这样,小小的意见箱也会发挥大作用。

总之,家长参与幼儿园教育的形式是各种各样的,并且在实践中可以创造性地使用。另外,要注意调查、了解家长普遍喜欢的参与方式是哪些,哪一类的家长喜欢什么样的参与方式,尽量采取家长喜欢的方式请家长参与。

(三)幼儿园积极创设家长参与的氛围

鉴于幼儿园是实施学前教育的主导机构,目前我国家长参与机构教育还有不少问题,如家长参与意识的缺失、家长参与幼儿园教育管理的权利缺乏支持和保障等。

幼儿园应该主动进行宣传、发动,营造和谐的参与氛围,逐步实现家长实质性的

参与。为此,幼儿园要做到:

1. 树立关于家长参与的正确观念

传统中有些幼儿园并不喜欢家长的参与,觉得家长插手会给自己造成麻烦,不如自己做来得省事,另外特别不愿意让家长了解更多的"内幕"。所以幼儿园本身要树立整体教育观念,明确家长有参与机构教育的权利和义务,并深刻理解家长参与机构教育的意义,调整和改变自己不正确的观念态度。

2. 营造温馨和谐的参与氛围

营造一种具体可感的温馨氛围很重要。幼儿园可在门口写上"真诚欢迎家长朋友来园"一类的标牌,全园教职工无论谁遇到家长到园,无论在园内哪个地方遇到家长,都以笑脸热诚迎接,让家长觉得他们的来园参与备受欢迎。有条件的幼儿园,应为家长开辟在园自由活动的空间,如家长阅览室、家长接待室等。对于家长参与的各种活动,幼儿园都要认真对待,积极配合(如家长来园上课,教师要积极做辅助工作,帮助组织好幼儿等),认真听取家长的意见,对家长的意见表现出兴趣,事后有实质性处理(即对家长的意见进行分析,合理的要采纳,并给家长以反馈,还要对家长表示真诚的谢意),让家长感到幼儿园是真正需要他们的参与而不是走走形式、表面客气一下。

需要注意的是,对家长的参与要给予诚挚的感谢。这是创设良好参与氛围的一个重要环节。如青岛市北区教工第五幼儿园一个班的墙上张贴了一封感谢信,是对一位小朋友的爷爷帮助班上提供材料表示感谢。幼儿园可以通过一些必要的形式对家长的参与表示感谢与鼓励,比如用这样的方式向家长致谢:微笑,直接称呼家长的名字;寄送生日贺卡,问候家庭中的特殊活动;给志愿者颁发证书;征募家长志愿者培训另外一些家长;在校报上开辟专门向志愿者致谢的专栏;写感谢信;为服务者和培训者准备一些徽章;为志愿者提供奖励证书和一些小礼品;在专门的家长房间中款待家长;在晚餐会和庆祝晚会上公开向志愿者致谢。

3. 制定家长参与的职责与制度

家长参与要在幼儿园的制度上得到保障,不能成为一种随意、松散的行为。例如济南市天桥区实验幼儿园在园长职责中规定:定期召开家长会,挖掘家长资源,向家长展示教育成果,引导家长参与幼儿园教育,广泛组织开展家教指导活动,听取家长意见,提高办园质量。教学主任职责中规定:在园长领导下定期对家长参与工作进行检查、指导、考核和评估。教师职责中规定:负责本班幼儿家长参与及家教指导工作。有的幼儿园在工作制度中规定:每周一位家长进课堂,每月一次大型参与活动,等等。但目前大多数幼儿园对家长参与工作缺少成文的制度,此种现状应改善。

4. 恰当定位,扮演好自己的角色

在参与机构教育中,幼儿园处于领导地位,要做好宣传发动工作,组织好参与活动。在家长参与过程中,幼儿园应与家长成为伙伴和朋友,同时还是家长参与的指导者,帮助家长明确他们的角色也是必要和重要的。在某些时候,幼儿园老师也是家长的指导对象,要虚心听取家长的看法和建议。

5. 疏通参与渠道,丰富参与形式,提供家长参与的机会

让家长定期或随时根据自己的需要及幼儿园的需要参与幼儿园的不同活动。比如,协助孩子的课堂活动,为孩子担任园内教师,与孩子一起进行活动区活动,参与家园小报的编辑,担任孩子们园外活动的顾问、教师,帮助教师提供教学资料、进行课程设计,帮助幼儿园或班级举办庆典活动,评价教师工作及幼儿园教育质量,帮助制订孩子的食谱,参与决定幼儿园的一些大事等。

最后需要指出的是,不管是开展家教指导工作还是家长参与,均需遵循多元化原则、家长主体原则和家园互动原则。即活动形式与内容要多元化,适合各类不同特点的对象,丰富多彩;强调家长的主体性,调动家长的主动性和积极性;幼儿园与家庭双向互动,互相学习,互相支持帮助等。

本章小结

本章主要介绍了学前教育机构家庭教育指导的含义及意义、任务与内容、原则与艺术以及家庭参与幼儿园教育的形式和方法。家庭教育指导是开展家庭教育工作的中心环节,是促进家庭教育事业发展的关键。学前教育机构的家庭教育指导既是一门科学,也是一门艺术,要做好家长工作,保证幼儿成长的一致性环境,助力幼儿的成长与发展。通过本章学习,我们应该知道学前教育机构家庭教育指导的具体任务和内容,把握学前教育机构家庭教育指导的原则,掌握教师与家长沟通的艺术。此外,家长是影响幼儿教育质量的重要因素,家长要保持学习的心态,努力和幼儿园在教育理念上达成共识,最大限度地配合幼儿园工作。学完本章,我们还应该明确家长在家园合作中的角色定位,了解家长参与幼儿园教育的层次和形式,并能结合实际运用家庭教育指导的原则与方法,为家长提供适宜的家庭教育指导,帮助家长顺利参与幼儿园教育。

思考练习

1. 什么是家庭教育指导?
2. 结合社会现状,谈谈家庭教育指导的价值。
3. 学前教育机构家庭教育指导的任务与内容有哪些?
4. 学前教育机构家庭教育指导的原则与方法有哪些?
5. 家长参与幼儿园教育的形式和方法有哪些?
6. 查阅文献,了解目前国内外家庭教育指导的具体途径和形式,有哪些创新之处。
7. 选择一所幼儿园,调查其开展家庭教育指导工作的现状,并形成分析报告。

拓展阅读

1. 中国儿童中心组.学前儿童家庭教育指导研究[M].北京:中国人民大学出版社,2018.

主要内容:本书是中国家庭教育学会重点课题"我国学前儿童家庭教育现状研究与指导大纲编写"的研究成果之一,在调研的基础上编制了《学前儿童家庭教育指导大纲(建议稿)》。本书内容丰富,全书共五章,包括"绪论""家庭教育指导工作政策发展与理论体系构建""0—6岁儿童家庭教育指导的现状""0—6岁儿童家庭教育指导调查的数据分析""学前儿童家庭教育指导的问题与应对"。分为三个版块:学前儿童家庭教育指导的文献研究(第二章)、0—6岁儿童家庭教育指导的调查研究(第三、四章)、学前儿童家庭教育指导的创新与发展(第五章)。本书理论联系实践,对影响儿童身心发展的种种主客观因素进行了全面的分析,努力引导儿童早期家庭教育指导者认识到,随着社会的发展和社会生活的复杂化,影响儿童成长发展的"变数"越来越多,培养和教育孩子是一个复杂的过程,是一门科学,坚持以儿童为本,努力做到对儿童早期家庭教育进行"精准指导"。

2. [美]格雷恩·奥尔森,玛丽·娄·福勒.家校关系:与家长和家庭成功合作[M].朱运致,译.南京:南京师范大学出版社,2013.

主要内容:本书开宗明义地强调家长是孩子的第一任且最重要的老师,作为一名成功的教育者,我们必须理解儿童的家庭以及他们在与学校合作方面得到过哪些机会和鼓励,逐渐掌握积极合作所必备的技能。本书还探究了现代家庭的本质——它的面貌、功能以及它与学校之间的关系,这其中包含了多样性(文化、种族、宗教、性取向)和收入对家庭的影响。要理解一个家庭,必须理解多样性。书中介绍了家长参与学校项目的成功案例,并专设一个章节讨论沟通技巧和活动设计(宣传册、会议等)。此外还有与特殊需要儿童家庭展开沟通工作的有效策略,以及父亲角色、贫困、家校关系中的法律和政策、校园暴力和欺侮行为以及教育选择等问题。

第七章 儿童发展取向的社区教育

【章节导入】

　　20世纪，社区教育受到世界范围的普遍重视与支持，20世纪80年代，我国京、津、沪、辽等地区在社区教育方面进行了积极的实践，很多学前教育工作者对幼儿园与家庭、社区的合作共育进行了探索。家庭以及学前教育机构利用社区资源对学前儿童进行教育已经刻不容缓，而利用社区资源的原则、形式和方法等都是值得我们探究的问题。

【学习要点】

了解：社区教育的含义、与儿童发展的关系；社区儿童教育服务机制。
理解：学前教育机构对家庭利用社区资源的指导原则、内容和方法。
掌握：社区资源开发和利用的原则与形式。
应用：利用社区资源对学前儿童进行教育的方法，联系实际组织各种教育活动。

第一节 社区教育概述

　　布朗芬布伦纳提出，社区对儿童成长和发展的影响既来自正式的社区组织，也来自非正式的社区组织。正式的影响来自政治和社会制度、医疗和休养服务机构、公司企业、休闲娱乐节目等，而非正式的影响来自每个家庭与外人建立的社会人际关系网络。

一、社区教育的含义

　　"社区"是社会学上的专用术语，源于拉丁语Communis，意为伴侣或共同的关系和感情。1887年，德国社会学家滕尼斯在著作《社区与社会》一书中，用"Gemeinschaft"一词表示社区，解释为那些有着相同价值取向、较强人口同质性的社会共同体。后来，美国学者查尔斯·罗密斯将其译为"Community"。20世纪30年代，以费孝通为主的社会学学者将英文翻译成中文的"社区"。[①]

　　社区教育是教育发展的新趋势，是教育与社区协调发展的基本模式和必由之路。

---

① 李涛.学前儿童家庭与社区教育[M].上海：华东师范大学出版社，2017：49.

它是社区与教育的结合。徐敏指出:"社区教育是指以一定地域为界,学校与社区具有共同的教育价值和参与意识,并且双向服务,互惠互利,学校服务于社区,社区依赖于学校,旨在促进社区经济、文化和教育协调发展的一种组织体制。"① 厉以贤指出,社区教育是社区工作的重要内容,它主要包括社区和社区组织、学校、社区里的其他教育机构,及其中的参与者等物质的、组织的及人力的基本要素。它的实质是沟通教育与社区的联系,协调教育发展与社区发展,走向学习化社会,实现教育的社会化、社会的教育化。②

"社区学前教育"是整合社区内的各种社会资源,对学前儿童和家长实施保育与教育,提高社区成员的保教意识和技能,为学前儿童提供良好的学习与发展环境,促进学前儿童健康成长、社区和谐发展的教育模式。它是整个社区教育的有机组成部分,是儿童发展的生态环境之一。

二、社区与儿童发展

有研究表明,儿童所处的社区的社会环境以及其中的人际关系,影响着他们对于学习的态度(Maeroff,1999)。③ 比如,在一些社区有"爱心阅读室",给孩子们提供了课余时间阅读的场地;一些社区有"知心奶奶谈心屋",免费给孩子们做心理咨询;一些社区橱窗里展览着儿童的诗歌、故事和艺术作品,让孩子们感到自己各方面的发展都受到社区的肯定。社区里其他资源,比如博物馆、科技馆、动物园等场所都能开阔儿童的眼界。

[案例]

南通"知心奶奶"17年服务5万余未成年人

2019年08月26日　　　来源:江海晚报

8月19日,对蔡松英而言是忙碌而平常的一天。

74岁的蔡松英是南通学田街道"知心奶奶"的代表。自从2002年,"知心奶奶"发起人、通师二附离休教师颜怡挂出第一只"知心奶奶"信箱,"知心奶奶"这个称呼已经成为孩子的忘年交、知心人的代名词。17年来,"知心奶奶"从个人发展成群体,"知心奶奶谈心室""七彩周末课堂",一个个特色工作品牌的背后,是奶奶们对孩子们的温暖呵护。

6:00

电话打破清晨的宁静

"蔡奶奶,这几天开心玩电脑玩疯了,眼看就是分班考试,他就是不肯复习。"19

---

① 徐敏.大力开发和利用社区教育资源[J].贵州教育,2001(10):14.
② 厉以贤.社区教育的理念[J].教育研究,1999(3):22-23.
③ [美]钱德勒·巴伯,尼塔·H.巴伯,帕特丽夏·史高利.家庭、学校与社区:建立儿童教育的合作关系[M].丁安睿,等译.南京:江苏教育出版社,2014:9.

日清晨6点,学田街道"知心奶奶"蔡松英就接到了家住学田苑的单亲妈妈小韩的电话。

2018年的冬天的一个下午,蔡奶奶从紫荆花社区"知心奶奶谈心室"回家时,发现工字河旁一个10岁的小男孩正表示要"自杀"。原来,开心的妈妈让他学习,厌学的他有了这个任性的举动。从此,蔡松英成了母子俩的"忘年交"。

知道开心厌学的毛病又犯了,蔡松英教育小韩不能再溺爱孩子。开心起床后,又和他促膝长谈了学习的重要性。下午,蔡奶奶电话回访时发现,开心接受了自己的建议,正在认真复习。

9:00

向小朋友"啰唆"几句

从开心家出来,已是早上8点多,蔡松英急匆匆赶到紫荆花社区活动室,为即将参加夏令营的5个小朋友讲解安全事项和需要携带的物品。

上午10点,小朋友和家长回家了,蔡松英则回到谈心室,认真撰写今年在通师三附《开学第一课》上的讲话。自从2004年,"知心奶奶"向通师三附的孩子们发出《知心奶奶的一封信》开始,每学期的开学典礼、散学典礼上讲话成了学校和"知心奶奶"的传统。"尽管每年讲话的内容都是对孩子提希望,可我希望每年的寄语'与时俱进',更贴近现在学生们的心态。"蔡松英笑着说,"只要小朋友不嫌我们'啰唆',我有说不完的话想告诉他们。"

13:30

和孩子们在一起

"100以内的连加连减要记住从左向右做,第一步得出答案后再算下一个步骤。"下午13:30,蔡松英来到工作室,为二年级学生小睿"开小灶"。在蔡奶奶的讲解下,本来在苦恼挠头的小睿题目越算越快,正确率很高。蔡松英退休前是如东县曙光小学的校长,是一名有着37年教龄的高级教师。小睿父母是双职工,暑假里买了一些教辅书让他在家做,每当有了不会的题目,小睿总会想到向蔡奶奶求助。

"我喜欢和孩子在一起,和他们在一起怎么都不觉得累。"结束了小睿的"小课堂",14:30,社区组织的暑期活动"诗词里的中国"拉开序幕。蔡松英和其他知心奶奶一起组织签到、维持课堂纪律。

16:00

为"彩虹"填色

送走参加活动的孩子,"知心奶奶"们坐下来商量"七彩周末课堂"的设置内容。在"知心奶奶"工作室里,最吸引人的就是几十本厚厚的工作台账,有谈心室的聊天记录,有孩子的成长档案,最多的就是"七彩周末课堂"的活动记录。

2010年3月"七彩周末课堂"正式成立,每周六下午2点会准时为辖区外来农民工子女提供课业辅导、兴趣小组、主题活动、心理干预等服务。"课程不能枯燥,已组织过的活动要尽量不重复,巧妙运用多媒体等小朋友喜欢的方式……"初步排课结束,已经是傍晚6点多,这一天,蔡奶奶为孩子们奔波的时间超过10小时。

第七章 儿童发展取向的社区教育

迄今,"知心奶奶"工作室共接待青少年3万余人次;"七彩周末课堂"已开课近400堂,受益青少年达2万多人次;由"知心奶奶"群体倡导成立的"小太阳成长基金",募集善款44万余元,资助贫困孩子800余人次。(袁晓婕 汤建军)

"知心奶奶"群体所做的工作是一项崇高的工作,不光解决了孩子成长的问题,还解决了老年人退而不休的伟大事业传承,让老年人老有作为,老有所乐。当前关心孩子的成长已经成为整个社会关心的一个重要问题,知心奶奶用她们的热忱感染两代人,为社区教育增添一道独特的风景。

第二节 社区儿童教育服务机制

一、当今世界社区学前教育的发展概况

从20世纪50年代开始,社区教育受到联合国的重视,之后在发达国家开始迅速发展,成为世界教育研究的新领域,社区教育是经济社会发展到一定阶段并达到一定水平的产物。我国社区教育的发端是以20世纪80年代中期在上海首先出现的社区教育委员会为标志的。

(一)意大利的瑞吉欧教育体系

瑞吉欧是意大利东北部的一座城市,自20世纪60年代以来,洛利斯·马拉古齐(Loris Malaguzzi)和当地的幼教工作者一起兴办并发展了该地的学前教育。数十年的艰苦创业,使意大利在举世闻名的蒙台梭利之后,又形成了一套"独特与革新的哲学和课程假设,学校组织方法以及环境设计的原则"。人们称这个综合体为"瑞吉欧教育体系"。在瑞吉欧,"我"就是"我们","我"只有在团体中"我们"中才能获得最大程度的发展,这种团体主义的价值观深深扎根于人们的心中。教师、家长、市民的共同关注为儿童教育打下了坚实的基础。在瑞吉欧人眼里,幼儿教育是全社会的事,不仅包括市长在内的政府力量介入到幼儿教育的管理中,由教师、教学协同建设人员、研究者、家长等组成的社区咨询委员会,也参与幼儿教育的管理,充分体现了"全社会参与幼儿教育"的独特风格。"生活在社区的幼儿"的理念就是要使幼儿成为社区和城市舞台的主动参与者,带领幼儿走进公共生活范畴里,让他们可能为社会做出贡献的潜力得到发挥。在瑞吉欧教育中,教师个体与团体之间分工与合作,家长与幼儿园、社区间互动发展,幼儿个体与幼儿、教师团体间互动学习,意大利丰富的艺术文化传统与儿童的多种象征文化互动共生。

(二)美国的"开端计划"

为了实现幼儿教育机会均等的目标,美国政府于1965年颁布"开端计划"(Head Start)。该计划以联邦政府以及州政府为主投入资金,由各州社区服务部负责社区学前教育,通过选派在健康、教育和家长工作方面有知识经验的教师,对家庭环境不

佳的儿童提供学前补偿教育,并吸收这些儿童的家长也加入这一计划中。目前"开端计划"项目为一百多万儿童服务,"开端计划"项目的总体使命是加强儿童的学前准备和促进低收入家庭儿童的健康发展。在大多数社区里,"开端计划"项目既包含以幼教中心为基础的服务,也包含以家庭为基础的服务。儿童通常上半天幼教课程,教师、家长与家庭协调员定期上门家访。一般情况下,"开端计划"项目和地方公立学校的日程安排一致,但有些项目包含全天和全年幼教服务。[①]"开端计划"项目还定期开办有关家庭和育儿的学习班和工作坊,常常与社区内成人教育和工作安置项目联合起来,支持家长实现自己的教育和事业目标。[②]

(三) 英国的"确保开端教育项目"[③]

英国政府在1999年春,颁布了一项典型的家庭—幼儿园—社区合作教育项目"确保开端教育项目"(Sure Start)。它采取以社区为依托的跨领域部门协作的方式,"地方合作者组建协会、基金会,倡导志愿者、社区组织、保健工作者、地方政府、教育者、家长共同合作,进行管理与实施,以扩大玩具图书馆,增强家长的游戏、教养技能,提高儿童的健康水平。"主要的做法有以下几点:使用"家长手册",使家长理解幼儿园的教育目标;开辟"家长布告栏",使家长理解幼儿园的日常活动和具体教育活动;绘制儿童"发展记录",使家长知晓儿童的发展水平;定期发放"幼儿园通讯",让家长在家配合幼儿园的教育教学以及从家长那里获得具体的教育建议;让"家长参与",使儿童得到更好的发展;通过"家长委员会",帮助幼儿园筹措资金;赢得"家长许可",使幼儿园能大胆利用社区资源;采取"投诉程序",融洽家园社区关系。[④]

(四) 日本的"天使计划"[⑤]

1994年12月,日本政府颁布了《儿童养育协助基本方向》(简称"天使计划"),致力于"建立社会共同支持援助、面向社会开发的儿童教育新局面"。政府为此拨专款60亿日元用于托儿所等妇幼保健项目的建设,并在社区教育、幼儿园教育等方面提出了一系列改革措施,主要有:家庭、社区、学校三者的横向合作,各个地区努力使学校与家庭、社区的公司、老年人之家、各种社会教育设施建立密切的联系;学前教育与中小学教育的纵向合作,除了让学前儿童去小学校参加一些学习、生活活动,还鼓励幼儿园教师与保育所的保育员(日本称"保育士")考取小学教师的资格证书,并参加小学一年级的授课活动,使之做到心中有数、有的放矢,提前做好儿童入小学学习的

---

① [美]格雷恩·奥尔森,玛丽·娄·福勒.家校关系:与家长和家庭成功合作[M].朱运致,译.南京:南京师范大学出版社,2013:174.
② [美]格雷恩·奥尔森,玛丽·娄·福勒.家校关系:与家长和家庭成功合作[M].朱运致,译.南京:南京师范大学出版社,2013:175.
③ 李生兰.幼儿园与家庭、社区合作共育的研究[M].上海:华东师范大学出版社,2003:33-34.
④ 李贵希,王燕.学前儿童家庭与社区教育[M].北京:北京师范大学出版社,2015:178.
⑤ 施克灿.当今日本社区儿童教育发展的新趋向[J].学前教育研究,2003(4):57.

指导工作;各级各类行政机关、教育委员会携手,以期构成一个综合的行政推动的整体,社区儿童教育不再只是特定社区内的教育事业,并不局限于文部行政系统的范围,而是全社会的共同事业,文部科学省、邮政省、厚生劳动(劳动福利)省、农林水产省、环境厅、总务厅等行政部门均以各种形式承担了部分任务。

(五) 以色列的"HATTF 和 HIPPY 计划"

以色列是个非常重视教育的国家,学前教育是教育体制中的重要组成部分,通过 HATTF 及 HIPPY 这两个社区学前教育计划,以色列政府成功地实施了父母参与儿童教育的策略,父母的参与为儿童的发展提供了条件与环境,促进了儿童身心全面的发展。HATTF(Home Activity for Toddlers and Their Families)是为 1—3 岁婴幼儿开设的家庭活动计划,由专业协调员及专职家访人员共同负责实施,一个协调员一般负责 60~80 个家庭,下辖 4~6 名专职家访员。专职家访员由当地社区机构推荐,要求有教育自己孩子的经验且文化水平较高。专职家访员每年接受一周的培训。专职家访员的任务是帮助母亲学习游戏,学会与儿童游戏,认识到游戏在孩子成长中的特殊作用。专职家访员还要帮助家长成立互助小组,每半个月活动一次,在小组内交流育儿经验。HIPPY(Home Instruction Program for Preschool Youngster)是为 3—6 岁学前儿童开设的家庭指导计划,主要是帮助和指导社会处境不利儿童的家长,试图通过教育父母怎样为儿童提供适宜的环境刺激,以使儿童得到正常的发展及发挥潜能。为此,教育部组织专家编写了两年使用的教材,每年九册,每册配有亲子活动方案,每项活动持续几分钟;社区专职家访员协助家长使用教材;家访员每两周访问一次,与父母讨论、交流儿童教育问题,通过使用角色扮演(role-play)的方法向父母传递保教知识,帮助父母构建家庭教育环境,提高父母的教育水平;家访员还鼓励家庭之间成立友好小组,每半个月活动一次,探讨教养孩子的问题。

(六) 智利的"与你共同成长项目"①

巴切莱特政府(2006—2010 年)在执政期间成立了"与你共同成长"项目,作为其幼儿教育政策的核心。这个项目通过跨部门、多学科合作的方式对儿童给予保护,覆盖范围之广在智利是史无前例的。项目成立了日间看护中心、保育学校和"支持性智利计划",为那些社会处境不利的家庭服务。这些机构和计划逐步构建了一个全国性的服务网络,根据儿童及其家庭的具体需求提供相应的帮助,这些帮助既包括面向全体儿童的一般方案,也包括一些明确指向由公共健康体系扶持的儿童群体的方案。前者包括为所有儿童提供的教育项目,如免费的日间看护中心、加强对孕妇及父亲的权利保障等;后者主要为社会处境不利、40%最低收入的家庭提供特别支持,包括关怀孕妇、健康服务和提供教育等内容。

---

① 宋妍萍.智利学前教育的特点及其对我国的启示[J].学前教育研究,2013(3):30.

(七) 澳大利亚的"家社合作"①

澳大利亚的学前教育比较发达,是其特定的社会条件所决定的,有其实施的本土特色。澳大利亚地广人稀,且多数人口集中在繁华地区,农村边远地区人口非常稀少,社区之间相隔几百公里是常见的。澳大利亚的社区早期教育由社区行政部门主持,由社区行政部门投入经费,其特色是重点为边远地区的家庭和儿童提供服务,主要有以下几种服务方式:第一,玩具图书馆作为社区中儿童玩具不足的补充;第二,游戏小组由儿童和家长共同参加,多面向3岁以下的儿童开设;第三,儿童活动中心多设于城郊,一个班15—25名儿童,由一位教师负责,是全天的;第四,远距离教育计划,为不同年龄组、不同发展水平的儿童提供适应其发展的教育箱子,内装有教具、玩具、视听材料,并有家长反馈记录,家庭距服务中心2.5公里便可得到寄去的箱子,按期使用完毕后退还更换,这项服务是免费的;第五,组织家长学习,由教师或社区志愿人员到当地家庭中去,使家长懂得抚养、健康、教育等知识,帮助家长根据地区的不同生产与生活条件,安排儿童的生活与教育。

(八) 中国的"家、园、社区互动模式"

在我国,由于社区工作的开展从开始就是由政府推动的,因此,社区和政府、行政区划都有着紧密的联系。我国城市的社区范围比较灵活,可大可小:一座城市可以看成一个大型社区,市辖区可以看作一个中型社区,街道办事处所辖区域可看成一个小型社区,居委会所在区域可以看成一个微型社区。《幼儿园工作规程》《幼儿园教育指导纲要(试行)》《3—6岁儿童学习与发展指南》《中国儿童发展纲要(2011—2020年)》等文件中都反复强调了学前教育是一项系统工程,需要幼儿园、家庭、社区密切合作,综合利用各种教育资源,共同为幼儿的发展创造良好的条件。目前,我国的社区学前教育具有显著的地域性,比如,很多幼儿园利用社区资源开展各种教育活动,南京某军区幼儿园走进部队,开展"学军、爱军"活动;上海推行的以社区为基础的0—3岁儿童服务网络等。目前"家、园、社区互动模式"主要有:(1)中心辐射型:由幼儿园牵头,以幼儿园为中心,向家庭和周边社区辐射;(2)区域统筹型:由社区牵头,组织幼儿园和家长开展共育活动;(3)互惠组合型:由多个单位联合开展早期教育活动。我国社区学前教育正健康有序地发展。

二、社区儿童教育机构与设施的创建

社区内有丰富的教育资源,如各种博物馆、图书馆、艺术中心、社区活动中心、咨询中心、儿童活动场所等,重点介绍以下几种:

(一) 社区儿童图书馆

在美国,社区图书馆星罗棋布,内有丰富的儿童书籍和儿童玩具,方便家长带领孩子到附近社区借阅书籍。目前国内由私人举办的社区儿童图书馆也渐渐增多,弥

---

① 刘丽霞.论学龄前儿童教育中的"家社合作"[D].桂林:广西师范大学,2007:21.

补了公共文化服务供给的不足,让广大市民和孩子从中受益。在北京,面向学龄前孩子的私人儿童图书馆就有 10 多家,私人儿童图书馆几乎全部是由热爱书籍、积极鼓励孩子读书的妈妈们发起建立的,如皮卡书屋就是几个曾在商海叱咤风云的海归妈妈共同创办的,书屋的英文名 peek a book 就是随手拿起一本书的意思。现在皮卡书屋已有 3 个分店,位于海淀区的旗舰店已有 1.5 万册中英文儿童图书,很多原版书都是创办人从美国一本本背回来的。

厦门市积极创立社区少儿图书馆网络,由市少儿图书馆提供藏书及技术支持,所在街道出人员、经费,所在社区居委会出场地并负责维护,并通过网络与市少儿图书馆互联,利用计算机与网络进行统一管理,与总馆实时远程数据交换,共享文献信息资源。各馆之间的图书流动便捷,大大方便了社区少年儿童就近借阅。至今厦门已拥有社区和学校联网分馆、流通站、集体外借用户以及汽车图书馆等 72 家。其中社区儿童图书馆有 22 家,遍布厦门市 6 个行政区。同时还设立 19 个图书移动流通点,这些点设立在无分馆的地方,通常选在学校内,主要针对边远农村的孩子。一个移动点 300 册图书,此举让城区和农村的孩子能够同步看书。社区图书馆还经常开展形式多样、内容丰富的读者活动,一是根据社区外来人员居多、家庭收入与文化素养较低的状况,举办"英特尔求知计划"夏令营活动,让孩子们学会利用计算机和网络解决学习、生活上的难题;二是根据社区低保户较多的特点,举办社区居委会担保免押金办理借书证及捐赠图书等活动,让弱势群体同样享受到公共文化服务;三是根据社区居民的不同年龄层次,开展"尊老爱幼"演唱会、经典诵读、防灾减灾科普、道路安全、未成年人权益保护等宣传和讲座活动,以及举办夏令营、游园、诗歌散文朗诵、开发智力早期教育、讲故事、绘画比赛、手工制作、图书漂流等多种多样的精彩活动。这些活动的组织与开展,让更多的社区居民了解社区儿童图书馆,也最大限度地发挥社区儿童图书馆的功能。①

南京市鼓楼区睿城社区图书馆中的公益图书馆是面向 4—16 岁孩子的读书空间。它是 2016 年由千寻救助和惠仁社工组织联名发起的公益项目,场地由社区免费提供。该图书馆充分借鉴了国外社区公共图书馆的先进经验,并结合南京市本土的人文特色,创新性设计和打造出的互联网多媒体社区公益图书馆。在软硬件设施方面,公益图书馆面积约 138 平方米,根据 4—16 岁的服务对象需求,整体空间划分为"两两一",即两区(电脑区、培训区)、两室(自习室、阅览室)、一区(接待区)。馆内拥有约 69 个座位、20 台电脑、100 兆独享光纤。图书馆藏书总量不少于 5 000 册,且不定时更新。很大部分图书来源于社会各界募捐,少部分由社会组织自行购买。图书消毒上架,主要以适合青少年的书籍为主。平时图书馆也会有一些旧书义卖或者图书漂流的活动。在图书馆数据管理系统方面,公益图书馆拥有风靡科技图书馆管理和电子阅读管理系统。馆内专职图书管理员不少于 1 名,志愿管理员日常不少于 4

---

① 王园凤. 谈社区儿童图书馆的服务与管理:以厦门市少儿图书馆社区分馆为例[J]. 福建图书馆理论与实践,2012(4):26-27.

名。志愿管理员主要作为图书管理员、授课助理或活动助理。在资金方面,街道社区并不提供资金,而是由承办的社会组织自筹。公益图书馆是公益性质的,但社会组织在运营时也设计了部分收费项目,维持运营费用。目前这部分收费项目主要是假期或是课后托管服务。社会组织聘请专业辅导团队,以名校优秀教师为主给孩子们提供托管辅导,解决家长的后顾之忧。托管收费在寒暑假约为每月 2 000 元,免费提供午餐;在平时约为每月 1 000 元。一般有 6 位老师,4 位负责教学,2 位负责接送学生。公益图书馆为青少年提供了优美安静的托管与教学环境。除了托管收费项目外,图书馆的运营经费还有少部分来源于社会捐赠和政府购买服务项目经费。在服务内容方面,公益图书馆除了提供免费的阅读场所、学习场所,还提供形式多样的公益服务。在图书馆的培训区,图书馆开展了很多公益服务,例如,针对青少年群体开展声乐、舞蹈、书画等公益课程。工作人员通过公益图书馆的微信平台实时发布,再在微信群里转发,居民自愿报名参加。为了保证教学质量,每次活动一般控制在 10 人左右。此外,图书馆还邀请一些公益组织或机构来开展针对家长和老年人的培训,比如居家老人自护教育、儿童保护防侵害、小儿推拿等,同样通过微信平台发布信息。公益图书馆除了是读书俱乐部、青少年素质培训基地,还是社区志愿服务基地。图书馆开展的各种公益服务都会邀约志愿者参与,例如图书管理助理员、小儿推拿讲座助理、社区调研员、入户访探员等。公益图书馆制定了《志愿时超市》七定律,对志愿者们的服务进行认证,并记录志愿服务时间以及交换志愿服务的规则,充分发动社区居民参加志愿服务。[①]

(二) 社区儿童文化中心

儿童文化中心是社区中为儿童而设的社会教育设施。在日本,社区儿童文化中心是由国库补助而开始设置并以此为契机得以发展的,中心内一般配备集会室、音乐室、图书室、科学展览馆、游戏室、绘画工作室,以及各种模型、标本、实验器材、视听器具等,主要开展学术讲座、讲演会、讲习会等活动。以色列将儿童文化中心视为重要的社会资源,是社会公共服务的重要内容,也是现代社会社区建设的基本任务之一。以色列的社区儿童文化中心有充满艺术氛围的博物馆,有专业化多样化的艺术中心和活动中心,有具备专业知识技能和基本教育技能的指导人员,注重培养孩子对艺术的欣赏能力与尝试借助艺术手段表达情感的能力。艺术中心也有专业人员到各所幼儿园进行巡回教育,这样,幼儿园的教师就不需要具备很强的艺术专长了。

目前国内的社区儿童文化中心也渐渐增多。社区儿童中心项目,试图通过整合政府、社区、社会等多方面资源,为准父母和 0—3 岁婴幼儿家庭提供科学育儿支持。2017 年 5 月 27 日,北京市计生协向 7 所社区儿童文化中心正式授牌,运营已满半年的手帕口南街社区儿童中心成为示范中心。手帕口南街社区儿童中心有好几个区域,进门是家庭服务区,大家来了先换上鞋套,在前台登记,进去之后是亲子活动区和

[①] 戚晓明.社区图书馆运营与服务创新研究:以南京市鼓楼区睿城社区图书馆为例[J].图书馆,2018(12):105-106.

绘本阅读区。手帕口南街社区儿童中心还开展了丰富多样的活动供周围社区的家长与孩子选择,如每周四至周六上午的两节亲子课程、防儿童烫伤讲座、牙齿保护讲座、孕妈公益讲座等。

(三) 社区儿童游戏场地

社区儿童游戏场地,作为现代人居环境中不可缺少的内容,在先进发达国家被高度重视。美国第一个室外儿童游戏场地于1868年建在波士顿的一所公立小学内,到1886年,该市的一所儿童之家率先建起了儿童沙地乐园。这一事件引发了美国20世纪初开始的"儿童游戏场地运动"。在过去的100多年间,美国的室外儿童游戏场地在数量上迅速增长,不论在托幼机构和小学的室外,还是在城市和郊区的社区活动场地或街头公园,随处可见。在丹麦的不少儿童游戏场地上,设计师们常按照某一特定的主题来设计场地,使场地更加受到儿童和家长的喜欢。例如,在哥本哈根市一个居住小区的4个场地中,1号院的场地以"现代与自然"为主题,场地中间被设计成为一条土岗,其两侧分别为具有现代气息的游戏设施。2号院的场地则以"湖边城堡"为创意,场地的东侧布置了一座高达4米的城堡,中部和西侧则是以沙坑模拟湖水,其中布置有小木桥、小岛、小舢板等,充分展示了"浪漫式"游戏场地的特质。3号院以"蜘蛛世界"为题材,一大一小2个蜘蛛滑梯构成了场地的主要游戏设施。4号院则是以"游戏乐园"的立意,将组合滑梯、高架溜索、秋千等游戏设施有序地布置在场地上,体现了"传统式"游戏场地的特点。① 我国1995年之前的生活社区中没有出现过为儿童游戏专门设计的场地和设施,没有较成熟的儿童娱乐道具,只是一些传统的游戏道具被随意地放置在街道和社区的空地上,供附近的儿童玩耍。随着素质教育的开展,儿童课余时间的增加、社区文化环境的发展以及全面教育的要求,游戏场地不足的问题就更加突出了。中国现代新社区建设中就特别重视儿童游戏场地的设计,除了以体能游戏为主的器械游戏以外,尽量结合景观设置其他体验性游戏、发现性游戏、冒险游戏或者创造性游戏。居住环境景观在规划阶段就要考虑到各个年龄段儿童的需要,包括游戏内容、游戏场地的设置、游戏器械的选择、游戏环境的设计、自然景观的设计等,都要各具特色。如,运用天然绿地、泥、木材、石头建造生态游戏场地,与台阶自然结合的坡道滑梯,利用土坡建设的勇者坡等。

(四) 资讯和咨询中心

资讯和咨询中心可以为儿童、家长、教师提供各种信息和材料,也可以为儿童、家长提供教育、心理咨询。如,以色列资讯中心②既是资料室,也是教研室,还是教材教具商店,基本上每个社区都有这样的供教师收集资料与新的教育信息的场所。资讯中心有一个房间是专门存放资料的,整齐地放置着许多文件夹,每个文件夹按内容分

---

① 杨滨章.快乐的天地成长的乐园:丹麦儿童游戏场地设计艺术探析[J].中国园林,2010(11):61.
② 李平.以色列社区学前教育简介[J].教育导刊(下半月),2003(8、9):118.

类存放着对教师可能有用的资料,供前来查阅资料的教师复印。资讯中心除了提供文字参考资料外,还有教师教学活动用的大量教具和幼儿园操作学具的展示。日本有专门的儿童咨询所,是根据《儿童福利法》设立的儿童福利设施。法律规定各都道府县及指定城市至少要设立1所,目前,日本全国大约有200所。所内设专门的儿童福利士和心理检查员为社区儿童提供咨询和指导。家庭儿童咨询室则是在儿童福利事务所中专门设立的为家庭中儿童的健康成长提供咨询指导的机构。中国也开始重视儿童和家庭问题的咨询,各地都开始建立家庭指导中心或儿童咨询中心,为广大家庭提供家庭教育的系统辅导和咨询工作,提高家庭科学育儿的能力。

(五) 社区儿童德育中心

社区儿童德育中心是在城市社区中关注儿童安全健康成长的一个公益性品牌,以"关注儿童、教育儿童、服务儿童"为出发点,宣传安康理念,建设安康阵地,创造安康环境,努力搭建全社会"关心儿童、支持儿童、爱护儿童"的公益平台。以深圳市为例①,2010年时就已建立32个社区儿童德育中心、15个爱心图书室。中心有电视机、电脑、影碟机、教学光盘、教材、教具、书籍等,围绕伦理道德教育、亲子教育、家庭教育、民主法制教育、心理生理教育、文化艺术教育等方面展开活动。活动形式主要为通过网络平台播放电教节目等;同时在社区开展各种活动,如评选"社区儿童德育之星",开展各类捐助活动、书画比赛,组织儿童参加公益活动,举办感恩活动、家长学校专题讲座等。活动主体和对象主要为未成年人及其家长,每个社区儿童德育中心还配备至少1名热心少年儿童公益事业的志愿者。目前,各省市儿童德育中心的建立与运行已经成为社区教育工作的重要组成部分。中国少年儿童基金会每年要对社区儿童德育中心进行调研,了解中心的工作在实施过程中所遇到的困难和问题,共同寻求促使中心更好发展的途径。

(六) 儿童友好家园和儿童之家

儿童友好家园②是在2008年汶川地震和2010年和玉树地震后,由国务院妇儿工委办公室和联合国儿基会在地震灾区建立并运行的社区儿童保护项目,为受地震灾害影响的儿童及其家庭提供一体化服务,帮助灾区儿童尽快回归正常生活。实践证明,儿童友好家园不仅是紧急状态下的儿童保护和服务的有效模式,同样适用于常态下的儿童保护和服务工作,是社区儿童保护和服务工作的全新探索和创新实践。现在很多社区都建有"儿童友好家园",依托社区建立儿童活动场所,为儿童提供游戏、体育、娱乐、教育、生活、营养和卫生保健知识和行为技能指导、社会心理支持和转介服务等一体化服务的平台。社区通过儿童友好家园为儿童及其家庭提供更为便捷、直接的服务,社区儿童及其家庭也通过儿童友好家园来满足自己的需求。儿童友

---

① 潘若濛等.我市已建立32个社区儿童德育中心[N].深圳特区报,2010-12-24.
② 苏凤杰.开展社区儿童保护项目推动新儿纲相关目标的实现[J].中国妇运,2012(12): 28-31.

好家园除配备必需的设备设施,还从社区和儿童的需求出发,建立、完善并运行了一整套的儿童服务体系,根据需要配备有一定专业知识的工作人员,同时不断加强能力建设,开展监督评估,完善儿童友好家园的服务。儿童友好家园在实际运行中,也特别关注社区中有特殊需要的儿童,如孤儿、残疾儿童、贫困儿童等,为他们提供个案指导和服务。国务院印发的《中国儿童发展纲要(2011—2020年)》中提出目标:在未来10年,社区需要广泛建设儿童之家,普及率将达城乡社区的90%以上。2011年起,国务院妇儿工委办公室与联合国儿基会开展了一系列合作项目,探索实施新纲要重点难点问题的有效模式,专门提出"90%以上的城乡社区建设1所为儿童及其家庭提供游戏、娱乐、教育、卫生、社会心理支持和转介等服务的儿童之家"的目标,这里所说的"儿童之家"即起源于四川灾后的"儿童友好家园"。《中国儿童发展纲要(2011—2020年)》实施7年来,儿童之家的建设取得了显著进步。根据"2011—2020年儿童发展纲要"中期统计监测报告显示,截至2015年,全国城乡社区建设儿童之家18.19万所。在贵州、江西、安徽等农村劳务输出集中地建立了旨在保护农村留守儿童的家园;在经济较为发达的大中城市如北京、无锡、石家庄等地建立了针对流动儿童的家园;同时,南京、石家庄两座城市还在推行城市儿童保护试点家园。

(七)儿童职业体验馆

儿童职业体验馆是一项新兴的社区儿童教育设施,拥有与真实城市一样的形态和景观,有模拟设定的社会规则和文化,具备管理系统、金融系统、安全系统、社会服务系统等,儿童通过模拟和体验成人的职业和角色来了解和接触真实的世界。在这里,孩子们接触"社会"、了解"社会",并成为"社会"的主人。1997年,韩国HAJA儿童职业体验馆开业,标志着儿童职业体验行业的诞生。1999年,Kidzania第一家旗舰店在墨西哥开业,公园内的设施有实物三分之二大小。儿童可以扮成身穿笔挺制服的警察去搜查遗失物品,或者当消防员亲身参与灭火活动。可以体验的工作总共有50种,参与对象是2至12岁的孩子,成人免入,但是可以通过监视器和玻璃窗关注自家孩子实实在在体验工作的情景。儿童通过就职工作可以赚取在Kidzania称为"Kizzo"的钱币,使用"Kizzo"可在"Kidzania"园内的百货商店购物、往银行存钱、从自动提款机取钱转账。根据国家"十二五"青少年体育发展规划、《中国儿童发展纲要(2011—2020年)》,北京建设了"鸟巢儿童职业体验馆",2012年8月开业。它是全球首个奥林匹克情境式体验场馆,占地近2万平方米,于每年的4—10月运营,是一座按照真实建筑2/3比例缩微,专属于3—12岁少年儿童的奥运梦想之城。通过高仿真的城市设施、运动器械、服装道具、社会体系和奥运会情境的模拟,为孩子们提供集奥运体育、奥运职业、奥运文化在内的三大主题体验。场馆内除设有击剑、曲棍球、棒球、射击、皮划艇、篮球等奥运体育体验项目外,还设有奥运志愿者中心、火炬中心、场馆建设、奥运专列、医院、消防局等奥运职业体验,共60多个体验项目,近100种角色供孩子们扮演体验,让广大少年儿童体验奥运组织和运动夺金的历程,培养体育兴趣,感受工作的艰辛和运动的快乐,营造健康、阳光、快乐的成长环境,收获身心素质、体育知识和社会能力的全面提升。

儿童职业体验馆作为一种新兴的场馆,以儿童为活动主角,以现实生活中的工作为内容,以职业体验为主题,为儿童营造一个主题性的情景空间,引领儿童在做中学,寓教于乐。体验馆采用游戏化和参与式的角色扮演活动能加深儿童对知识的记忆,满足儿童的求知欲。从儿童的视角出发,体验馆相应地在视觉、行为和情感上都进行了交互设计,包含儿童与空间环境、儿童与设施道具、儿童与工作人员,以及儿童之间的交互。

除了以上几种社区学前教育机构与设施,还有大型的以城市为中心建立的儿童图书馆、儿童博物馆、儿童科技馆、儿童主题公园等多种形式的机构和设施,在社区资源中充分考虑儿童的需要,专门开辟儿童的活动场所,守护儿童的精神家园。

三、社区儿童教育服务机制的建立与运行

社区是儿童生活的主要场所。儿童有一半的时间在学校,一半的时间在社区和家庭,所以,社区儿童教育服务机制的建立与运行至关重要。

(一) 广泛宣传,将社区学前教育理念深入人心

国外社区教育的理念和实践开展得比较早,国内起步较晚,因而我们要积极利用各种传媒的正确舆论导向,强化人们对社区学前教育的认识,以期对其价值形成共识。

1. 宣传社区学前教育的含义

近年来,随着我国对学前教育重视程度的提高,属于社区教育范畴的社区学前教育作为一种新兴的学前教育范式,开始受到越来越多的关注。社区学前教育具有地域性、大众性、开放性、合作性等特点。学前教育社区化是当今国际学前教育发展的一个重要趋势。很多国家都重视利用社区资源来教育儿童,力图最大限度地发挥其教育功能。就我国幼儿教育来说,发展趋势是将幼儿园教育辐射到社区环境中,形成幼儿园、社区一体化的早期教育。

2. 宣传社区学前教育的意义

从实践看,社区学前教育开展得较好的国家和地区,在四个方面都有所受益。第一,从学前儿童个人看,有利于其学习和成长,可为其终身发展打下良好的基础;第二,从家长看,通过社区学前教育,不但提高了家庭教育的质量,而且有助于提高家长的全面素质;第三,从幼儿园看,能够帮助幼儿园拓展各级各类优质教育资源,丰富幼儿园课程形式和内容,提升幼儿园教育的有效性;第四,从社区看,由于儿童教育和家长素质的提高,推动了社区的精神文明建设,家庭和睦,改善了社区面貌。

(二) 政府支持,加强行政力量对社区学前教育的扶持

"国家是儿童的最高监护人",政府作为国家意志的行政执行机构在儿童保护、儿童教育中应承担必要责任。根据国内外经验,政府可以通过制定政策法规和条例来协调和支持社区学前教育的开展,使社区学前教育能顺利地发展。这里所指的政府对政策、法规、条例等的制定并不仅仅限于对教育系统,它还包括对涉及社区学前教

育的各相关部门制定政策,例如,对妇联、民政等部门。例如,美国早在1974年就制定了《社区学校发展法》,以确保社区对学校教育的重视,推动学校与社区的相互促进;《美国2000年教育战略》中的四项战略之一就是将社区变成学校的社区,"开端教育计划"就是由各州社区服务部负责的社区教育方案。近十年来,英国的"幼儿凭证计划"项目也是采取以社区为依托的跨领域、跨部门协作方式,调动各种社会力量全面参与,其服务内容涉及医疗保健、儿童保育、早期教育以及对家庭的支持。我国江苏省南京市开展了社区儿童保护体系与网络建设项目,初步建立起完善、系统、制度化的儿童保护体系与网络,成功探索了社区儿童保护的有效模式。上海市政府为了能很好地在全市开展社区学前教育活动,在2004年,联合上海市教育局、民政局、编委(机构编制委员会)、人口计生委、妇联以及社会发展局联合印发了《关于推进0—3岁散居儿童早期教养工作的意见》,其中对社区科学育儿指导工作的管理做了详细部署:"为了保证社区科学育儿指导工作的顺利开展,社区科学育儿指导工作应在区、县政府的领导下,依托街道、乡镇,以教育部门为中心,卫生部门、妇联、人口计生委等方面各司其职,建立起社区科学育儿指导工作的管理网络。""社区早期教育服务可采取有偿服务的方式,按照《关于调整本市托儿所、幼儿园收费标准的通知》(沪价行〔2000〕第187号,沪财经〔2000〕第055号)的规定,工作经费应取之于民,用之于民。"

社区活动中心设施设备的建设,如儿童图书馆的建立与完善、亲子活动室的修整、社区网络的构建等,都离不开资金的投入。我国的社区学前教育发展尚处于初期阶段,建议采取"政府投一点、单位出一点、社会捐一点"的解决办法,以保证资金正常投入。同时,加强教育资金的管理,合理地安排和使用,坚决杜绝贪污、浪费、挪用教育经费的现象。

(三) 主体参与,发挥家、园、社区在社区学前教育中的多元作用

学前教育是一项系统工程,需要家庭、学前教育机构、社区三维互动,共同促进学前儿童身心和谐发展,所以,需要发挥三者的主体参与性。

1. 社区学前教育中的家庭参与

首先,社区要与所属辖区的幼儿园通力合作,设立家教学校,面向家长开放,通过开设专题讲座、举办经验交流会、开展亲子活动,向家长系统宣传和指导教育孩子的正确方法;其次,设立家庭教育咨询站,定时定点由相关领域的专家就学前儿童家长面临的教育困惑进行有针对性的解答;再次,合理利用社区宣传栏、家庭教育报刊,向社区家长提供科学的育儿知识;最后,组织幼儿家长之间互相学习,交流育儿经验,创造条件组织社区亲子活动。

2. 社区学前教育中的幼儿园参与

幼儿园要从封闭走向开放,尤其要加强与社区的联系,实现幼儿园教育设施社区共享。

3. 社区学前教育中的社区参与

社区要将学前教育纳入社区整体工作计划之内,有目标、有计划、有措施、有指导、有检查、有总结,与社区整体工作一道推进。国内的社区学前教育可以实行三级网络管理(街道办事处或农村村委会、社区内的幼儿园和居民委员会)。首先,作为政府派出机构的街道办事处和农村村委会,要充分发挥其综合管理的行政职能,对社区学前教育实行统一领导,加强对学前教育的组织、指挥和协调;其次,社区辖区内的幼儿园和居民委员会要与政府的派出机构(如街道办事处和农村村委会)通力协作,共同开展教育服务,特别是对散居儿童及其家长提供学前教育服务,从而提高所属辖区内的学前教育质量;最后,保证学前教育三级管理网络的正常运行,使社区学前教育工作能够有序开展和落实。

4. 社区学前教育中的儿童参与

儿童作为社区学前教育的主体与直接受益者之一,是社区未来的建设者和主人,其参与不仅影响社区学前教育效果的实现,而且是社区发展的性质规定之一。南京在开展社区儿童保护体系与网络建设项目(又称CPU)中就特别注重在CPU中吸纳儿童代表,参与制订项目计划,进行案例分析,开展监测评估等工作,倾听儿童心声;组织儿童参与项目培训,编写儿童保护校本教材,创作儿童保护宣传作品等活动,增强儿童的自我保护意识;成立儿童议事会、金翅膀志愿者队伍等多个儿童自治组织,参与社区相关事务的管理和服务。儿童友好家园也成立了家长委员会和儿童委员会,参与家园合作的管理、宣传、活动策划,并自主开展一些活动。[①]

第三节 学前教育机构对社区教育资源的开发与利用

社区中蕴藏着丰富的教育资源,包括物质资源、人力资源和文化资源。充分开发和利用社区教育资源,是实施幼儿园教育的重要保证。世界各国的学前教育工作者普遍注意利用社区资源,拓宽教育途径,丰富教育形式。

一、开发和利用社区教育资源的原则

(一) 兴趣性原则

在社区生活中,有许多社区教育资源本身对孩子具有很大的吸引力,如动物园、科技馆、图书馆等,这些社区教育资源应该重点利用。社区场所中,活动空间大,能够吸引孩子的新鲜事物多,可以让幼儿自由自在地观察,充分满足幼儿的好奇心和探索的欲望。比如,科技馆里,宇宙飞船模拟飞行让孩子们感到新鲜又神奇,激发他们长

---

① 苏凤杰. 开展社区儿童保护项目,推动新儿纲相关目标的实现[J]. 中国妇运,2012(12):30.

大后立志探索宇宙奥秘的决心;骑一骑四方轮自行车可以让孩子们更仔细地观察方形与圆形,知道自行车、汽车轮胎都做成圆形的道理;人体内脏的立体模型让孩子们更清楚地了解自己的身体结构等。在社区这个丰富多彩的环境中,孩子们感觉新鲜、生动而又富有情趣。

(二)教育性原则

可用于组织教育活动的各种社区教育资源都具有一定的教育价值,但它们对幼儿健康成长所发挥的价值大小是不一样的。我们要考虑幼儿的兴趣,但不能一味地根据幼儿的兴趣选择社区教育资源,必须注意教育的导向性。例如,很多幼儿都对洋快餐食品店、网络游戏店感兴趣,而洋快餐食品食用过多对幼儿的身体健康有害,长期沉迷于电脑网络游戏会占用孩子大量户外活动和正常的人际交往时间,从而影响孩子的身体健康和社会交往能力的发展。所以,选择社区教育资源要注意教育的导向性,例如,经常带孩子到图书馆,可以引起孩子读书的兴趣,并学会遵守图书阅览规则;经常带孩子到科技馆、博物馆,可以培养孩子对科学奥秘探索的兴趣;经常组织孩子到敬老院服务,可以培养孩子尊敬老人的情感。

(三)针对性原则

选择的社区教育资源要考虑幼儿的年龄特点及生活和实际需要。例如,在幼儿社会性发展的主题中,小班以爱园、爱家的情感培养为主,而大班则增加了爱家乡、爱祖国的内容。在选择资源类型时就应有所区别,小班多以园内和家园合作的形式居多,而中、大班更多地采用三者结合的形式,让幼儿走出园门,走向广阔的社会。又如,参观小学是幼儿园大班末期必须进行的教育活动内容,幼儿园可以围绕小学开展一系列的教育活动,引起幼儿对小学的兴趣和上学的强烈愿望,做好入学准备。因此,社区教育资源的选择要考虑幼儿的生活特点,所选资源要与幼儿的现实生活联系密切。

(四)安全性原则

选择的社区教育资源要注意安全卫生的要求,不能对婴幼儿造成身心健康的损害。例如,到医院参观就要特别注意卫生问题;在流行病高发季节,幼儿园组织外出活动要特别注意不去过于混乱拥挤的公共场所;乘车外出要注意交通安全等。外出时要做好准备工作,先进行调研,查看场地等是否安全,排除不安全的因素,预判可能出现的问题,准备好相应的应对措施。

(五)多样性原则

教师利用社区资源开展活动的形式要灵活多样,让幼儿通过"看""听""体验""参与""对话""探究"等多种形式参与到活动中。例如,在消防人员给幼儿做演示前,可以腾出一段时间,让幼儿与消防队员进行交流,允许幼儿钻一钻消防车的驾驶室和车厢;演示后,幼儿在消防人员的指导下操作消防器材。教师还可以根据幼儿学习的不同类型,将其分为视觉学习者、动觉学习者和听觉学习者,并且依据这一分类在活动中针对不同学习类型的幼儿采取不同的策略,如对于视觉学习者,教师可以与他一起探讨消防队员穿着上的特点;对于动觉学习者,教师应该允许他在消防队员的指导下操作灭火设施;对于听觉学习者,教师可以鼓励他主动与消防队员交流。①

(六) 持续性原则

在社区教育资源的利用与开发过程中,教师收集、整合的各种资源都是宝贵财富,并不是一次利用过后,留下相片,写下记录,这些资源就没有利用价值了。我们要重视对资源的持续性利用,每学期组织幼儿在不同的时间去参观同一个地方,这样幼儿能够直观地感受到随着时间的变化,很多事物也会相应地发生变化。教师应以可持续发展的眼光看到社区内的教育资源,持续地深入挖掘资源的教育价值。例如,在春天,教师带幼儿去社区参观一棵老树,观察它的树叶的颜色、形状等;到夏天,带幼儿再一次去观察树叶的变化;进入秋天,领着幼儿去老树下拾落叶;入冬后,又一次把幼儿带去老树下。之后教师引导幼儿探讨在不同季节老树叶子发生了哪些变化以及变化的原因。

二、学前教育机构利用社区教育资源的形式

(一) 请进来,充分利用社区人力资源开展丰富多彩的教育活动

教师要积极吸收热心学前教育或学有专长的家长和社区人士来园发挥其特长、优势,协助教师组织幼儿活动,传授专门知识技能。例如,有的幼儿园与社区合作共建课程,开展了社区工作日的活动,鼓励社区中不同年龄不同职业的居民做一天义工,来幼儿园与孩子一起生活学习游戏。社区卫生站的牙医来了,给孩子们讲解保护牙齿的知识;社区民警来了,给孩子们介绍警察的工作、说说交通规则,玩交通警察指挥交通的游戏,教孩子们如何做一名遵守交通规则的合格公民;社区里的老红军也来了,给孩子们生动地讲述战火纷飞年代的故事,孩子们也许并不能想象当时战争的场面,但是孩子们对解放军叔叔、对英雄的崇拜溢于言表;还有一年级小学生来给弟弟妹妹们说说上小学的感受。孩子在与他们的接触中了解到丰富多彩的社会生活。

[案例]

择月里社区志愿者进幼儿园

2017-11-24 14:34

11月24日上午,在择月里居委会齐云雪主任的带领下,社区志愿者们一起来到了我园大一班进行了家长助教活动。志愿者为孩子们带来了一次"制作手工皂"的活动,他们为每个孩子准备了充足的材料、模具和包装盒。孩子们在活动中体验到了手工制作的愉快,同时,制作出的手工皂可以供幼儿在家洗手使用,能促进幼儿养成良好的卫生习惯。

通过这次社区志愿者进幼儿园的家长助教活动,密切了社区与幼儿园的联系,为

---

① 滕婉俐.社区教育资源为幼儿园教育助力[J].江苏教育,2017(18):74-75.

幼儿发展创造了良好的条件,也使得幼儿园能充分利用社区的教育资源,扩展幼儿生活和学习的空间。

图7-1　社区志愿者教幼儿学做手工皂

(二)走出去,充分利用社区物力资源开辟儿童活动的新天地

幼儿园周围优美的环境、完善的绿化设施以及各种社会服务机构都是对幼儿进行教育的可利用资源。教师要及时地去发现、去挖掘、去利用,有目的地选择幼儿感兴趣的题材,适时地将幼儿从"课堂中"带到"社会情景中"来。幼儿是通过与社会情景的互动形成知识的,因此,让幼儿从"课堂中学习"到"社会情景中学习",给幼儿充分、自由的想象和发挥的空间,这样的教育效果远比"课堂中学习"来得好。如幼儿园可以根据时令节气开展外出活动,春天可以带领幼儿踏青,夏天可以野餐,秋天可以到麦田里体验秋收。我们可以借鉴英国幼儿园赢得"家长许可"的做法,每次外出请家长签字,或者邀请家长一起参加外出活动,这样幼儿园可以大胆利用社区教育资源,不会有过重的心理负担。

视频

参观小学、参观社区活动

1. 参观活动

参观指的是实地观看,在参观活动中,幼儿用各种感官感受、了解事物,幼儿的参与情况以外围的观察为主。参观活动是幼儿园利用社区资源的基本形式。当幼儿的探索问题超过教师所提供的环境时,幼儿园老师可以组织幼儿去社区参观,一方面,幼儿通过实地的参观,与专业人员的交流、互动,更加见多识广;另一方面,也充分调动和激发幼儿的能力和兴趣去探索、去发现丰富多彩的大自然和大社会。

[案例]

小班:参观标本馆

活动时间:11月14日

活动缘由:班里一个幼儿的爸爸在标本馆工作,有一天这个孩子从家里带来了爸爸送给他的一个蝴蝶标本,班里的很多幼儿对此都很感兴趣,为了让幼儿了解标本,班里便组织了参观标本馆。

活动过程:早上,孩子们很早便都来到了幼儿园,前一天在老师的安排下,孩子们都带了水、相机等。家长和幼儿一同坐车前往附近的标本馆参观。一路上孩子们都在讨论,期待着看到标本馆里的动植物。到达标本馆后,在管理人员的带领下,我们先到了大厅里,标本馆管理人员向家长和幼儿介绍了标本馆的大体情况:标本馆分为鸟兽类动物标本和昆虫标本。在标本馆管理员和志愿者的带领下,班里的孩子进行参观。参观过程中,老师鼓励幼儿大胆提问,说出自己的发现和问题。孩子们看得很认真,还有几个孩子带着相机或者手机拍照片。当看到一些平常见不到的鸟兽时,孩子们就会激动地大叫,围在一起谈论,有的说它长得像什么,有的说在电视上看见过,等等。

活动效果:通过参观标本馆,孩子们看到了各种不同的标本,增长了见识,感知了自然界的丰富多彩,加深了对大自然中动物的喜爱。

图7-2 观看昆虫标本

图7-3 观看植物标本

2. 体验活动

体验活动是幼儿园利用社区资源的主要形式。有些社区资源能让幼儿用眼睛看到,但他们只起到"见习"的作用,还有些社区资源能让幼儿亲自体验,让幼儿参与进去,就能起到"实习"的作用。所以教师应该放开幼儿的手脚,让幼儿大胆地去体验、去尝试。体验又叫体会,体验到的东西使得我们感到真实、现实,并在大脑记忆中留下深刻印象。在体验活动中,鼓励幼儿亲自去感受事物。

[案例]

中班:逛菜场

活动时间:10月16日

活动缘由:在主题活动"秋天的蔬菜"中,为了让幼儿了解秋天蔬菜的种类,感受秋天是一个丰收的季节,幼儿园组织幼儿到附近菜场体验生活。

活动过程:幼儿园老师带领全体幼儿逛菜场。首先,引导幼儿认识蔬菜摊、海鲜摊、肉铺、杂货铺等不同摊位以及摊主所卖的食品,以增强幼儿对菜场整体的认知。接着,为了扩大幼儿对蔬菜的认识,老师介绍了一些蔬菜:花菜、土豆、番茄、藕、菠菜、包心菜、空心菜、蒜、韭菜、香菜、莴苣、甘蓝、葱……在老师的介绍下孩子们认识了更多的蔬菜。大家一起讨论自己爱吃的菜。有的小朋友说:"我最爱吃青菜,我奶奶有一次说吃青菜可以让我更聪明,长得更高。"有的小朋友说:"我喜欢吃花菜,我妈妈炒得特别好吃,比幼儿园的还好吃。"还有一个小朋友说:"我喜欢吃藕,它一个一个的小洞很好看。"老师做了总结:每种蔬菜对我们身体都是有好处的,它们的作用、营养价值也是不一样的,所以我们小朋友不能挑食,每种蔬菜都要吃,这样你们才能快快长大,才会变得更聪明。最后,老师还为孩子们准备了一些钱,让他们尝试着自己去买菜。孩子们拿着这些钱,有模有样地买了自己喜欢的菜。回园途中,孩子们拎着自己买的菜可神气了!

活动效果:这次活动给了孩子很多亲身体验的机会,孩子们在实践的过程中,对菜场有了更多感性的经验,同时轻松愉快地获得了买卖活动的经验,有了礼貌交往的尝试,促进了他们社会性的发展。

图7-4　询问菜的价钱

图7-5　看各种各样的鱼

3. 分享活动

分享活动是幼儿园利用社区资源的常用形式。走出园门,把幼儿带进社会的大课堂中去接受教育,我们的孩子可以通过大社会这本活教材,学会关爱,学会分享,学会和朋友交往,同家长沟通。《幼儿园教育指导纲要(试行)》指出,幼儿园应与家庭、社区合作,引导幼儿主动参与各项活动,培养幼儿乐意与人交往,学习互助、合作和分享的品质。分享是指与他人分着享受、使用、行使,也指让别人也感觉到自己的感受,或者同别人述说自己的感受。这种共享可以是精神上的,也可以是物质上的。分享活动是幼儿参与其中的,并且是幼儿参与度很高的活动。

[案例]

大班:敬老院看望老人

活动时间: 12月28日

活动缘由: 敬老爱幼是我们中华民族的美德,为了从小培养孩子敬老的品德,幼儿园组织大班幼儿去敬老院,看望敬老院里的爷爷奶奶。

活动过程: 在活动前,老师和孩子们精心地为老人们准备了丰富的礼物,有好吃的水果、适合老人吃的点心。在高园长的带领下,大班的孩子来到了敬老院与老人进行互动。孩子们一来到敬老院,就受到了爷爷奶奶们的欢迎。孩子们先给老人做自我介绍,接着为老人表演节目,有歌曲,有舞蹈,有讲故事,还有讲笑话等,逗得爷爷奶奶们一直在笑,笑声传遍了整个敬老院。接着孩子们为爷爷奶奶们送上自己亲手做的手工和温暖的祝福,有的孩子还贴心地为爷爷奶奶们捶背,和爷爷奶奶们聊天,爷爷奶奶们看着眼前的孩子,一脸慈祥,露出了幸福的表情。

回幼儿园的路上,孩子们还沉浸在和爷爷奶奶们的相处中,有的小朋友说:"我好久没见到奶奶了,她回家了,我很想她,放假我要去奶奶家。"有的小朋友说:"有个爷爷和我爷爷长得一样,都是没有头发的。"还有的小朋友说:"我给一个奶奶捶背时,奶奶很开心,等我回家了,我要给我的奶奶捶背。"

活动效果: 组织幼儿去福利院、敬老院,这不仅培养了幼儿对他人和社会的亲近,而且也让幼儿学习了人际交往的技能,还能使他们在活动中学习自律、理解、尊重和平等待人的精神,培养幼儿的社会态度和社会情感,促进幼儿良好的社会品质的形成。

图7-6 给爷爷奶奶捶背

图7-7 给爷爷奶奶表演节目

三、学前教育机构对家庭利用社区资源的指导

(一) 指导原则

1. 建立平等、互动的合作关系

"建立平等、互动的合作关系"是指教师在指导家长利用社区教育资源时,要营造宽松、融洽的合作气氛,要在平等、尊重、信任的基础上,与家长进行耐心细致的沟通与交流,了解家长的特点及其家庭情况,合理地听取家长的意愿、要求、意见和建议,真诚合作,切忌对家长居高临下、颐指气使。这样才可以使家长与幼儿园有充分的沟通,使家长乐意接受幼儿园的指导。

社区教育资源的价值是巨大的,有许多教育内容和活动需要依靠教师和家长的双向互动,甚至是多边互动,不断交流总结,共同探索才能开发创造出来。因此教师和家长进行深层次合作是必要的,而这种合作要以平等互动的合作关系为基础。

2. 坚持理论与实践相结合的原则

指导家长利用社区教育资源要以广泛的教育宣传为起点,其价值最终要落实到教子实践当中。首先,要让家长在理论上了解儿童学习的特点,深刻地认识社区教育资源在婴幼儿身心发展中可能发挥的重要作用。其次,要指导家长具体利用社区教育资源的方法和策略,将教育内容和指导要求融合在轻松快乐的游戏活动及日常生活中,使家长理解家庭教育是"生活中的教育"。社区中的各种人情事物都是巨大的教育资源,只要善加利用,均可发挥巨大的教育价值。

3. 可行性原则

幼儿园教师指导家长利用社区教育资源要结合本社区的现有条件和家长特点有针对性地进行。社区资源应该取材方便、操作简单,便于家长在日常生活中随机使用。指导家长利用社区资源开展的教育活动方案要简便、易行,便于家长具体实施。

4. 普遍指导与个别指导相结合的原则

指导家长学会利用社区教育资源，一方面要根据本社区的资源情况和儿童成长中的一些共性问题，进行集体指导活动。引导家长根据儿童教育目标，学会分析本社区资源中潜藏的教育价值，掌握一般的利用社区教育资源进行亲子活动的方法。另一方面，婴幼儿阶段是孩子生长发育最迅速的时期，孩子的发展可以说是日新月异，家长必须根据孩子的不同年龄、不同发展水平提出不同的教育培养目标，设计不同的活动内容。所以我们要根据儿童的年龄对家长进行分层次指导。如指导1—2岁幼儿家长侧重于利用社区的山坡、草地、路沿、鹅卵石小路等开展相关活动，以锻炼孩子的腿部力量和平衡能力；指导2—3岁幼儿家长侧重于给孩子提供与社区同龄伙伴或其他儿童及成人进行交流、游戏的机会，以锻炼孩子运用语言和进行社会交往的能力等。如上海市妇女联合会在市立幼儿园创办的"亲子学苑"就开设了五种类型的班级：胎儿家长班、7—12个月婴儿家长班、13—18个月婴儿家长班、19—24个月婴儿家长班、25—36个月婴儿家长班，根据婴儿的年龄进行有针对性的指导。有时候还要个别指导某个家长根据自己孩子的具体特点，选择合适的教育资源，如满足孩子的某种特殊兴趣、发展特长，或弥补某一方面的不足等。

5. 综合性原则

幼儿园应该指导家长综合利用社区各种资源，采取各种手段，提升学前儿童家庭教育的质量，最终促进学前儿童身心均衡发展。幼儿园应该指导家长综合利用社区的各种资源，如公园、山川、广场的物质资源，语言、风俗习惯等文化资源，这些资源对家庭教育起着促进和补充的作用。参与手段要具有综合性。家长可以利用参加社区内的亲子活动、讲座、座谈会等各种手段综合利用社区资源。

(二) 指导内容

1. 指导家长增强利用社区教育资源的意识

几乎所有初为人父母者都对孩子的养育和教育有些茫然不知所措。与成人相比，婴幼儿有着独特的心理特点，婴幼儿教育也有自身的规律，没有学过学前儿童发展心理学和学前教育学的人是很难理解的。所以，我们必须向家长宣传婴幼儿心理和教育的知识，特别是要让家长明确各年龄段婴幼儿身心发展的目标和一般的教育方法，指导其树立充分利用社区资源的意识。比如，1—2岁是幼儿身体动作发展的重要时期，要增加幼儿的户外活动；2—3岁是儿童自主性发展的重要时期，要尊重儿童的需要，给儿童自己做主的机会；整个婴幼儿期是孩子口语发展的关键期，要给孩子提供丰富的语言环境，并提供机会让孩子与人交流、大胆练习。同时，家长还要知道，婴幼儿的思维处于直觉行动思维和具体形象思维阶段，儿童的学习要在生活实践中随机进行。婴幼儿阶段要重视对良好生活、学习和交往习惯，对人对事积极的情感和态度，乐观开朗的性格等的培养，社区可为之提供丰富的机会。只有家长掌握了基本的婴幼儿教养的科学知识与方法，才能增加他们的教育自觉性，有意识地利用社区中各种机会和各种教育资源，对孩子进行随机教育，使孩子在社区这个更广泛而丰富的大课堂里获得更好的发展。

2. 引导家长学会分析社区教育资源的价值

日常生活中,家长之所以不能很好地利用社区教育资源,除了缺乏利用的意识外,还因为他们不会分析社区中各种人力、物力资源所蕴含的教育价值。所以,帮助家长学会分析社区各种教育资源的价值是我们做好指导工作的必要一环。社区中各种教育资源的价值大小还要以婴幼儿教育目标为基础。例如,公园里成行的、间隔距离适当的树木,可以用于刚刚学步的1—2岁的婴儿学习走路;而一级一级的台阶则可以更好地让年龄较大的儿童练习熟练、快速地爬,锻炼其腿部力量,练习抬腿动作和保持身体平衡;社区广场上各种不同的人可锻炼孩子的交往能力等。所以要引导家长学会根据自己孩子的年龄特点,根据本年龄段的教育目标,分析社区教育资源的价值,选择和利用合适的社区教育资源,达到促进孩子发展的目的。

3. 指导家长利用社区资源开展有情趣、有效的亲子活动

家长除了要在理论上明确婴幼儿教育的科学知识和学会分析社区教育资源的价值之外,还要切实地掌握利用社区资源开展有情趣、有效的亲子活动的方法。幼儿园可以通过示范、讲解等形式安排更具体的指导活动,使家长感觉到社区亲子教育活动具体、可操作、有实效、有乐趣。如在秋季,幼儿园可以指导家长,特别是父亲学会认识本地田野或草地中的各种昆虫,了解它们的体型特点、生活习性、对人类是否有害等相关知识。然后,要求父亲在休息时间带孩子去观察昆虫,也可以抓回家喂养,以引起孩子对大自然的兴趣,拉近孩子和大自然的距离,并密切父子关系,让父亲更多地参与教育。

4. 指导家长利用社区资源增加孩子的社会交往

布朗芬布伦纳的研究发现,幼儿处于一个由家长、教师及其他亲密人员构成的微观的生态系统之中,他们之间的联系构成幼儿发展所在的基本生存和发展系统。诸多研究也显示,儿童获得教育资源的数量和有效利用率能够促进儿童的发展,尤其是认知发展。所以,幼儿园可以指导家长有意识地多与社区中的其他家庭交往,如在春暖花开的季节,几个家庭一块儿外出郊游,在大人们休闲娱乐的同时,孩子们也获得了充分的社会交往机会。在西方的一些国家,家长们经常轮流出面帮助社区中的孩子组建足球俱乐部、戏剧表演小组等。在家长们的有效引导下,这些丰富多彩的活动既满足了孩子们多方面的兴趣和发展的需要,也锻炼了孩子们的社会交往能力。

(三) 指导方法

1. 从宣传发动入手

目前,家长们对孩子的教育问题普遍比较重视。但他们往往错误地认为,孩子的学习是在幼儿园里、在课堂上、在读书写字的过程中进行的,而忽略了幼儿园之外丰富的社区教育资源,忽略了生活中一点一滴的小事中所蕴含的教育价值。因此,家长也就不能在生活中有意识地利用社区教育资源对孩子进行随机的教育。

所以,我们指导家长利用社区教育资源,要从宣传发动入手,通过举办教育讲座、办社区教育宣传栏等形式,让家长了解儿童学习的特点,认识社区中各种资源的教育价值,增强家长利用社区教育资源的意识和自觉性,让家长在社区生活中,利用社区中一切可利用的资源,随机地对孩子进行有效的教育。

2. 组织示范性的社区亲子活动

由教师设计利用社区教育资源的社区亲子教育活动,并组织家长和孩子一起参与,给家长示范利用社区教育资源开展教育活动的具体方法。

3. 编发指导手册或制作音像制品

为了使家长利用社区教育资源开展的教育活动能够有计划、深入地开展起来,幼儿园可以编发《家长利用社区教育资源开展教育活动》指导手册,作为家长阅读的可操作性材料,给家长提供利用社区教育资源开展教育活动的实施方案和活动实例,让家长学习参考。也可以附带介绍利用社区教育资源的有关理论,供家长反复研究学习,并在实践中加以运用。如果条件许可,也可以考虑制作"家长利用社区教育资源开展教育活动"的音像制品,更生动形象地呈现优秀的活动案例,使家长可以反复观看,模仿学习。

4. 指导家长成立家庭友好小组

家庭友好小组可以孩子为纽带,密切家庭之间的联系,特别是可以打破城市家庭邻里之间不相往来的现状,引导家庭之间互帮互助,加强交流。更重要的是,它解决了独生子女无玩伴可能产生的社会问题。所以,幼儿园可以帮助、指导家长成立家庭友好小组,让他们学会利用社区家庭资源。

例如,山东淄博某幼儿园根据小区内居民集中、每幢楼都有十几个学龄前儿童的特点,本着就近、自愿的原则分组,指导家长成立家庭友好小组,并不定期地参与家庭友好小组并对其进行指导。指导家长在物质上互助,如临时托管孩子,玩具、图书等的交换;也在精神上互助,如分享育儿的经验。上海市奉贤区古华第一幼儿园的老师指导幼儿家长在双休日开展一些同伴间的小组活动。经自由组合(一般由 4—6 个幼儿家庭组成一个小组),在双休日,由家长轮流主持,带领孩子开展轻松的、孩子喜欢的、有益于孩子身心发展的家庭同伴小组活动。有效地利用家庭、社区资源丰富了家庭双休日的活动内容,拓展了活动空间,使孩子和家长们在互动交往过程中获得无穷的乐趣。

5. 指导家长组织社区教育沙龙

社区教育沙龙可以先由教师示范组织,再由家长组织教师参与辅助。参加人员主要是家长,也可以视内容需要邀请教育专家或其他热心教育的居民参加。在社区教育沙龙活动中,家长们相互交流切磋科学育儿的心得体会,探讨育子过程中遇到的问题和困惑,互相学习,互相借鉴,共同提高。这一交流过程对家长把握正确的教育心态、深入思考教育问题、提高自己的教育水平是十分有益的。所以,幼儿园可以帮助或指导家长组织社区教育沙龙活动,让他们学会利用社区家长群体及其他人力资源。"幼儿园可以组织不同类型的家长开展不同的家长沙龙,如以'培养小班幼儿生活自理能力'为目标的祖辈家长沙龙、以大班父母为主要对象的幼小衔接沙龙、以肥胖儿为主题的'科学育儿'沙龙等。"①

6. 指导家长开展辨析评论会

辨析评论会是指创设一定的情境和机会,鼓励家长对一些有争论的问题发表自己的看法,引导家长在讨论或交流过程中思考,在比较和衡量的基础上做出选择并实践自己选择的一种家庭教育指导形式。辨析评论会可以先由教师示范组织,再由家长组织教师参与辅助。辨析评论会的主题可以结合生活中家长所熟知的热点问题,如以"'狼爸'和'猫爸'哪一种教育方式更好"为辨析主题。在辨析过程中,教师可以指导家长积极参与、畅所欲言,鼓励家长发表不同的看法,组织不同观点的争论。

我们发现采用"整个的儿童,整个的社区"理念时,合作努力确实给儿童发展提供了更多的机会。每个成功的伙伴关系都很独特,但是它们看起来都包括以下特征:(Comer 等,1996;Rubin,2002)②

(1) 项目为所有儿童整合教育服务和社会服务,尤其面向贫困家庭。

(2) 父母、学校工作人员和社区成员有权为其社区的儿童做决定,定计划,并做出改变。

(3) 学校领导层被精简,增加家庭和社区成员对学校管理的参与。

(4) 学校成为促进教师、儿童、父母和社区成员间更好互动的家庭中心。

(5) 项目包括强有力的志愿者项目,其中,父母、祖父母和社区成员为支持儿童学习和辅助学校运作而出谋划策。

(6) 社区和家庭被看作儿童学习的重要环境,与学校学习融为一体。

(7) 项目里有较强领导能力和负有责任感的伙伴能获得捐客们的支持。

(8) 学校教工人员提高技能以建立和维持与儿童和家庭成员之间的信任和尊重关系。

(9) 研究人员、教师和父母通力合作,评估学校项目是否成功。

本章小结

社区学前教育是整个社区教育的有机组成部分,是儿童发展的生态环境之一。20 世纪以来,世界各地进行了关于社区学前教育的实践探索,比如瑞吉欧教育体系、美国的"开端计划"、日本的"天使计划"等都是我们学习探讨的经典。本章主要介绍了社区、社区教育、社区学前教育的含义,社区儿童教育服务机制,以及学前教育机构对社区资源的开发与利用的原则和方法,我国 2001 年教育部颁布的《幼儿园教育指导纲要(试行)》中也明确指出幼儿园应该与家庭和社区紧密合作,共同为幼儿的发展

---

① 郁琴芳,温剑青. 教师家庭教育指导实务[M]. 上海:上海社会科学院出版社,2017:99.

② [美]钱德勒·巴伯,尼塔·H. 巴伯,帕特丽夏·史高利. 家庭、学校与社区:建立儿童教育的合作关系[M]. 丁安睿,等译. 南京:江苏教育出版社,2014:453-454.

提供良好的环境。通过本章的学习,我们应该要知道什么是社区教育,世界各地的社区儿童机构与设施有哪些,它们是怎样建立与运行的。最重要的是,要能够掌握利用社区资源对学前儿童进行教育的方法,在此基础上能够联系实际组织各种教育活动。

思考练习

1. 什么是社区教育?社区教育与儿童发展的关系是什么?
2. 说出三个当今世界社区学前教育做得好的实践。
3. 社区儿童教育机构与设施有哪些?
4. 学前教育机构对社区资源的开发与利用的原则和形式有哪些?
5. 学前教育机构对家庭利用社区资源的指导原则、内容和方法是什么?
6. 在你生活的社区里,有哪些资源是可以利用的?你将怎样指导家长利用这些资源?

拓展阅读

1. [美]钱德勒·巴伯,尼塔·H.巴伯,帕特丽夏·史高利. 家庭、学校与社区:建立儿童教育的合作关系(第四版)[M]. 丁安睿,等译. 南京:江苏教育出版社,2014.

主要内容:本书第一章界定了儿童生活的三个基本方面:家庭生活、学校生活和社区生活,并且探讨了这三个社会性机构如何相互作用、影响儿童的生活。第二章关注儿童教育责任的演变历程;美国教育中各种哲学思想流派、不同种族受到的教育。第三、四章提供了美国家庭生活的相关信息。第五章是关于家庭之外的保育机构的内容。第六章提出残障儿童的成长和发展,理应得到家庭、学校、所在社区机构的共同关注。第七章审视社会上对上述三种机构的责任要求和期望。第八、九、十章对应的是这三种机构的课程问题。最后两章关注的是这三种社会机构之间合作的各种可能性。

2. [美]乔伊斯·L.爱泼斯坦等. 大教育:学校、家庭与社区合作体系(第三版)[M]. 曹骏骥,译. 哈尔滨:黑龙江教育出版社,2016.

主要内容:本书引入"学校、家庭与社区合作"这一概念,表明家长、教育工作者和社区成员共同分担儿童学习和发展的责任。研究人员在调研的基础上,得到六种参与行为的工作框架,分别是:(1)抚养子女;(2)沟通交流;(3)志愿服务;(4)在家学习;(5)决策制定;(6)社区协作。学校、家庭与社区合作体系是学校与课堂构建的核心组成部分,合作体系的构建需要多层级领导机制,着眼于提升儿童的学习和发展水平,利用家长、社区成员等人士参与活动项目,推动儿童实现若干重大发展目标。本书构建了家庭、学校和社区影响少年儿童学习活动的"多重熏陶"理论模型,详细说明了推动学校、家庭与社区合作体系迈向成功的十个步骤。书中有实例,有合作评估量表,实用性、操作性强。

第八章 新时代背景下学前儿童家庭教育研究

【章节导入】

新时代背景下,我国的学前儿童家庭教育呈现出新的景象,也产生了不少新的问题。近几年来,虽然婴幼儿家庭照料者已对家庭教育问题逐步重视,参与度明显提高,且具有合理化和科学化的走向,但还是存在着一些问题,如:家庭教育资源有限且利用不充分;家庭照料者实际教育行为与教育理念脱节,缺少应对教育疑惑的有效措施;部分家庭教育状况异常落后;以及隔代教养的利弊与父亲参与教养不足;等等。因此,学前儿童家庭教育研究未来还需紧跟时代步伐,不断更新研究内容,为家庭教育质量的提升开辟新的路径。

【学习要点】

了解:新时代背景下我国学前儿童家庭教育的新形势、新政策。
理解:当前学前儿童家庭教育的现状和所存在的问题。
应用:能及时更新理念,提升研究方法,解决学前儿童家庭教育中的新问题。

第一节 当代学前儿童家庭教育新形势

一、新时代对学前儿童家庭教育的影响

"人生百年,立于幼学。"我国自古以来就非常重视家庭教育,并以儒家思想为主的传统思想渗透其中。自二十世纪七八十年代改革开放以后,我国的家庭教育观念开始逐步受到西方教育思想的影响,一时之间"洋为中用,古为今用",不同的中西方教育思想在教育实践中相互交织,在矛盾中不断碰撞与融合,促使学前儿童家庭教育产生了历史性的变革。

(一)"互联网+"背景与学前儿童家庭教育

当前随着社会变迁,互联网时代全面到来,网络信息化正在逐渐改变人们的生活方式。"互联网+"是时代发展的必然,是推进世界经济蓬勃发展的得力助手,也是推动教育事业发展的新动力。尤其是"互联网+教育"概念的提出,学界普遍认为"互联网+"会让传统教育焕发出新的活力,但同时也对传统幼儿家庭教育提出了新的挑战与机遇。2011年,美国芝麻街工作室库尼中心和斯坦福大学联合发布政策咨询报告

《迈出一大步：数字化时代幼儿教育规划》，强调整合数字媒体资源，有效改善幼儿家庭教育质量，标志着"互联网＋"与幼儿家庭教育的整合研究逐渐成为国际教育学界的热点。

然而需要指出的是，"互联网＋幼儿家庭教育"并非简单的两者相加，而是利用信息资源以及互联网平台，促使互联网与幼儿家庭教育进行深度融合，构建更加健康、快捷、便利的家庭教育信息生态。

经调查显示，我国的幼儿家长们广泛缺乏"互联网＋"的意识或者是并未形成"互联网＋"的概念，不少家长已经使用互联网进行家庭教育，例如使用百度搜索相关的教育问题，或关注一些教育类的微信公众号，但并不自知这些行为都属于"互联网＋幼儿家庭教育"。因此，普遍提升幼儿家长自身文化素养和文化意识，有利于"互联网＋"在幼儿家庭教育中的广泛应用。

1. "互联网＋"对学前儿童家庭教育的推动

将信息化技术应用于幼儿家庭教育中，不仅可以构建形式多样、内容丰富的数字化资源，支持幼儿自主、合作、创造等多种方式的学习活动，还可以丰富幼儿的知识，拓宽幼儿的视野，进一步促进幼儿情智的发展。

总体来说，"互联网＋幼儿家庭教育"具有以下几点优势：

（1）学习的便利性与快捷性。利用"互联网＋"平台进行学习，最大的显著特征是在任何时间、任何地点，学习任何课程。其便捷、灵活、多样性的学习最直接地体现了家庭教育模式上主动学习的特点。

（2）内容的丰富性与生动性。相比传统的书籍、卡片等幼儿家庭教育模式，"互联网＋幼儿家庭教育"通过互联网传输媒介将文字、声音、图标、视频、动画等以多媒体形式表现出来，能够更加形象直观地展示出相应数据或者各种各样现实生活中无法看到的场景。

（3）时间与经济成本的节省化。借助"互联网＋"新兴平台，幼儿家长通过移动终端选择教育内容对幼儿实施家庭教育，加之诸多公开教育平台是免费的，从而大大节约了时间和经济成本。这不仅为大部分家庭开源节流，也因无纸化为环保做出了一定的贡献。

（4）资源的共享性与平等化。互联网自诞生以来，以其强大的存储性和交互性的技术优势，可以在短时间内迅速吸纳海量的知识和信息，形成信息库，并且这个信息库随着使用者的不断上传及分析而源源不断地扩容。借助"互联网＋"平台，幼儿家庭教育可以跨越家庭、地区、国家覆盖到世界的任何一个角落，以信息化为手段，扩大优质资源覆盖面，逐步缩小区域城乡幼儿教育差距，大力促进幼儿教育公平，让亿万学前儿童同在蓝天下共享优质教育资源。

2. "互联网＋"对学前儿童家庭教育的冲击

互联网会带给幼儿家庭正面积极的作用，同样也会带来消极的效应。作为新时代的家长，需要理性、正确地认识到互联网给孩子、给家庭带来的影响和冲击，构建新型的家庭关系。相对优势来说,"互联网＋幼儿家庭教育"也呈现出一些不足之处：

(1) 亲子与家庭关系的疏远。在信息时代中,人与人之间的交往方式发生了变化,促进了个体之间社会关系的改变。互联网进入家庭生活后,家长和幼儿使用"互联网＋"平台的时间与频率增加,在一定程度上减少了家庭人际沟通,不利于亲子关系的维系。此外,在传统家庭中,父母是家庭的知识权威,负责向孩子传授各种知识和人生经验。但在新时代,互联网改变了这一切,孩子只要轻轻一点,就可以从网上获取自己所需要的信息。家长权威地位受到挑战,更意味着家庭关系的巨大改变。

(2) 网络育儿内容良莠不齐。由于互联网的监管工作难以全面施行,因此导致了网上各类幼儿家庭教育信息良莠不齐,普通家长难以辨别好坏。或者是由于信息处理能力的限制,家长也很容易迷失在信息海洋中,浪费了宝贵的时间,却在提高幼儿家庭教育的质量上事倍功半、徒劳无获。

(3) 家庭间"数字鸿沟"的扩大。传统家庭中,子女在义务教育阶段的经验和知识大多从学校、书本上获取。但互联网时代,对素质的要求是全面的、综合的。部分幼儿家长由于缺乏知识和经济实力,无法为孩子提供更好的网络知识教育,这就导致孩子之间的教育差距越来越大。同时,由于缺乏监管,孩子对网络的判断力不足,容易沉迷网络,影响身心健康,进一步影响家庭关系。

可以说,与学前教育其他领域相比,"互联网＋"背景下的幼儿家庭教育研究仍处于起步阶段,发展空间较大。目前还未将其视为幼儿家庭教育的有机组成部分,对具体的实践策略也缺少系统探索。未来需要从政府宏观层面和家庭教育工作者微观层面,共同探索"互联网＋幼儿家庭教育"新模式,分析好互联网与家庭教育、学校教育之间的关系,引导孩子更加健康发展。

(二) 人工智能时代家庭教育侧重培养儿童能力的指向

"人工智能"(AI)继 2017 年首次写入全国政府工作报告引起热议后,也成为近年来关注的重点,人工智能正引发新的全球教育议题：未来的孩子要如何与机器相处？家庭教育中重点培养孩子哪些能力？

丹尼尔·平克在《全新思维》一书中预测,21 世纪是"创感时代",培养下一代的设计感、故事感、交响感、共情感、娱乐感、意义感十分重要,未来属于具有与众不同的创新思维的人。所以,面对即将到来的人工智能时代,家庭教育应该侧重培养孩子的以下能力：

1. 自主学习能力：学会学习

人工智能可以为孩子定制学习内容,但并不是说,孩子所有的一切都能由人工智能来解决。有研究者发现,一旦人工智能普及,在学习上自觉性、行动力、执行力不强的孩子,会更加被动。那些在学习上具有主动性和自律性的孩子可以很好地根据人工智能反馈的学习情况和拟定的计划一步一步执行,从而体会到学习的成就感,激发对学习的兴趣,会有更长远的进步,形成良性循环。而缺乏学习自主性的孩子很可能对学习任务敷衍了事,恶性循环。所以,家庭教育中,家长要合理引导,激发孩子学习的内在动机,让人工智能为己所用,用之所长。

2. 创新实践能力:学会做事

在日常的教育过程中,家长更应该支持孩子的主动探究行为,丰富的想象力能激发孩子创造出与众不同的东西,而创造力只能在尝试中感悟,引导孩子在自主活动中自行分析、解决问题。家长有必要让孩子从小就接触和了解他们未来生活的重要媒介,并培养与之相适应的数据分析能力以及计算思维能力。

孩子在学习的过程中,不能只看重将来从事某种职业所需要的特有知识、技能与方法,他们真正需要的是合理的价值观、强大的创新实践思维能力等,这些都是真正"成人"并走向"终身学习"的基础性前提。

3. 自我认知能力:学会认知

人工智能带来的一大改变就是资源的极大丰富。面对超载的信息和纷繁的选择,那些能够认识自己、了解自身特点的孩子更容易脱颖而出。家长首先要让孩子真诚地面对自己:我是谁?我会做什么?我该做什么?这些初步的探索与整理,都有助于寻找孩子自身的资源与发展优势,好为日后定位。在个性化学习时代,如果孩子能够清楚自己的特点和未来目标,就能让数据和信息为自己服务,更好地利用这个时代的资源。

4. 情感处理能力:学会做人

家庭教育中不仅要重视做人的知识技能的学习,不仅要关注人工智能会给人类带来巨大的便利,更要重视人工智能无法替代的只有人类才具有的能力的培养,比如培养正确的情感态度、价值观,做到自尊、自信、自立、自强,充分发挥潜能,发展个性和特长,提高综合素养;学会与他人一起合作共处和生存、发展的能力,还要学会与大自然协调共处,学会与人工智能和其他新兴技术协调共处的能力。情感处理能力只有在日常生活中锻炼,与人、事、物的交往能力只有在不断的互动相处中体验,所以,家长应该抱以开放的心态,给孩子独立和宽松的成长环境,让孩子从小多接触、多了解身边的人、事、物,培养他们善学多思共情的能力,才能自如地应对即将到来的人工智能时代的各类冲击和挑战。

二、新形势下我国学前儿童家庭教育现状

随着科学的发展、社会的进步、经济的繁荣、教育教学体制改革的不断深化和全体国民生活水平的提高,人们对家庭教育的期望与要求也在不断提高。在适应现代科学进步与社会发展的前提下,我国的幼儿家庭教育水平相应有了新的发展,呈现出一些新的现象,了解这些新现象对于我们国家与民族的长远发展与建设有着深远的意义和影响。

1. 家庭教育理念与期待趋向合理化

家庭教育理念反映教育者对教育所持有的态度。有研究显示,多数幼儿家庭教育者表示,"期待成为幼儿的伙伴,期待幼儿快乐就好,重视幼儿的全面发展。"这与之

前普遍存在的"家长需要为幼儿规划好人生,不能输在起跑线上"的观点相比,已有了不少改变。家庭教育者不再以优异的学习成绩作为考量幼儿的唯一标准,更多关注幼儿自身的身心健康、兴趣爱好等。

2. 家庭教养方式呈现出科学化的倾向

在教养方式上,多数家长采取民主型的教养方式,愿意尊重幼儿,了解其真实想法和需要,让幼儿感受自己的价值和重要性。可见,新时代的发展有效地促进了家庭教育观念和教养方式的更新,促使幼儿家庭教育者从祖辈父母向父辈父母转移。

3. 幼儿家庭教育者解决问题途径狭窄

有研究显示,造成幼儿家庭教育者教育困惑的原因在于:不知道如何为幼儿做榜样,不知道如何在幼儿面前做到宽严相济。因缺乏系统的育儿知识,教育行为与教育观念常常相矛盾。面对这些问题,家庭教育者解决的途径不仅单一,而且缺乏一定的合理性。但从家庭教育所表现出来的新趋势来看,家庭教育者具有了解科学育儿知识的主动性。这能够使家庭教育由以自然生活教育为基础的封闭式模式转变为开放型、民主型、科学型的新模式。

第二节 当前学前儿童家庭教育的问题与变革

在新时代的背景下,我国的学前儿童家庭教育呈现出新的形势,但同时也带来了很多新的挑战。面对这些问题,应做出相应的变革,从而有效发挥家庭教育在幼儿成长过程中的重要作用,促进幼儿的健康成长和全面发展。

一、幼儿家庭教育资源有限且利用不充分

虽然目前全社会都对幼儿家庭教育有所重视,但研究显示,超过半数的父母没有途径或者是因为个人不重视而导致从未接受过家庭教育指导。此外,由于缺乏宣传,大部分家长并不知晓从何种渠道可以接受幼儿家庭教育的资源。

(一)幼儿家庭教育指导的主要渠道

由学前教育机构组织的家庭教育指导,是目前我国学前儿童家庭教育指导的主要渠道。其中,家长接受幼儿家庭教育指导的机构主要是幼儿园、早期教育培训机构、相关高校或科研院所、街道或社区。还有个别家长通过早教专业的朋友和家庭教育培训体验课获得相应的家庭教育指导的服务。

但是目前由社会所提供的家庭教育指导普遍存在着鱼龙混杂、质量不高的问题。幼儿园组织的亲子活动、家长会等集体活动,是家长接受家庭教育指导最普遍的途径,但是次数的限制会造成指导的内容多,而家长吸收少的结果。再则,随着网络的发展,通常家长会跟老师在班级的微信群进行沟通和交流,根据实际情况老师可进行指导,但据家长反映,部分老师的专业素质较低,经验不够,成了指导质量最令人担忧

的原因之一。此外,幼儿园的宣传栏也是家长关注的重要方面,但是宣传栏的内容可能因为长期不换、内容过期导致家长失去了浏览的兴趣。电话指导和家庭访问的方式已经渐渐被忽视。

社会上的家庭教育指导机构虽琳琅满目,公益性质的却很少,大多是以盈利为目的的机构,专业性不强,质量不高,收效甚微。可以看出,家长参与家庭教育指导的途径多种多样,且每个家长为了孩子的教育都非常乐意去接受家庭教育指导。但是由于指导的质量不高,缺乏系统性,家长吸收的内容少之又少,目前幼儿家庭教育指导的资源还处于可有可无的状态。

(二)幼儿家庭教育指导资源的有效利用

1. 幼儿家庭教育指导应以幼儿园为主,社会机构为辅

家庭和幼儿园是与孩子联系最紧密的两个部分,科学的育儿指导离不开幼儿园的支持,家园联系栏、亲子活动等都是进行家园交流的有效途径,只有良好的家园合作,才能为幼儿创设一个良好的生活和学习的环境。社会各机构更是不可或缺的辅助主体,例如高校的鼎力支持,不仅能够让高校的学生走进社会进行实践,了解现如今幼儿园和家庭的发展趋势,也能够让家长得到一些科学的指导,让高校研究来源于生活,应用于生活。还有早教机构、社区的加入,都能成为提供家长育儿科学指导的有效途径。

2. 幼儿家庭教育指导提供应提倡个性化

首先,各机构所提供的家庭教育指导应根据幼儿的年龄阶段特点以及家长需求来选择内容。其次,可以采取集体指导和个别指导相结合的方式。集体指导是指将所有参与的家长集中起来进行一对多的指导,主要依靠指导者面对多数家长群体的主动讲解,家长较被动地接受科学的家庭指导的方式。个别指导是指导者与家长面对面进行一对一的指导,主要是指导者针对家长的个别问题进行分析,对家长提供适宜性的建议。为了更好地进行家庭教育指导,最有效的方式是将集体指导和个别指导结合起来。将家长共同遇到的育儿问题以集体指导的方式进行处理,而少数家长的个别问题进行个别化处理,提高家庭教育指导的有效性。

3. 利用多元化的途径实现幼儿家庭教育指导资源的最大化

包括线上和线下多元化途径,线上例如自媒体的输出、家长微信群和QQ群、网页设置家长疑问区等平台;线下例如家长茶话会、幼儿园家访指导、专家咨询等面对面形式。现代网络信息技术的发展是家庭教育指导进一步发展的良好机遇。家庭教育指导与网络技术的结合实现了"互联网+"家庭教育指导,是与时俱进的有效方式。线上和线下结合的方式既能让家长主动浏览所关心的信息,也能够在遇到家庭教育问题时有处可找,有法可寻。

二、隔代教养与父亲育儿需要关注

(一) 隔代教养

随着我国社会的快速发展,越来越多的年轻父母因为工作忙碌,而把抚养、教育孩子的责任交给了祖辈家长。"隔代亲",可能会导致溺爱和过度保护孩子的情况,影响幼儿的自理能力、社会性发展以及良好个性的形成。因此,隔代教养问题日益引起人们的重视。隔代教养分为完全隔代型和联合隔代型,从字面理解,完全隔代教养是指孩子生活在祖辈家长家中,完全由祖辈家长来带,父母只在有空的时候才与孩子见面;联合隔代教养是指祖辈家长与父辈家长共同带孩子,孩子与祖辈和父辈家长同住,衣食起居主要由祖辈家长负责,父母与孩子相处时间大多是在下班后或晚上。关于隔代教养对幼儿发展产生的影响,也是众说纷纭。

1. 隔代教养的利与弊

(1) 利的一面

部分学者认为隔代教养有以下优势:

① 生活照料、安全保障比较到位。祖辈家长在教养孩子方面比年轻的父母更有经验,对孩子更有耐心,心胸也更为开阔,对孙辈成长过程中出现的问题也能从容应对,耐心处置。"祖辈家长在隔代教育中最大的优势就是大部分祖辈家长都全心全意教养孙辈,愿意在教养孙辈中奉献和付出。在隔代教育中,对幼儿显现了足够的耐心,充分考虑幼儿的安全,尽心尽力照顾幼儿的饮食起居。"①

② 一定程度降低父辈家长的生活压力。社会竞争激烈,年轻父母的工作压力大,生活节奏也不断加快,进而使很多年轻父母在养育子女方面显得力不从心。隔代教养作为父母教育的补充,尽心尽力养育孙辈,让父母安心工作,无后顾之忧,一定程度上有利于社会进步和发展。

③ 一定程度充实祖辈家长的生活。部分老人退休后,心理上会产生变化,觉得自己无价值感,他们很愿意养育孙辈,含饴弄孙,"祖辈对孙辈的照料不但能够缓解孤独感、发挥余热,享受孙子女承欢膝下的快乐,延缓老化和发病,也能使子女外出工作无忧,为家庭财富的增加做出贡献。"②同时,隔代教养加强了祖父孙三代的感情,共同发挥隔代教育和亲子教育的作用,有利于家庭和谐。

(2) 弊的一面

大部分学者认为隔代教养弊大于利。

① 祖辈家长容易对孙辈无原则的溺爱。祖辈家长出于对孙辈的过分疼爱,常常对孩子百依百顺,关怀备至,所以祖辈家长带大的孩子一般生活自理能力较差;也有

---

① 余丹.3—6岁幼儿隔代教育现状研究:以泸县福集镇玉蝉社区为例[D].成都:四川师范大学,2019:35.

② 徐晓慧.对当前我国"隔代教养"的伦理反思[D].株洲:湖南工业大学,2018:31.

的祖辈家长对孙辈有求必应,只要是孙辈提出的要求,不管是合理的,还是不合理的,一律给予满足,这样教育出来的孩子往往自我中心、霸道、任性;还有的祖辈家长容易"护短",与孩子父母的教育方式不一致,这样教育出来的孩子容易形成两面人格,阻碍孩子独立性的发展。①

② 祖辈家长往往以经验代替科学。祖辈家长更容易靠经验来带孩子,一些祖辈家长受教育的程度较低,知识面较窄,又不注意接受新的教育理念,由于带过几个孩子,很容易觉得自己是"过来人",因此,"经验"与"科学"就会发生冲突,陈旧的经验和知识不能满足现代儿童发展的需要。有一部分祖辈家长有重养轻教的倾向,把孩子"吃饱""穿暖""不生病"看得比较重要,而孩子的成长则认为"顺其自然",将教育的期望和责任寄托在幼儿园教育上。有一部分关心孩子"学习"的祖辈家长,只关注幼儿文化知识的学习,重视幼儿"识字""数数""背诗",认为这些才是衡量孩子是否优秀的重要指标,对孩子习惯、品德教育、心理健康、个性塑造、创造性的培养明显不够。②

③ 祖辈与父辈之间容易造成代际教育的分歧。由于社会阅历、教育程度、时代背景以及生活方式等多方面的差异,祖辈和父辈家庭教育的理论和内容、标准、重心以及具体方式方法等方面多有分歧和差异,若在缺乏有效沟通的情况下,易导致家庭教育冲突,在进行家庭教育时大家各行其是,各自为政,不能有统一的教育方法,这样孩子也无所适从。③

④ 父辈家长容易成为未长大的局外人。"隔代教养"将年轻父辈的依赖心理从青年延续到中年,孙辈的抚养义务本应该由父母承担,但由于"隔代教养"的可靠性与便利性,祖辈出于对父辈的疼爱,将养育父辈的习惯延伸到了他们结婚生子之后,不仅承担起了对父辈的照顾工作,也承担起了对孙辈的教养义务,父辈不但失去了在抚养子女的过程中心理更加成熟的机会,也使得孙辈将原本对父辈的感情转移到祖辈身上,慢慢地淡化了对父辈的感情,影响孩子安全依恋的建立。④

⑤ 祖辈家长的经济状况、身心健康可能会面对压力。不少祖辈家长一生节俭,多历坎坷磨难,饱受风霜严寒之苦,再加退休后收入下降,本就难以度过一个较为安乐的晚年,一旦被迫在经济和精力方面超过自身承受能力,隔代教育对他们而言就是个苦差事。⑤ 从表面上看,隔代教养给祖辈带来了天伦之乐,但实际上抚养孙辈要耗费大量的心血和精力,他们难免力不从心。有的祖辈家长把全部精力倾注到孙辈身上,忽视自己的社会生活和精神世界,没有闲暇时间且生活方式单一;有的祖辈家长

---

① 孙宏艳.隔代教育的五大误区[J].少年儿童研究,2002(4):31.
② 余丹.3—6岁幼儿隔代教育现状研究:以泸县福集镇玉蝉社区为例[D].成都:四川师范大学,2019:36.
③ 阙攀.隔代教育的不良影响及解决对策[J].盐城师范学院学报(人文社会科学版),2011,31(2):123.
④ 徐晓慧.对当前我国"隔代教养"的伦理反思[D].株洲:湖南工业大学,2018:37.
⑤ 李赐平.当前隔代教育问题探析[J].淮北煤炭师范学院学报(哲学社会科学版),2004,25(4):138.

离开原先的居住地来照料孙辈,离开自己熟悉的环境,心理上会有落差和孤寂;有的祖辈家长还会产生"孙辈依赖",离开孙辈就寝食难安。葛国宏等人(2012)的一项有关老人孙辈依赖现状的调查表明,一旦孙辈成为其精神及情感寄托,待孙辈长大离开后,老人会产生强烈的"空巢感"。这时老人可能再次感到无事可做,自我价值感降低,主观幸福感和生活满意度也随之降低。又因为老人适应能力较低,他们可能长期处于这种负面情绪之中,身心健康均受影响。①

2. 优化祖辈家长隔代教养的建议

(1) 家庭:祖辈家长接受新的教育理念,父辈家长加强教育的责任感

祖辈家长树立终身学习的理念,与时俱进,更新自己的教育观念和教育方式,将实践经验和理论知识有机结合,用现代科学的理念养育孙辈,了解儿童身心发展规律,理智施爱,和孩子共成长。祖辈家长提升自身的素质,遵守社会公德,行为自慎,处处为孩子做表率,用正确的是非观、价值观引导孩子,以民主平等的心态与孩子交流,这也是隔代教养中需要注意的方面。

"抚养未成年子女是父母的法定义务。父母对子女的亲子教育是家庭教育中最基本的组成成分,缺少亲子教育的家庭教育是不完整的家庭教育,隔代教育只能是亲子教育的补充而不能替代亲子教育。"②父辈家长要加强家庭教育的责任感,尽可能多地陪伴孩子,与孩子积极互动,减少亲子隔阂。同时,尊重老人,用恰当的方式与长辈沟通,促使双方在教养孩子的目标和方式上达成共识,构建和谐家庭,为孩子的健康成长保驾护航。

(2) 幼儿园:积极引导,发挥专业优势

幼儿园和家庭形成教育合力,在开展相关隔代教养的指导和集体活动方面,起引领和带动的作用。比如,开办祖辈家长学校、开设祖辈家长聊天室、开展祖辈来园日活动、开设亲子班和祖孙班、邀请祖辈家长开展丰富的教育活动等③,由专业教师进行科学的育儿理念宣传,介绍正确的教育方法,让祖辈认识到家庭教育的重要性,提高隔代教养水平。

(3) 社区:政策支持,互动配合

社区可以在所属范围内进行系统摸查,了解隔代教养的现实情况,然后以"三方联动,有效服务"的宗旨,积极形成家庭、幼儿园、社会的三方互动模式,帮助众多家庭进行规范有效的指导。④ 可以开设社区隔代教育咨询室、祖孙健康游乐区,参观社区内的公务机关、书店、餐厅、宾馆、超市、敬老院等,使家庭教育与幼儿园教育、社区生

---

① 葛国宏,陈传锋,陈丽丽.老年人孙辈依赖的现状、特点及其与心理健康的关系[J].心理研究,2012(4):58.

② 李洪曾.幼儿的祖辈主要教养人与隔代教育的研究[J].学前教育研究,2005(6):30.

③ 闫洪波.3—6岁幼儿家庭祖辈教养现状调查及思考:以汪清县第三幼儿园为例[J].延边教育学院学报,2014,28(4):117.

④ 徐晋皖.隔代教养对幼儿发展的影响[J].成长,2019(11):183.

活紧密结合,形成一体化的育人机制;可以请医院、妇幼保健院的工作人员定期为祖辈家长讲解疾病预防、外伤简单处理、营养膳食等方面的知识,使祖辈家长掌握科学的健康观和育儿观。可以请各级各类文化宣传部门组织人力、物力编写出版操作性强的祖辈家长读物,制作隔代教育的广播、电视节目等,使祖辈获取的育儿知识更加丰富。还可以依托老年大学等老协组织在开展日常工作中,有针对性地传授有关教养第三代的知识,聘请育儿专家集中学习,相互之间传递隔代教养的经验,使其逐步提高教养的能力水平。①

(二) 父亲参与幼儿家庭教育程度不足

父亲在幼儿的成长中发挥着不同于母亲的独特的、极其重要的作用,但是从总体上来说,因受"男主外,女主内"等传统观念的影响,父亲在现实生活中参与幼儿教养的程度并不理想。但也有研究表明,近些年有越来越多的"全职爸爸"在我国的一些大城市如北京、上海出现。一项上海社科院的调查报告显示,全职在家者里,全职爸爸的比例超过十分之一。

1. 父亲育儿的现状

(1) 父亲参与幼儿教育的理念呈现传统与现代并存的特点

一项调查研究显示,超过半数的父亲认为自己对孩子的成长影响较大,有陪伴幼儿成长、参与幼儿教育的愿望。但是持完全肯定的比例并不高。还有一些父亲对自己教育角色的重要性持怀疑的态度,甚至有部分父亲认为自己对孩子成长毫无影响。可见,还有不少父亲仍然受传统教育观念的影响,对自身教育角色没有正确的认知,缺乏强烈的参与教育孩子的热情,导致对幼儿教育缺乏责任感,参与幼儿教育的动力不足。与总是要求幼儿园要教授小学知识的母亲和老人相比,父亲的教育观显得更开放和洒脱,在教育上也更强调顺应自然。不少父亲表示不再认同过去的"男主外,女主内"的模式,他们强调父亲也有教育孩子的责任。近半数的父亲认为自己比母亲更胜任孩子的教育,如有的父亲认为孩子母亲的性格急躁,没有耐心;也有父亲认为母亲文化水平不高,自己更适合教育孩子。

(2) 父亲参与幼儿家庭教育和幼儿园教育均不充分

相较于参与幼儿园教育来说,父亲参与幼儿家庭教育的普遍性和深入性更高。这可能因为父亲本身就是家庭的一员,言传身教都是教育,在日常生活中参与幼儿家庭教育会更直接和便利。而幼儿园毕竟是专门的教育机构,父亲参与活动需要在规定的时间和空间范围内,并非父亲想参与就能参与,而且幼儿园教师以女性群体为主,这对父亲参与幼儿园教育造成了一定的不便。另外,也有研究发现,关注幼儿家庭教育的父亲,也更乐于参与幼儿园教育。反之,不关注幼儿家庭教育的父亲,也不会积极参与到幼儿园教育中。

---

① 闫洪波.3—6岁幼儿家庭祖辈教养现状调查及思考:以汪清县第三幼儿园为例[J].延边教育学院学报,2014,28(4):117.

(3) 父亲育儿的参与时间少、质量低、方法单一

首先,父亲参与时间较少。作为家庭的经济来源的承担者,父亲的时间更多地投入于社会生产中,而家庭投入较少,更不用说幼儿教育方面可投入的时间,即客观上参与时间不足。并且,有限的业余时间,部分父亲又倾向于个人的娱乐休闲,这是主观意识造成的参与时间缺乏。其次,父亲参与的质量很低。幼儿的衣食住行更多的是由母亲进行管理和教养,父亲或主动或被动地成为幼儿教育的辅助者、旁观者。当父亲尝试亲子互动时,依恋关系不稳定及有限的教养经验成为最大的阻碍性因素。而正是因为缺乏经验,又导致教养能力的不足,进而在如何与幼儿进行有效亲子互动以及实施教养行为方面均没有明确的认识和方法。最后,参与方法单一。父亲不像母亲那般细腻,大部分都不擅长艺术类、手工类的活动。所以亲子互动时更趋于选择体力、智力的活动,如球类、棋类项目。因此,造成父亲参与方法单一问题。尤其是在与女孩的亲子互动上父亲可发挥的空间更为有限。女孩更喜欢娃娃家、美妆一类女性取向的游戏,这对于父亲来说无疑是很大挑战。

2. 提升父亲参与教育的对策与建议

正如卢梭在《爱弥儿》一书中提道:作为父亲,孩子的出生和抚育,只是他义务的三分之一。他对人类有生育繁衍、传宗接代的义务,对社会有培养合群的人的义务,对国家有培养公民的义务。① 做一个父亲很容易,但成为一名合格的父亲是不容易的。父亲由于主客观各方面的干扰与阻碍,不能积极有效地发挥父亲在幼儿成长中的作用。但解铃还须系铃人,从父亲角度出发提出如下合理化对策。

(1) 增强参与动机

父亲参与幼儿教养,是父亲个体的活动,同时也需要其他家庭成员的理解和支持。由于父亲自身参与幼儿家庭教育的意识淡薄,加上缺乏家庭成员的有效支持造成参与意愿的低下,参与幼儿教养的主动性不强。因此,有必要激发父亲参与教养的内部动机,推动父亲发挥主观能动性。

首先,父亲要克服社会文化大环境的影响,承担起教育的责任和义务,从生活点滴开始参与到幼儿的家庭教育中去,实行教养结合。

其次,在婴儿早期就参与教养。母亲对父亲参加教养的不认可,除了观念上可能存在差异之外,还有父亲在孩子的婴儿时期就没有积极投入。母亲日益娴熟,而父亲却依然束手束脚,摸不到门路,如此一来,母亲自然对父亲带孩子的状态不满意。父亲应从孩子一生下来就和妻子共同承担教养的责任,和母亲共同学习教养的方式。一来有利于和孩子建立安全型依恋,二来有利于夫妻关系,营造和谐家庭氛围。

最后,面对家庭成员的不认可与不信任要给予理解,但不能退缩甚至逃避。父亲应该积极主动地寻求家庭成员尤其是妻子的支持和指导,和妻子积极沟通双方的育儿理念,缩小观念差异。通过实际行动表达自己的教养意愿,从而不断地积累教养经

---

① 让-雅克·卢梭.爱弥儿[M].李业兴,熊剑秋,译.北京:人民教育出版社,2017:26.

验。而在这个参与的过程中科学合理的育儿观念和技巧能力自然就能够得到快速提升。反过来,成就感和责任感进一步促使父亲增强自己的内部动机,更加积极主动地投入家庭教育之中。

(2) 优化参与能力

要想有效参与幼儿教育,父亲首先要更新自己的教育理念,塑造新时代的儿童观。父亲们一定要深刻认识到教育孩子不是个人的事,而是一种社会责任,一项法律义务,对孩子要有强烈的社会责任感和义务感。①

第一,父亲可以充分利用网络媒体,通过关注与幼儿教育相关的微信公众号,浏览育儿专家微博栏目以及订阅普适性较强的专业育儿期刊等多种方式,主动获取科学的育儿理念。第二,父亲还可以通过电话、微信等便捷设备常与幼儿教师沟通,及时发现自身存在的育儿误区。第三,时间上相对有富余的父亲还可以参加专业的父职教育。父职教育是通过积极引导的方式让父亲参与幼儿教养活动,为其提供育儿知识和技能,提高参与意识。父亲参加父职教育能更好地认识与领悟父亲角色,增强育儿信心,转被动获取教养观念为自觉学习科学育儿理念,更好地优化自己的参与行为,进而能够真正地从思想上重视幼儿的教养问题。已有研究证明,父亲参与父职教育对子女的发展、对正向夫妻关系的维持、对自身素养的提升都具有积极的影响。②

(3) 充足参与时间

缺少参与的时间是父亲在幼儿教育中缺位的主要原因之一,考虑到职业、家庭条件的差异,父亲可以采用碎片化切割有限的时间资源的方式来进行幼儿教养。大多数的父亲都是早出晚归,只有晚上下班才有属于自己的个人时间。父亲应树立起充分有效利用时间积极与幼儿相处的意识,从而减少喝酒应酬,减少看电视、玩手机、打游戏的时间,充分利用自己的空闲时间,争分夺秒地与孩子相处。③

父亲不需要特地利用大量的时间陪伴在孩子身边,可以在母亲准备晚餐的时候,切割自己的一小时或半小时和幼儿进行各类亲子游戏,或者和幼儿共同完成亲子作品。临睡前,父亲可以切割半小时,和母亲轮流每天晚上给幼儿讲述一个睡前故事。周末或者节假日的时候,父亲也可以利用半天时间带幼儿到社区、公园、博物馆等公共场所放松。由此可知,碎片化利用时间强调父亲参与的机动灵活性,每天花不固定的时间参与到幼儿的活动中去。这种碎片化利用时间去参与幼儿教育对父亲来说,一方面能避免育儿成为其额外的家庭工作负担,提升参与的频率;另外一方面也能够获得幼儿的信任感和依赖感,从而促进亲子关系。而对幼儿来说,父亲的碎片化参与不仅满足了父爱的心理需求,也有利于激活父子或父女之间的依恋关系。总之,碎片化利用时间能有效解决参与频率不足、参与时间有限的问题。

---

① 孙彦. 城市父亲参与幼儿教养的现状研究[D]. 重庆:西南大学,2011:52.
② 张亮,徐安琪. 父亲参与研究:态度、贡献与效用[M]. 上海:上海社会科学院出版社,2011:5-7.
③ 蒋素馨. 幼儿家庭教育中父亲参与的研究[D]. 济南:山东师范大学,2018:54.

（4）丰富参与方式

父亲参与幼儿教养的方式并不局限于亲子游戏，还包括情感关注、榜样示范、生活照料等多个方面。比如在情感关注上，父亲要经常和幼儿沟通交流，倾听幼儿的在园趣事、内心小烦恼以及生活挫折等。幼儿年龄虽小，但是他们的情绪体验是非常丰富的，他们渴望得到成人的关注和鼓励。再比如父亲的榜样示范，父亲的言行举止都会对幼儿产生潜移默化的教育示范作用。因此，父亲应该言行一致，和幼儿共同建立原则，做到言而有信。此外，在生活照料上，父亲依然能够发挥自己的父亲角色作用。父亲可以在家里引导幼儿共同养成良好的生活卫生习惯，在外出游玩时鼓励并锻炼幼儿的社会交往能力等。所以，父亲无须担心自己不擅长手工、装扮等活动就无法参与到幼儿的教育中去，父亲参与的方式有多种，包括无形的和有形的。只要父亲真正地去了解、关注幼儿，观察他们的言行，有的放矢地培养、支持他们的兴趣爱好，给予幼儿应有的尊重和人格上的平等，父亲是能够找到适合自己的参与方式的。

另外，幼儿园应发挥专业的家庭教育指导功能。可以多开设与亲子交流有关的课程，多开展一些专门针对父亲的家教指导和知识讲座，普及相关的知识、技能，并有针对性地举办要求父亲参加的亲子活动，像家长会等和孩子关系较重要的会议，鼓励父亲多参加。同时，政府可以制定相关政策法规，以法律的形式为父亲参与提供保障，如可以在特殊的一些时期给父亲放个假，让父亲有时间、有机会能够参与到孩子的陪伴和养育中，履行作为一位父亲应对孩子承担的职责。还应充分重视社区和媒体的作用，建议社区可以开展父亲参与幼儿教育的各种活动，为父亲参与教育提供有力渠道。现代社会已经进入信息化时代，各种交流手段层出不穷，可有效发挥网络、媒体的作用，为父亲参与教育提供信息支持。

三、弱势幼儿家庭教育状况异常落后

由于地方经济发展不均衡等问题，我国弱势幼儿的家庭教育状况与普通家庭之间差距巨大。弱势幼儿家庭教育由于经济支持能力低、家庭教育引导力不强、家庭教育影响力不足等综合因素导致弱势儿童在接受教育方面物质资源匮乏、机会资源被剥夺、综合素质欠缺，没有获得足够的能力去改变自身和家庭的贫困状态，从而阻断代际阶层的合理流动。

（一）家庭教育经济支持能力有限

以城镇家庭和农村家庭的比较为例。根据北京大学社会科学调查中心公开的中国家庭追踪调查数据库（CFPS）2010年基线调查数据分析，城镇和农村家庭对2—14岁子女教育的投资均值分别为1 887.77元和619.67元，城镇家庭教育投资是农村的3.05倍，其中在2—6岁阶段城镇家庭对子女的教育支出为农村家庭的5.10倍。这说明城镇家庭从早期就开始对子女的教育进行投资。而农村家庭由于家庭可支配收入较低，家庭对教育的经济支持能力有限，农村父母只顾眼前利益和教育投入的短期经济收益，认识不到教育投入的非经济价值和长远效用，加上近年来农村背景大学生就业现状不理想等因素，农民对子女教育投入的积极性不高。尤其是农村二孩家庭将面临更大的抚养压力,对家庭教育投入提升的空间不会很大,家庭教育投入将通过收入不平等的代际传递性发挥作用,最终以人力资本为中介进行传递,导致贫困的代际累积效应。

(二)家长文化程度低,家庭教育引导力不强

弱势幼儿的家长受教育程度普遍较低。根据《中国人口和就业统计年鉴》的统计数据,2006年农村居民的平均受教育年限为7.0276年,2016年为7.6954年,经过十年时间仅提高了9.5%。其中,小学文化程度为34.7%,初中文化程度为43%,高中文化程度为10.39%,大专及以上文化程度为3.11%,还有8.8%为文盲。

因受文化水平的限制,弱势幼儿父母的职业主要是农民或农民工,文化活动参与度很低,很难为家庭创造良好的文化氛围。家长由于自身的文化修养较低,教育孩子主要凭直觉和经验,缺少科学的方法和正确的理念;没有时间也没有能力辅导孩子作业,子女学习成绩的好坏寄希望于学校和教师;很少为子女选择额外的课程学习辅导班,尤其像音乐、美术等艺术类的辅导班就更少;对子女的学业成就表现得无可奈何,主要凭子女自身的天性和努力,任其自然发展。

(三)家庭教育文化资本匮乏,家庭教育影响力不足

家庭文化资本是一种潜在、隐性的资本形式,具体表现在父辈的职业与文化程度、家庭文化氛围与学习资源、家庭的教育理念、家庭的文化活动参与程度和休闲娱乐方式等方面。家庭的文化资本是"身体化的文化资本",是父母的存在状态,以精神的、持久的习性和性情的形式存在,会潜移默化地影响子女的文化兴趣、艺术品位、价值取向、学习态度和学习能力。弱势幼儿的家长自身从事的职业文化层次较低,很难为孩子创设良好的文化氛围,很难促进孩子的学习;同时,由于所拥有的社会基础文化设施建设落后,很少有家长会带孩子去博物馆、科技馆、美术馆、动物园或植物园等地方参观,更没有经济能力带孩子出去旅游,增长见识。家庭教育文化资本匮乏导致了弱势家庭对幼儿教育的影响力明显不足,孩子很少能从家庭中汲取文化的额外营养,再加上落后的社会文化环境影响,造成幼儿学习方法单一,学习目标模糊,学习中遇到的困难不能有效破解,对日益激烈的教育竞争表现出无助,渐渐对学习失去兴趣,最终导致过早辍学。

(四)家庭关爱能力严重缺失

以弱势儿童中的农村留守儿童为例。2018年8月31日,民政部依据全国农村留守儿童和困境儿童信息管理系统最新数据分析报道,全国共有农村留守儿童697万余人。从监护情况看,由祖父母或者外祖父母照顾的农村留守儿童占96%,由其他亲戚朋友监护的农村留守儿童占4%;从年龄分布看,农村留守儿童中0—5周岁的占21.7%。目前,农村留守儿童中有五分之一左右的5岁以下幼儿从小就缺乏父母最基本的陪伴和爱护。父爱母爱的缺失会让孩子在心理上产生一种不安全感,没有归属感,性格会变得冷漠、自卑、孤僻、胆小怯懦,行为上容易产生攻击性,这些都严重影响了孩子的身心健康和成长。其次,在隔代教育中,祖辈一般对孩子存在过度娇惯和溺爱,孩子性格上易变得偏执,入学后不服从家长和教师的教育。另外,由于生活的时代背景不同,祖父母陈旧的教育思想和观念以及对孩子不良行为的放任自流,都会给孩子的言行造成永久性、习惯性的烙印,不利于其以后的受教育、学习和健康成长。再次,农村留守儿童家庭德育缺失。由于缺乏完整的家庭教育氛围,孩子很难形成正确的道德观、人生观和价值观。特别是祖父母的迁就心态,父母的亏欠意识和用金钱进行补偿的行为会导致孩子养成不良消费习惯。

虽然农村留守儿童的整体数量呈下降趋势,但农村留守儿童家庭教育关爱能力的缺失和缺位,影响着学校教育的保持和延伸,拉大了城乡教育的差距,降低了农村人口素质的质量,影响了农村振兴与和谐社会建设。

总之,为了确保弱势幼儿家庭教育的质量,应重视弱势家庭发展能力的建设,以提高家庭教育能力为目标,强化政府主导责任,制定保障弱势儿童接受良好家庭教育的政策;突出家庭主体责任,提升家庭生活质量;加大资金投入,建立人性化的弱势家庭教育公共服务体系;鼓励社会参与,建立贫困家庭的家庭教育帮扶机制,确保弱势儿童在家庭中健康成长和接受公平教育。

第三节 学前儿童家庭教育的发展趋势和未来展望

一、发展趋势

(一) 家庭教育的生活化、民主化程度不断提高

我国素有重视家庭教育的传统,以往的家庭教育中有"贵族化"的倾向,什么都要给孩子最好的。"随着近年来家庭教育科学的普及,广大家长的教育观念不断更新,家长们将把家庭教育真正融入家庭生活之中,在饮食、娱乐、锻炼、旅游、购物等各种活动中教育子女,而不是游离于生活之外,这使家庭教育成为家庭生活的一部分。"[1]随之发生变化的是,家长的教育观念有明显的进步,多数家长不把惩罚当作主要的教育手段,孩子虽小,也是一个有独立意识的个体,家长遇事注意和孩子平等地协商、讨论,亲子关系得以改善。

(二) 家庭教育的科学化、科技化程度不断提高

很多家庭的教育还是出于经验,未来会有越来越多的专家、学者投身家庭教育研究,也将出现家庭教育咨询公司和专职人员,科学育儿的理念进一步深入人心,家长也可以就家庭教育中的问题及时请教专家,纠正错误。家庭教育无处不在、无时不有。随着社会的发展,家长利用互联网、电子产品等途径教育孩子,还可以把社区中

---

[1] 骆风.东南沿海地区家庭教育发展的社会背景及其发展趋势[J].广州大学学报(社会科学版),2002(6):14.

的博物馆、科技馆、图书馆、艺术馆等资源作为家庭教育的延伸。随着家庭教育科技含量的增加,家庭教育的效益将进一步提高。

(三) 家庭教育的开放性、多元化程度不断提高

"随着世界经济、科技的发展和国际间交流的扩大,近年来人们的眼界开阔、民族间文化融合,各个国家、民族、地区、阶层的人将会主动学习他人在家庭教育方面的经验,更多地利用全人类的文明成果来教育下一代。目前,上述情况在我国东南沿海地区的表现非常明显,现在本地区越来越多的家长喜欢阅读介绍欧美家庭教育的书籍,借鉴西方人教育子女的经验。"①家长对家庭教育指导的需求会明显增大,呈现多元化特点,比如,关注0—3岁婴幼儿的家庭教育,家长普遍认识到家庭教育要从0岁开始,人生的前三年对个体成长很重要;由普适性指导需求向个性化辅导转化,尤其近几年网络教育与咨询逐渐为家长接受,通过网上互动,家长可以与专业人员深入交谈家庭教育中的疑难问题,对症下药;逐渐学会根据孩子的特点设计个性化的教育目标,采取有针对性的教育内容和方法,创造出有特色的家庭教育。

(四) 家庭教育的规范化、社会化程度不断提高

2010年2月全国妇联、中央文明办民政部、卫生部国家人口计生委、中国关工委共同印发《全国家庭教育指导大纲》(妇字〔2010〕6号),2012年3月全国妇联、教育部等七部委共同印发《关于指导推进家庭教育的五年规划(2011—2015)》(妇字〔2012〕8号),2016年11月全国妇联等九部门共同印发《关于指导推进家庭教育的五年规划(2016—2020)》(妇字〔2019〕27号)从总体要求、重点任务和组织保障等方面指明了未来五年中国家庭教育的发展方向,2019年5月全国妇联、印发《全国家庭教育指导大纲(修订)》,对家庭教育的开展进行了方向指导,多部文件互为支撑的家庭教育政策体系得到了进一步完善。在这些纲要文件中,家庭教育指导行为进一步规范,家庭教育的政策内容逐渐具体化,使家庭教育的实施开展更加具备可操作性。2021年1月,第十三届全国人大常委会第二十五次会议对《中华人民共和国家庭教育法(草案)》进行了审议,加快家庭教育立法既是进一步贯彻落实习近平总书记关于家庭教育重要论述的必然选择,也是推进社会主义核心价值观融入法治建设的重要举措。未来的家庭教育和学校教育、社区教育合作的力度将明显增强,社会各界参与家庭教育工作的积极性将进一步提高,教育、妇联、卫生、计生等部门将更加重视家庭教育工作。

二、未来展望

(一) 家庭教育研究视域的系统化,多学科交叉

新时代背景下的学前儿童家庭教育呈现多样性、复杂性的特点,需要认真梳理理论和拓展实践研究,开阔研究视域,提高研究的前瞻性、科学性和系统性,形成有中国

---

① 骆风.东南沿海地区家庭教育发展的社会背景及其发展趋势[J].广州大学学报(社会科学版),2002(6):15.

特色的家庭教育研究体系。"家庭教育是一个涉及面很广的领域,既包含大量的理论问题,也牵涉诸多的现实问题,应以开放的视野推动多学科间的交叉融合,打破学科间的壁垒,汲取教育学、心理学、社会学、伦理学、人力资源管理学与法学等学科的理论成果,最终构建家庭教育的完整理论研究体系,形成具有可操作性的研究成果。"①

(二) 家庭教育研究方法的多样化,日益成熟

学前儿童家庭教育研究是多学科、多视野的,也注定了它的研究方法也应该是多样化的。有理论思辨研究,有实证研究;有文献内容分析法,有调查研究法;有实验研究,有个案研究;有历史研究,有比较研究;有焦点访谈,有行动研究;有量的研究,有质的研究……多种方法综合使用,学前儿童家庭教育研究必将从经验走向科学,从零散走向系统。

(三) 家庭教育研究内容的丰富化,紧跟时代

近几十年的学前儿童家庭教育研究,显现出研究内容时代性强的特点。随着改革开放的不断深入,社会上对家庭教育理论的需求也越来越强烈。从"独生子女政策"到"单独二孩政策"到"全面二孩政策"再到"三孩生育政策",大孩和二孩、三孩的心路历程以及由此带来的新的家庭关系的变化逐渐成为研究焦点。同时,随着时代的发展,伴随着其他问题的产生,单亲儿童家庭教育、重组家庭的教育、流动儿童家庭教育、留守儿童家庭教育、特殊儿童家庭教育等,也成为研究的重点。"特别是当全社会提倡终身教育、全民学习、亲子平等共学的大背景下,学习型家庭作为一种新的家庭形态出现时,研究者迅速捕捉这一时代内容,开展理论和实践的研究,以此来推动学习型家庭的创建。"②

(四) 家庭教育研究队伍的专业化,综合力量

学前儿童家庭教育事业的发展,必须建立一支高素质、综合型的科研队伍。一方面通过开设家庭教育课程,增设家庭教育专业培养专职研究人员;另一方面吸引其他学科包括社会学、法学、医学及心理学的研究者,一起探讨家庭教育问题,通过召开研讨会、学术报告会等,从整体上提高研究者的素养、学术水平和创新能力,通力合作,建设一支高水平的研究队伍。同时,还可以请有志于家庭教育研究的家长和幼儿教师来参与研究,形成既有专家学者,又有家长、幼儿教师等多种力量、多学科人员共同研究的综合研究力量。

本章小结

新时代背景下,学前儿童家庭教育受到了如"互联网+""全面二孩政策""三孩生育政策"等时代新产物的影响,出现了不同以往的现象与问题。这些现状还需要通过

---

① 刘斌,周洁. 我国家庭教育研究的回顾与展望:基于内容分析的视角[J]. 浙江树人大学学报,2016,16(4):68.

② 郁琴芳,林存华. 家庭教育研究近三十年的发展特点与趋势[J]. 上海教育科研,2008(10):22.

不断的调查与研究进行全面的展示,而所呈现的问题,也需要不断更新知识,紧跟时代步伐,找到新的方法进行解决。

思考练习

1. 当前我国学前儿童家庭教育的现状如何?
2. 学前儿童家庭教育的发展趋势如何?
3. 理论联系实际,谈谈学前儿童家庭教育的未来展望。
4. 阅读下面材料,并提出改善这种育儿现状的建议。

现在社会中出现一个新名词——"丧偶式育儿"。

很多女人当了妈之后,突然领悟了什么是父爱如山——山一般就待在那儿啥也不干! 爸爸每天回到家就是喊累,除了吃饭就是看电视、玩游戏、上网。帮孩子洗澡的是妈,陪伴孩子阅读、游戏的是妈,带孩子看病的是妈,妈妈自己生病了,还要拖着病体给孩子做饭。有的爸爸在教养孩子方面像个癞蛤蟆,戳一下,蹦一下,不戳不动。有时被逼狠了,只好去"陪伴"孩子,但真正的注意力永远都在手机上,明明花了时间和孩子在一起,孩子却根本没有体会到高质量陪伴。

拓展阅读

1. 刘斌,周洁. 我国家庭教育研究的回顾与展望:基于内容分析的视角[J]. 浙江树人大学学报,2016,16(4):63-68.

主要内容:家庭教育对于儿童的成长有着重要作用,本文以家庭教育研究文献为对象,通过对我国家庭教育研究的历史追溯,以内容分析为视角,对家庭教育研究的现状,包括学理、内容、特殊群体、家校协同、法律和中外比较研究等进行了较为全面的分析和评价,并对未来家庭教育研究进行了展望,包括:加强基础理论研究和队伍建设,加强体系化研究,实现多学科交叉融合,加强对新老问题、热点难点问题的研究。

2. 余丹. 3—6岁幼儿隔代教育现状研究:以泸县福集镇玉蟾社区为例[D]. 成都:四川师范大学,2019.

主要内容:本论文主要通过文献法、问卷法和访谈法,从教育观念、教育内容、教育方法对四川省泸县福集镇玉蟾社区3—6岁幼儿的隔代教育现状进行了调查。调查结果表明:四川省泸县福集镇玉蟾社区3—6岁幼儿的家庭教育以隔代教育为主,祖辈家长呈老年化、文化水平低;隔代教育观念有功利色彩倾向;隔代教育内容不均衡;教育方法较单一、机械。全文结合理论和当地的实际提出了针对性建议:政府加快当地产业园区的建设,促进"家门口"就业,建立专业的教育指导机构;幼儿园举办隔代教育培训活动,更好地推进隔代教育工作的开展;加强家园—社区合力共育力度,创办隔代家长学校;父辈承担责任,祖辈与时俱进;祖辈和父辈统一家庭教育标准,明确共同目标等。

主要参考文献

著作

伯克. 伯克毕生发展心理学从0岁到青少年(第4版)[M]. 陈会昌,等译. 北京:中国人民大学出版社,2014.

常瑞芳. 家庭与社区教育[M]. 北京:高等教育出版社,2019.

陈鹤琴. 家庭教育[M]. 北京:商务印书馆,2019.

陈鹤琴. 家庭教育与父母教育[M]. 上海:上海人民出版社,2016.

丁连信. 学前儿童家庭教育(第四版)[M]. 北京:科学出版社,2019.

费尔德曼. 发展心理学:人的毕生发展(第四版)[M]. 苏彦捷,等译. 北京:世界图书出版公司,2007.

李贵希,王燕. 学前儿童家庭与社区教育[M]. 北京:北京师范大学出版社,2015.

李生兰. 学前儿童家庭教育与活动指导[M]. 上海:华东师范大学出版社,2014.

李涛. 学前儿童家庭与社区教育[M]. 上海:华东师范大学出版社,2017.

李天燕. 家庭教育学[M]. 上海:复旦大学出版社,2018.

李燕. 家庭教育学[M]. 杭州:浙江教育出版社,2013.

李燕. 学前儿童家庭与社区教育[M]. 北京:高等教育出版社,2017.

林崇德. 发展心理学(第三版)[M]. 北京:人民教育出版社,2018.

刘金花. 儿童发展心理学(第三版)[M]. 上海:华东师范大学出版社,2013.

刘琪,杨雄. 家庭教育与儿童发展[M]. 上海:上海社会科学院出版社,2017.

邱冠华. 亲子阅读[M]. 北京:国家图书馆出版社,2010.

松居直. 我的图画书论[M]. 郭雯霞,等译. 乌鲁木齐:新疆青少年出版社,2017.

王乃正,王冬兰,张小永. 学前儿童家庭教育[M]. 北京:北京师范大学出版社,2013.

吴念阳. 绘本是最好的教科书[M]. 北京:北京大学出版社,2015.

郁琴芳,温剑青. 教师家庭教育指导实务[M]. 上海:上海社会科学院出版社,2018.

郑益乐. 学前儿童家庭教育[M]. 西安:西安交通大学出版社,2016.

中国儿童中心. 学前儿童家庭教育指导研究[M]. 北京:中国人民大学出版社,2018.

论文

操美林. 重组家庭中儿童心理问题的表现及教育对策:基于家庭教育的视角[J]. 中国多媒体与网络教学学报,2019(1S).

陈璐,张跃飞,陈传锋.幼儿隔代教养的利与弊:对祖辈、父辈和孙辈的影响研究概述[J].幼儿教育(教育科学),2014(4).

崔竹云.重组家庭呼唤家庭教育的一致性[J].中小学心理健康教育,2013(9).

杜红.学前儿童家庭教育中祖辈与父辈的价值冲突研究[D].成都:四川师范大学,2015.

樊荣.如何爱你,我的孩子:浅谈单亲家庭教育误区及正确的教育方式[J].辽宁教育,2015(4).

华爱华.0—3岁婴幼儿早期教养实践中几对关系的思考[J].幼儿教育(教育科学版),2006(9).

黄爽,霍力岩.儿童学习品质的主要影响因素:国外研究进展及其启示[J].比较教育研究,2014(5).

嵇珺,刘晶波.幼儿分享教育的价值与实践改进[J].学前教育研究,2011(12).

蒋爱弟.学前儿童家庭教育中代际冲突的个案研究[D].兰州:西北师范大学,2017.

蒋素馨.幼儿家庭中父亲参与的研究[D].济南:山东师范大学,2018.

赖越颖.流动儿童家庭教育现状的个案研究[D].重庆:西南大学,2008.

雷盛刚.农村留守儿童家庭教育问题研究:以江西安义县为例[D].南昌:江西师范大学,2015.

李海云,刘文艺.我国家庭教育指导研究的回顾与展望[J].教育理论与实践,2018,38(31).

李洪曾.近年我国学前家庭教育的指导与研究[J].学前教育研究,2004(6).

李姝.中国传统家训中的学前儿童教育思想研究[D].济南:山东师范大学,2011.

李平.以色列社区学前教育简介[J].教育导刊(下半月),2003(8,9).

李伟艳.中国古代胎教经验及其现实意义[J].呼伦贝尔学院学报,2010(1).

李艳超.浅谈城市独生子女家庭教育的问题及对策[J].淮海工学院学报(人文社会科学版),2012(14).

李英霞.由《家有儿女》看重组家庭的子女教育[J].电影评价,2008(7).

厉力.绘本阅读对学龄前儿童思维影响的研究[D].杭州:浙江理工大学,2013.

厉以贤.社区教育的理念[J].教育研究,1999(3).

刘丹丹.隔代教养对儿童心理发展的影响[J].山西财经大学学报,2017,39(S2).

刘丽霞.论学龄前儿童教育中的"家社合作"[D].桂林:广西师范大学,2007.

刘文,齐璐.幼儿的创造性人格结构研究[J].心理研究,2008,1(2).

卢鹏磊.流动儿童家庭教育中父母参与的现状及问题研究[D].重庆:重庆师范大学,2015.

马君谦.复杂系统观下幼小衔接问题的本质探究[J].学前教育研究,2019(7).

马莲."二爸""二妈"看这里[J].恋爱·婚姻·家庭:青春(下),2018(5).

毛乐,曾彬,李阳.基于"全面二孩"情况下的家庭教育误区及对策[J].教育导刊(下半月),2016(6).

戚晓明.社区图书馆运营与服务创新研究:以南京市鼓楼区睿城社区图书馆为例[J].图书馆,2018(12).

沈红.古人对优生优育的认识[J].中医药文化,2006(6).

施克灿.当今日本社区儿童教育发展的新趋向[J].学前教育研究,2003(4).

宋妍萍.智利学前教育的特点及其对我国的启示[J].学前教育研究,2013(3).

苏凤杰.开展社区儿童保护项目 推动新儿纲相关目标的实现[J].中国妇运,2012(12).

孙现红.流动幼儿家庭教养状况研究:以山东省J市为例[D].重庆:西南大学,2014.

覃丽.家庭教育视野下的学前儿童教育问题探究[J].中国教育学刊,2015(S2).

滕婉俐.社区教育资源为幼儿园教育助力[J].江苏教育,2017(18).

田倩倩.农村留守儿童家庭教育存在的问题及对策研究:以山西榆次区为例[J].西北成人教育学院学报,2015(5).

王金辉.浅谈重组家庭背景下孩子的教育误区及教育策略[J].儿童大世界,2017(9).

王诗堂,王海燕.对单亲家庭子女教育问题的探讨[J].江西教育科研,2005(5).

王秀丽.幼儿亲子游戏现状调查分析[J].陕西学前师范学院学报,2018(1).

王译若.重组家庭亲子关系问题的社会工作介入研究:以西安市为例[D].西安:陕西师范大学,2017.

王园凤.谈社区儿童图书馆的服务与管理:以厦门市少儿图书馆社区分馆为例[J].福建图书馆理论与实践,2012(4).

吴丽丽.幼儿家庭亲子游戏的现状研究[D].福州:福建师范大学,2016.

徐敏.大力开发和利用社区教育资源[J].贵州教育,2001(10).

许向东.农村留守儿童家庭教育及其对策研究[D].绵阳:西南科技大学,2018.

晏红."家庭教育指导"概念辨析[J].江苏教育,2018(9).

杨滨章.快乐的天地成长的乐园:丹麦儿童游戏场地设计艺术探析[J].中国园林,2010(11).

杨卉.流动儿童家庭教育研究:以北京市海淀区为例[D].北京:中央民族大学,2007.

余丹.3—6岁幼儿隔代教育现状研究:以泸县福集镇玉蝉社区为例[D].成都:四川师范大学,2019.

余洁."全面二孩"背景下的家庭教育[J].教育导刊(下半月),2020(4).

张帝,杨婷,张秀雅,等.流动儿童家庭教养方式的实证研究:基于常州市的调查[J].江苏理工学院学报,2016,22(5).

张富洪.学前儿童家庭心理环境创设策略[J].教育评论,2016(7).

张晴晴.学前儿童品德养成教育路径探析:以家庭教育为视角[D].长春:吉林大学,2017.

赵忠心.我国家庭教育的发展趋势与对策[J].中国妇运,2011(1).

钟志农.学前儿童家庭教育的三个发展阶段[J].江苏教育,2019(8).

朱红红.流动儿童家庭教育情况调查报告:以合肥市仰光社区小朱岗村为例[D].合肥:安徽大学,2015.